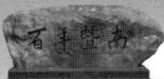

暨南大学港澳研究丛书

暨南大学高水平大学学科组团——应用经济与产业转型升级经费资助

粤港澳区域经济发展战略研究

Research on Regional Economic Development Strategy of Guangdong-Hong Kong-Macao

封小云 著

暨南大学出版社
JINAN UNIVERSITY PRESS

中国·广州

图书在版编目（CIP）数据

粤港澳区域经济发展战略研究/封小云著.—广州：暨南大学出版社，
2017.12

（暨南大学港澳研究丛书）
ISBN 978 - 7 - 5668 - 2279 - 6

Ⅰ.①粤…　Ⅱ.①封…　Ⅲ.①区域经济发展—经济发展战略—广东、
香港、澳门　Ⅳ.①F127.6

中国版本图书馆 CIP 数据核字（2017）第 300246 号

粤港澳区域经济发展战略研究
YUEGANGAO QUYU JINGJI FAZHAN ZHANLUE YANJIU
著者：封小云

出 版 人：徐义雄
责任编辑：曾鑫华　柳　煦
责任校对：邓丽藤
责任印制：汤慧君　周一丹

出版发行：暨南大学出版社（510630）
电　　话：总编室（8620）85221601
　　　　　营销部（8620）85225284　85228291　85228292（邮购）
传　　真：（8620）85221583（办公室）　85223774（营销部）
网　　址：http://www.jnupress.com
排　　版：广州市天河星辰文化发展部照排中心
印　　刷：佛山市浩文彩色印刷有限公司
开　　本：787mm×1092mm　1/16
印　　张：18
字　　数：323 千
版　　次：2017 年 12 月第 1 版
印　　次：2017 年 12 月第 1 次
定　　价：59.80 元

前　言

在香港回归二十周年之际，暨南大学出版社挑选了笔者在这二十年间发表的、具代表性的文章 32 篇，汇编成书出版，以此作为回归之纪念。

笔者十分有幸作为一个亲历回归之历程的观察者，32 篇文章集中反映了笔者对过去二十年来港澳两地的经济发展进程、粤港澳合作的推进的研究。此书的出版，为笔者能够站在回归二十年的时间点上，以历史的全新视角去回顾和审视这二十年的回归之路。在此，应当感谢暨南大学和暨南大学出版社给予笔者的这个机会。

1997 年的香港及 1999 年的澳门，正是以"一国两制"走上重返祖国的回归之路的。从大历史观看，港澳沦为西方殖民地，与珠三角地区的隔离，是中国积贫积弱的产物；而回归中国则是中国在世界崛起、复兴的必然大势和历史进程。由此，回归虽然以 1997 年和 1999 年为时间点，但是，回归的起点应当是中国在全球历史和世界重新出发的起点，这当追溯到 20 世纪 70 年代末期。

从历史的角度看，1979—1980 年可以视为世界经济史的一个重大转折点。在全球范围内，发生了导致 1980 年以后新一轮经济全球化浪潮兴起的重大转变。作为一个人口占世界 1/5，并实行经济管制的国家，中国首先朝向市场化的转变道路迈出了重要步伐。而大西洋对岸的英国与太平洋彼岸的美国，在同一时期也都启动了私有化、为资本松绑、国家退出社会供给领域等一系列改革。虽然英国和美国的改革和实践发生在欧洲和美洲，国家治理的制度也有所区别，但是其共同特点是突破了过去的理论与观点的主流部分，把非主流理论变成了以后的主流理论。这就是兴起于 20 世纪 70 年代的新自由主义。1979—1980 年从英美两国开始的实践，使得新自由主义作为话语模式开始占据主流地位。其核心内容就是市场和贸易的自由。而中国的市场化改革的目的，正是建立市场经济，与新自由主义的核心内容相符合。中国更在改革初期，就以香港这个从 19 世纪以来一直实施自由市场的自由港作为借鉴。英美主导的新自由主义，与中国开放市场的实践相结合，造就了过去三十年的新自由主义主导的经济全球化，从而改变了全球资本主义的运作方式，中国重新被纳入现代世界体系，经济由此崛起。

中国经济的逐步复兴与强大，是港澳回归的政治经济基础。但是，中国崛起并非完全照搬西方体制，而是通过不断的改革实践，吸取各种体制之所长，扬弃之所短，为崛起探索最为适合发展的制度和道路。这就是港澳的基本法是以"一国两制"做出的制度性安排的内涵与意义。这不仅使港澳的资本主义制度在回归后能够继续实行，还具有通过与内地制度的分立，促进两制之间的竞争的意义。实际上，资本主义与社会主义均是人类在不同历史、政治和经济条件下做出的选择。两种制度的相互竞争、相互借鉴一直存在，这应当是人类社会走向更为美好制度的一个历史进程。

回归之路不仅是两种制度的碰撞，也是中国对市场经济体制、现代世界体系规则的不断学习。2001 年的中国入世，2003 年签订的 CEPA，2014 年的粤港澳之间的服务贸易基本自由化，均是中国为不断融入全球市场而做出的努力。回归之路的这个进程，在此书选取的文章中均有反映。正是中国不断融入世界体系的这种种努力，使得回归之后，香港得以在中国崛起的进程中，成为首屈一指的全球城市；澳门则成为排名世界首位的国际博彩之都。

然而，2008 年的全球金融海啸，彻底终结了由美国主导的新自由主义的经济全球化，暴露了新自由主义所推崇的自由放任、过度金融化的弊病。资本主义体系进入了一个重新调整其制度的大变局阶段。而以自由放任为体制特征的香港，也进入了一个深刻的经济结构、经济体制的调整和反思的进程。正是放任资本无限积累的体制，形成了今天香港十分畸形的经济结构。至今为止，垄断财团以地产独占的形式吸聚了香港经济增长收益绝大比重的情况，并没有得到有效节制，最终形成了今天被港人称作"地产霸权"的香港市场状态。而 2014 年澳门经济增长的惊人下滑状况，更是博彩一业独大与垄断的恶果。由此可见，港澳经济所面临的结构性转型的挑战，应是全球资本主义面对新自由主义造成的体制弊病而做出重大调整的一个缩影。本书中探讨香港经济优势与澳门经济适度多元化的文章，正是对港澳资本主义制度在当下的一个反思。

在新自由主义经济全球化的终结，当代资本主义体制的动荡和大变局中，中国也不可能置身事外。进入经济新常态的中国，面对持续发展的困境，正以"一带一路"大战略推进全球经济体成为一个命运共同体，开启新经济全球化之路。"一带一路"不仅是中国经济发展的全球大战略，也是港澳当下所面对的不可多得的历史大机遇。中国正以新的面目开始崭露世界，而这个进程也要借助港澳的国际金融中心、全球城市，以及国际资本流动和国际服务业发展的经验。

　　路漫漫其修远兮，吾将上下而求索。相信在未来充满颠覆性变革的全球经济大变局中，回归之路将更加精彩和壮丽。

封小云

2017 年 4 月

目录
Contents

粤港澳合作篇

港澳篇

九七回归年　任重而道远

——香港经济 1996 年回顾及 1997 年展望

1996 年，香港经济在经济周期性调整与结构性调整的同步进行下，突显了以下特征：经济周期已经见底回升，经济转型仍在持续，"九七回归"正成为推进新一轮增长的重要刺激力，经济长远隐患仍然存在。

一、经济周期从谷底走向回升

1996 年上半年，由于上一年经济不景气的颓势延续，香港经济在第一季度只有 3.3% 的增长率，显示了整体经济的进一步下滑。第二季度开始止降回扬，增长率为 4.3%；第三季度为 4.8%；第四季度估计将会达到5% 以上。整体经济的逐季转好表明了香港经济在今年已从谷底开始温和上升。据 11 月港府发表的经济报告预测，1996 年香港 GDP 增长率将与去年持平，通胀率则下调至 6%，低于去年 8.7% 的水平，整体表现略优于去年。

整体经济的止降回升是经历了两年时间对股市与楼市急升形成的"泡沫"经济的"消肿减肥"的这类周期性调整所引发的结果。这具体地表现在，今年以来香港股市、楼市日趋活跃，内部需求持续改善与失业率逐步下降，以及旅游业不断刷新纪录和服务业收益上升等方面。但是，由于进出口贸易表现欠佳，拖住了整体经济增长的幅度。

经济的复苏首先自楼市与股市起。1—5 月楼宇买卖合约数开始大幅上升，比去年同期劲升了 31.5%，此后，交投量一路上扬。10 月的买卖合约数目更比去年同期增加了 121.7%，金额上升了 193.1%。由此，楼价也开始了逐季上升的过程。目前已逐渐恢复到 1994 年的最高水平。股市自年初至 5 月，每日平均成交额较去年同期增加 67.5%，恒生指数上升一成以上。进入第三季度，市场更加畅旺，成交大幅，股价攀升，"牛气逼人"。11 月 14 日，恒生指数冲破了 13 000 点的关口，成交金额由第一季度的日约 60 亿元增至日逾 100 亿元。据行业内人士估计，未来的三个月恒生指数可突破 14 000 的大关，升幅达四成。

股市与楼市的回升，带动了内部需求的恢复与零售业的改善。更由于失业率的持续下降，使得内部需求继续复苏。第一季度失业率为 3.2%，第二季度为 3.1%，第三季度则降至过去 19 个月的最低点。通胀率也直线回落。今年首季零售业由去年的跌势转为微跌，第一季度开始轻微增长，9 月份的零售总值较去年同期上升了 7%，零售量则增加 3%。预计 1996 年的零售额会比去年有 3.6% 的升幅，超过去年仅上升 0.7% 的幅度。这表明了过去一年不利消费的负面财富效应已经转为正面。此外，因机场等大型基建工程已进入高峰期，也会拉动香港内部需求的持续增长。

旅游业是今年跃居香港最大外汇收入的行业。上半年来港旅客达 540 万人次，比去年同期增加一成半，旅游收益为 409 亿元，上升 17.6%。预计全年可达到 1 200 万人次，再次刷新纪录。旅游业的高速发展，带来了酒店业的投资高潮。

一年来香港经济的走势表明，香港走出经济增长低谷主要是由内部需求因素带起的。目前，香港正在步向一个新的经济周期的上升期，新一轮的增长正在开始。

二、经济转型仍在持续

在香港经济走出谷底、转向复苏之际，香港的经济转型仍在持续发展。各种经济因素的变动正在推进香港继续迈向商业与金融中心的专业化过程，以及强化香港的服务指挥中心的功能。这主要表现为：在整体经济中，实物经济比重的下降与服务经济比重的上升，实物贸易成长的钝化与服务贸易增长的加速，以及围绕着商业与金融的服务业收益的大幅上升。我们仅从香港近年来对外贸易的变化就可以清楚地看到这一持续的转型过程。

统计数据显示，1996 年上半年，香港的出口仅增长了 4.3%，与 1994 年、1995 年的 12%、15% 相比，升幅明显减慢。其中转口增长了约 7%，远低于去年下半年 12% 的增幅；港产品出口下降了 9%，高于去年下半年 2% 的跌幅。在有形贸易成长放缓之际，香港的无形贸易却持续增加，表现为旅游业刷新历史纪录，离岸贸易与服务输出显著增长。1996 年第一季度香港服务出口的实际增长为 14%。

与此同时，近年来高速发展的转运贸易在 1997 年也出现了增长乏力的情况。转运货物，按吨位计算，过去两年年均增长超过 30%，而 1996 年第一季度的增长仅为 2%。这显示了从转口转向转运，又从转运转向离岸贸易的结构性变化的结果。1997 年 5 月贸发局公布的调查报告表明，由香港公司处理的第三国家的货物直接船运业务近年来迅速增长，这种离岸贸易或三角贸易在 1994 年的总值已达到当年香港转口贸易总值的七成。由此减缓了香港有形贸易的增长，带动了贸易支援服务的需求。

与这一趋向同时发展并且促使香港持续向服务型经济转型的是香港对外投资的迅猛增长。按 1994 年全球对外直接投资的国别流量来看，香港这个小型经济体系所流出的对外投资量竟然超过了日本与德国，排在全球第四位，达到了 210 亿美元。

这庞大的对外直接投资的资金主要来源于在香港设有分支机构的外国公司，而这些资金的流向主要进入了内地。这一事实突显了香港作为外国公司进军内地的地区总部，以及在内地和香港进行商务活动的基地的地位。这种地位带动了香港向金融、商务等服务业的发展，强化了香港的服务业之都的功能。同时，也使以银行为主体的金融业、通信业等服务行业的收益大幅上升。以 1996 年第一季度的数据来看，这两个行业的收益均上升了 17%。

香港经济持续向服务型经济转型，是经济发展日益与区域经济融合，尤其是与内地经济相结合的结果。如果说，20 世纪 50 年代对内地的经济封锁使香港发展了自己的制造业，那么 80 年代内地的改革开放，则是使香港经济走向服务型经济的根本原因。

三、九七回归：1997 年经济增长的重要刺激因素

1997 年，香港经济从周期循环来看，恰好处于周期的上升期。内部需求的几个基本因素——地产、零售以及基建工程等都会持续增长。根据一些专家的预测，1997 年地产交投将更为活跃；零售将超过 1996 年的增长势头，达到 4.8% 的幅度；固定资产投资上升 7.3%。由此，将带动整体经济进入新一轮的增长。香港总商会展望 1997 年 GDP 的增长将在 5% ～5.5% 的水平，通胀率则降至 6% 以下。

进入 20 世纪 80 年代以来，香港经济周期开始受内地经济周期的影响，初步显示了与大陆周期变化的同步性。1996 年困扰香港对外贸易的主要因素，与内地的经济周期中的宏观调控以及进口需求放缓有关。从 1996 年起，内地已经两次下调利率，开始启动新一轮以"高起点、低波幅"为特征的经济增长周期。从第三季度起，进出口贸易已经转降为升。以广东为例，9 月的数据显示了前三个季度的外贸出口已恢复到上年的同期水平；

10月则比上年同期急升了37.0%。1—10月累计出口比上年同期增长了3.7%。明年内地的经济增长可恢复双位数的增幅，对外贸易估计也会有一成的增长。内地经济的加速发展对处于疲软状态的香港对外贸易来说，无疑是一个重要的推动因素。加上美国经济的持续增长与欧洲经济的复苏，使得新一年的香港对外贸易的前景会比1996年要好。

在上述利好因素存在的同时，1997年香港主权的回归，将成为刺激香港经济增长的一个重要因素，这又是人们在20世纪80年代中英联合声明草签时根本无法预料的事实。随着1996年年底特区行政长官的选出，临时立法局的组成等一系列"港人治港"政策的落实，香港的政治局面将更趋稳定。香港的民众与外国投资者已经逐渐体会到，主权的回归将会使香港经济彻底摆脱现时港英政府仅着眼于短期行为，缺乏积极的长期发展策略的局面。香港的明天会更加美好。这种心理调整与对香港信心的增强，使得"九七因素"对香港的正面影响不断地强化，成为1997年推进经济增长的重要动力。

"九七回归"对香港经济的正面影响首先表现在外国投资者对香港的前景充满信心。据香港近日进行的多项调查显示，包括美、日等多个国家的企业看好香港未来的商业环境，表示"九七"以后要继续留在香港，扩大业务并拓展市场。事实上，香港回归使其"窗口"与"桥梁"的作用更为加强。一方面，内地正在改变长期的计划经济体制与封闭状态，加快经济体制的转型与对外开放，这就需要依靠香港的条件，尽快与全球经济接轨；另一方面，西方各国在进入中国这个完全不同体制的国家之时，也需要借助香港来减少风险。这就为香港的经济发展提供了无限的商机。可以预期，1997年在外资不断加大投资的情况下，楼市与股市将会出现更为兴旺的局面。近期，香港证券业业内的一些人士就提出在新的一年里推出"九七概念"，使港股摆脱市盈率长期偏低的状况，掀起投资的新热潮。

"九七回归"更直接影响了香港新一年里旅游业向高峰攀登。估计1997年旅游业的增幅将达10%以上，全年酒店平均入住率将由1996年的80%上升为92%；尤其是在主权移交日前后，每日游客数将达20万人次。此外，"九七回归"也刺激了香港本地需求的增长。主权移交的庆典活动使政府开支与各类消费开支增加，加上参加庆典活动的观光旅客的消费，无疑是香港零售业兴旺发达的最好时机。

四、经济长远隐患仍然存在

在新一年充满利好因素的条件下，我们仍然必须看到影响香港经济长远发展所存在的问题，并没有因"九七因素"转为正面而得以根本解决，从长期的经济发展分析，香港仍然面临重大挑战。

首先，从经济周期的走向来看，目前香港经济的转好主要是由内部因素带动的。而对香港经济发展起着关键作用的对外贸易，近年来一直处于疲软状态。在香港经济日益融合于区域经济的今天，香港的发展主要依赖于在区域中的分工与专业化的深化，而非香港内部需求与因素的带动。目前香港已经确立了亚太地区贸易中心的地位，但是其进出口一直显颓势，这一方面将会影响到香港未来国际贸易中心的地位；另一方面，香港的内部需求十分有限，仅靠内部需求带起的经济增长的发展余地也十分有限，这就使经济发展容易出现过热与投机的倾向。目前，股市与楼市的投机气氛已有转浓的趋势。因此，一些香港人士已经发出了要警惕经济过热与泡沫重现的警告。

其次，香港近年来出口一蹶不振的现象，与制造业的技术升级缓慢，以及香港与内地的生产分工体系发展停顿有极大关系。由于香港在把生产转移到内地之后，并没有用技术更复杂、附加价值更大的新的生产填补转移后的空白，因而，既让香港产品出口停滞，又不能使区域的经济分工细化，产生出新的垂直分工与水平分工，造成了转口贸易也呈颓势的状况。虽然从1996年起，亚洲各国的出口均出现了下降的趋势，香港也必然受这一趋势影响，但是，从制造业订单流向东南亚地区的走势来看，香港的竞争力正受到挑战。占出口总值70%的四大工业在1996年第三季度的出口大幅下降。其中电器与电子制品降幅为21%，机械、设备、仪器及零件下降了18%，服装下跌了9%，纺织降幅为4%。在这种状况下，香港制造业与分布于内地的制造工序如何发展对香港的长远前景有着极大的影响。最近，香港工业署与生产力促进局正在进行几项工业研究计划，其中一项就是与内地合作发展汽车零部件制造工业的项目。按照此项目的安排，香港目前的金属加工业要逐步转向生产汽车零部件，以实现其生产转型。这个计划的设想虽然很好，但实践起来存在两个问题。第一，目前国际知名的汽车厂家均有自己的供货体系，香港厂家要进入上述供货网络比较困难，其产品在发展初期尚缺乏竞争力；第二，香港的厂家如果围绕内地汽车生产建立供应网络，则要以内销为主，生产的指挥中心就会转至内地，造成与香港的服务业脱节，香港作为工业服务网络中心的地位就将丧失。

最后，香港进一步向服务业中心的经济转型虽然能够提高香港在亚太区域中的地位，但是，1997年以后，作为一个相对独立的经济体系，完全依赖于服务业的发展又会降低其经济增长的速度。当制造业萎缩之后，服务行业就会成为无本之木。一些学者已经指出，在目前世界经济实体中，还没有出现纯服务业的独立体系。制造业的进一步萎缩，为香港经济的长远发展留下了隐忧。

（本文原载于《港澳经济》1997 年第 1 期）

九七后香港在中国经济发展中的地位与作用

1997 年 7 月 1 日，香港将根据"一国两制"的伟大原则，在基本法的保证下回归中国。20 世纪末的这一历史性事件对香港和内地的经济发展都具有十分重大的意义。1997 年之后，香港经济能否保持稳定、繁荣，香港的国际经济中心的地位能否保证和巩固，将成为国际社会关注的焦点。中央政府已在基本法中对此做出了承诺。然而，人们在注视这一问题的同时，常常忽略了一个重要事实，即维持香港经济的稳定繁荣，不仅仅只是中国政府对国际社会与香港同胞的责任；在中国主权管辖下维持资本主义制度与自由市场运行的独立经济体系的香港，对中国经济的发展同样具有不可忽视的推动作用。在 1997 年以前，香港经济从 20 世纪 80 年代初期内地宣布对外经济开放以来，就逐步与内地密切结合，形成了全面合作的经济联系，从而推进了两地经济的增长。1997 年以后，如何认识在一个国家中，作为中国经济的一个重要组成部分的香港对内地的经济发展的作用，以及其在中国现代化进程中的地位，是一个亟待深化研究的问题。

一、九七前香港的经济回归与内地的经济联系

如果说，香港的主权回归是在 1997 年 7 月 1 日这一天实现的，那么，香港经济的回归，则是从 20 世纪 70 年代末中国的对外经济开放开始，并逐步实现的。今天，香港作为内地最大的进出口港、内地第一大外资来源地、华南地区出口导向生产基地的龙头等，已经是客观存在的事实。香港与内地形成的密不可分的经济联系，一方面使内地的经济成长加速；另一方面则使香港更加融合于区域经济之中，从而获取了新的增长动力。换言之，香港的特殊地位，使得香港能够充分把握十几年内地开放所造成的商机，在投资内地、参与内地的经济发展和建设的过程中，逐步推进，从而使经济走上了回归之路。

今天，在香港与内地形成的密不可分的经济联系中，以下特征尤为突显：

（1）数万香港厂商通过把制造业生产过程内迁，已经与华南地区形成

了"前店后厂"的产业一体化生产体系。这预示了香港制造业腹地的内移与发展空间的扩张。一方面，内地作为制造业后方加工基地，其丰廉的土地与劳动力，以及广阔的市场，突破了过去香港制造业企业规模过小、本土市场狭小的局限，为制造业极大地发展其生产力与走向规模经济、创立品牌打下了基础；另一方面，这种跨境的产业一体化生产体系，也扩大了制造业的概念，没有独立于华南经济之外的香港制造业，正是今天香港制造业境内工业与内地境外工业不可分割的真实写照。

生产基地的内移，对香港经济具有十分重要的意义。从根本上说，这是导致香港十几年来经济急剧转型的主要原因。由于跨地分工的发展与深化，香港以贸易为中心的服务业迅速增长，从而促成了今天香港这个仅次于美国的全球第二大服务型经济体系，集贸易、金融、信息、航运于一身的国际商业中心的发展。而这个中心最主要的服务对象，正是内地的经济活动与生产。

由此，我们可以得出结论：20世纪50年代帝国主义对内地的经济封锁，割断了香港与内地经济的主要联系，使香港发展了自己的制造业；而80年代内地的改革开放，为香港经济回归中国开辟了道路，使香港迅速转型为服务型经济，成为中国经济发展不可缺少的重要部分。

（2）香港与内地经济联系的不断加强，已经使香港的经济周期与中国的经济周期呈同步性；香港的经贸发展日益受到内地经贸形势的影响。

香港是一个国际性的经济中心，其经济发展一直为世界经济发展的走势所左右。20世纪80年代以前，香港的经济周期追随西方发达国家的周期变化，显示出其与西方国家的同步性，贸易的变化也随着西方发达国家的市场需求的升降而起落。

20世纪80年代以后，尤其是80年代中后期起，香港的经济周期发生了阶段性变化，贸易波动开始与西方发达国家偏离，显示了与内地接近的事实。我们从下面的两个对比表中，可以窥视这一发展态势。

表1 香港GDP增长与世界、内地GDP增长比较

（单位:%）

	1987	1988	1989	1990	1991	1992	1993	1994	1995
世界GDP增长	4.0	4.6	3.4	2.4	1.3	2.0	2.5	3.7	3.5
香港GDP增长	13.0	8.0	2.6	3.4	5.1	6.3	6.1	5.4	4.6
内地GDP增长	11.6	11.3	4.1	3.8	9.2	14.2	13.5	12.0	10.5

资料来源：IMF:《世界经济展望》1996年5月；香港政府统计处:本地生产总值估计，1961—1995年；《中国统计年鉴1996》。

表 2　香港贸易增长与世界、内地贸易增长比较

（单位：%）

	1987	1988	1989	1990	1991	1992	1993	1994	1995
世界贸易增长	6.7	8.7	6.8	4.5	2.9	5.1	3.8	9.4	8.0
香港贸易增长	36.8	31.2	14.3	13.2	20.5	21.7	12.7	14.2	17.1
内地贸易增长	11.9	24.4	8.6	3.4	17.5	22.0	18.2	21.9	15.3

资料来源：香港政府统计处：本地生产总值估计，1961—1995 年；《中国统计年鉴
1996》。

从表 1、表 2 两组数据的比较中，可以发现以下趋向：

首先，香港的经济增长与内地呈接近的波动状态，而与世界的增长曲
线相偏离。从内地的经济周期来看，1987 年处于周期的繁荣阶段，香港的
经济增长达到了最高峰；此后，内地开始走向紧缩与衰退，香港的经济增
长也出现下滑。1991 年内地经济开始复苏，1992 年走向繁荣，香港经济在
这一年的增长也为 90 年代的最高水平。与此形成对比的是，这一阶段正是
世界经济增长的缓慢期。1994 年，内地开始紧缩政策，而香港也随之进入
了长达三年的调整、衰退期。而过去长期影响香港经济周期变动的美国经
济，却在此时由复苏走向了繁荣，1994 年经济增长为 4%，出口更达 8%
的高位，为 1988 年以来的最高水平。

其次，香港贸易的走势也显示了相同的情况。1991 年世界贸易增长放
缓，处于十几年的最低水平，而香港却紧随内地的经济高潮，贸易在两年
间得到极大的发展。近年来，内地已经成为香港最大的贸易伙伴，以 1994
年数据为例，当年香港对内地的贸易结合度（TII）达到 11.7（TII = A 国
对 B 国的出口额/A 国的总出口额：世界对 B 国的出口额/世界的总出口
额）。一般来说，贸易结合度若大于 1，则表示两地之间具有紧密的经济相
互依存关系。香港对内地的贸易结合度水平，充分说明了两地之间经济交
往的深度与广度已达到高度融合的状况。

香港的经济与贸易增长曲线更接近内地的经济与贸易增长，表明香港
经贸受内地的影响要大于受世界经贸发展的影响，同时也表明香港与内地
已经形成了紧密相连的经济关系。这种经济关系为香港的顺利回归奠定了
十分坚实的基础。

二、九七后香港在中国经济发展中的作用

1997 年之后，香港真正成为中国经济的一个组成部分，又是中国实行

资本主义制度的特殊地区。香港在全球经济中占有极其重要的地位，它是全球第八大贸易体系、第九大服务输出场所、第五大外汇交易市场，是一个集贸易、金融、信息、航运服务等诸功能于一身的国际商业中心。香港的回归无疑将提高中国的整体经济实力；同时，回归之后如何增强、放大香港的各种经济功能，尤其是利用上述功能促进中国的经济发展，将是一个值得探讨的问题。

要使香港在1997年后继续促进中国的经济发展，首先必须具备两个前提：

一是在"一国两制"的基础上，保持香港现存的自由、公开、具有竞争力的市场经济制度与法律环境，以及廉洁政府等一系列作为香港独立经济体系的重要因素，这将是保持香港各类经济功能、扩大其对外辐射力的前提。香港的竞争力多年来能一直排在世界的前几位，被评为全球最具活力的商业之都与最自由的经济体系，就在于上述要素。

二是中国坚持实行改革开放的基本方针，建立且不断完善市场经济体系，并在市场经济的基础上，扩大经济的对外开放，使中国经济逐步走向国际化、全球化。20世纪末全球经济竞争的事实表明，最不发达的国家是那些与世界经济融合程度最低的国家。国际贸易与投资正在推进全球经济一体化的进程，而市场机制就是国际贸易与投资推进的主要机制。为此，诺贝尔经济学奖获得者、美国知名学者莱斯特·瑟罗曾经指出："香港的经济前途，全视中国共产党是否大力推动市场经济而定。若能如此，香港及周边地区，很容易便可发展成为全球最具经济活力之地。"（摘自香港博益出版集团1992年译版《世纪之争》，第217页）

中央政府在1997年之前多次提出要保持香港现有的经济运行体制不变，并在基本法中对此做出了一系列的规定；同时也多次宣布，1997年之后，香港与内地的经贸关系，仍然按照国际经贸关系来处理。这为今后香港保持其在全球中独立的经济体系地位提供了保证；与此同时，中国政府自20世纪90年代起，尤其是近年来政策的走向表现出更为开放、加速市场化的态势。因此，可以预见，1997年之后，随着香港与内地经济联系的日益密切，香港在中国经济发展中的地位与作用将日益重要。这种地位与作用最终取决于香港日益融合于内地、周边其他国家之中，根据其区位优势而决定的分工。对此，我们可从以下四个方面进行初步的探讨：

1. 香港将成为中国经济发展的重要投资中心

自内地的改革开放政策实施以来，香港的资本就大量进入内地，近十年来，一直占据内地"第一大外资"的宝座。1997年之后，香港的这一地位不仅不会削弱，而且会因香港的回归而得以强化。这不仅表现为香港资本更大规模地进入内地，以及内地企业更多地进入香港上市融资，而且主要体现在香港作为外国资本和海外公司与内地进行商务活动的基地的地位上。

我们可以通过近年来海外公司进入香港建立地区总部与地区分支机构的变动，来分析这一趋向。众所周知，香港真正发挥具有实质意义的海外地区总部中心的作用始于 20 世纪 80 年代。根据观察，1996 年海外公司进入香港建立的地区总部已达 816 个，其中：1980—1984 年进入的为 108 个，1985—1989 年为 214 个，1990—1995 年则达 342 个（见表 3）。这显示了日益临近 1997 年，海外公司日益加速进入香港的趋势。海外公司进入香港建立地区分支机构也呈现出相同的状况。

表 3　在港海外公司数目

（单位：个）

	海外公司地区总部	海外公司地区分部
1980 年以前	136	253
1980—1984 年	108	155
1985—1989 年	214	396
1990—1995 年	342	666
1996 年头 5 个月	16	21
总计	816	1 491

资料来源：香港工业署；1996 年海外公司在香港设立的地区代表的调查报告。

上述情况不仅显示了香港作为海外公司在亚太区中进行商务活动的基地的作用，更重要的是透过这一基地的作用，香港逐步成为海外公司进入中国投资的区域总部功能。我们从香港近年来对外直接投资额的大量增长中可以得出这一结论。以 1994 年全球对外直接投资的数据来看，香港这一地区的对外直接投资额竟高达 210 亿美元，紧跟在美国、英国、法国之后，排名第四，超过了德国与日本。而同一期间，新加坡、韩国、台湾地区的对外直接投资额分别为 7、21 与 20 亿美元。这一状况证明了香港是其他地区，尤其是内地庞大的外资直接投资的来源地（见表 4）。而这些投资大部分是通过在香港设有分支机构的海外公司注入的。

表4　1994 年全球对外直接投资状况

（单位：十亿美元）

地区	投资额	地区	投资额
美国	45.6	韩国	2.1
英国	25.1	中国内地	2.0
法国	22.9	中国台湾	2.0
中国香港	21.0	马来西亚	1.8
德国	20.6	新加坡	0.7
日本	17.9		

资料来源：香港渣打银行；《中华评论》1996 年第 2 期。

　　由上述内容可知，1997 年以后，香港将日益强化海外资本进入内地的投资中心的这一作用。

　　2. 香港将是内地对外贸易、投资的服务支援基地

　　近年来，香港经济向商业、金融服务方面的持续转变，从根本上说，是香港经济与周边地区，尤其是内地经济紧密合作的结果。在内地持续对外开放、扩大与世界的经济交往和香港厂商不断转移生产工序进入内地的过程中，香港作为中国走向世界的大门，以及华南地区产业一体化的"前店"，集中发展起了具有地区竞争力的服务行业与部门，从而确立了香港在整个区域经济中的分工与定位。香港处于中国的主要进出口港口的地位，是香港成为全球仅次于美国的第二大服务型经济中心的根本原因。

　　香港经济进一步融合于区域经济的发展前景，将为内地的发展提供更全面、更优质的贸易、金融等商业服务。近年来香港持续向服务型经济转变，突显了这一发展趋向。根据 1996 年香港贸发局公布的研究报告，香港在与内地经济的结合过程中，已从一个加工贸易中心成长为转口贸易中心，转口贸易服务是推进香港 20 世纪 80 年代发展的重要增长点。1994 年及 1995 年香港转口贸易值占出口总值的比重已经达到了 81% 和 83%。但是，随着内地经济的发展与香港服务功能的强化，最近显示的新动向是，转运与直接付运（统称离岸贸易）的增长要快于转口，已从 1991 年相当于转口贸易的 50%，上升至 1994 年的 70%。长此下去，香港将在 20 世纪末成为全球最大的离岸贸易中心。与这一过程相适应的是香港服务贸易与贸易支援服务功能的强化，包括运输、保险、金融、通信、广告、法律、市场推广、会计及旅游等一系列的服务功能。香港国际贸易中心的地位将由此得到巩固。而造成这一转变的根本原因是内地生产能力的提高与基础

设施的不断完善，以及内地服务行业的对外开放，导致了产品无须在香港做最后加工，或是到香港完成各种辅助服务。这种状况表明，随着香港与内地经济的进一步融合，香港原有的部分经济功能将因内地的经济提升而被内地替代，从而推进香港向更高层次发展，使香港的服务功能全面地与内地的经济发展结合。

随着香港经济逐步从实物经济转向服务经济，香港已经从一个传统的贸易中心走向服务贸易中心，从以转口贸易为主向转口贸易、离岸贸易并重发展，从转口港演变为亚太区的贸易商从事内地与世界各地之间直接或间接贸易的指挥中心。由此，它将是为内地提供贸易、投资以及支援等服务的重要基地。

3. 香港将是华南出口导向生产基地的利润中心

十多年来，香港厂商通过大规模的生产迁移，在华南地区建立起了以出口导向为主体的生产基地。由此，不仅维持了香港低成本的轻型产品的国际竞争力，也推进了华南地区的工业化进程。香港与华南地区的"前店后厂"的产业一体化的分工格局，是以香港作为龙头的。在这十几年中，正是香港带动了华南地区的经济成长与对外经济的发展。

1997年以后，香港与华南地区将更为紧密地结合在一起，"前店后厂"的产业一体化将通过两地的技术升级而获取新的对外扩张动力。也就是说，香港"店"的功能将会扩大与发展，继续维持其在华南地区出口加工业的网络控制中心与利润中心的地位。

利润中心的含义首先体现在香港作为国际贸易中心，发挥着产品的市场推广、营销的利润实现的功能上。出口导向工业的关键是出口，在中国经济的发展过程中，华南地区，尤其是广东地区，其区位优势就是经济的外向型发展。无论是香港厂商迁移的工业，还是内地厂商自己发展的工业，主要扩张的市场还是国际市场，而香港正是华南地区进入国际市场的最重要通道。在这方面，华南的厂商应当利用香港营销网络四通八达、全球分布的优势，与香港厂商联合创立品牌，集中力量向世界市场推广。

利润中心的含义还体现在香港与华南的产业一体化中，香港集中发展产品的研制、开发、设计、推广以及生产管理、服务支援等高附加值的工序，成为产品利润形成的主要构成部分。在跨境投资形成的地区产业分工与一体化的纵向、横向联系中，利润的主要形成链不在加工制造，而在产品的R&D、市场开发、生产服务等链条上。香港作为国际贸易、信息、金融中心，集中发展这些链条具有相对的区位优势。过去香港已经在生产管理、服务支援、市场营销等方面发挥了上述的优势，但是仍不充分。尤其是过去长期为港英政府所忽视，而首任特区长官董建华多次强调在今后要重视发展的科技领域，对香港回归后的地位所产生的意义十分重大。香港可以利用接近世界市场的优势，及时把握市场商机，开发适应市场需求的产品；利用信息中心的地位，掌握世界科技发展的动向，获取最新的技术信息，加快产品开发的步伐；利用金融便利的条件，融通资金进行 R&D 投资，以便使自己跟上世界经济、技术发展的潮流。在回归后，如果能够通过基础设施、人力资源等方面的完善与提高，加上政府的政策，香港就极有可能成功地成为多国公司以及各类企业进行 R&D 活动的重要区位，从而获取世界动态技术进步的成果。而如果香港在回归后能实现这一目标，则香港对华南地区的工业化，乃至中国整体的工业化进程都具有极其重要的作用。

4. 香港将是内地建立市场经济制度的借鉴地，是内地企业走向海外经营的预备学校

香港是中国经济与世界经济，尤其是西方经济联系的重要通道。内地正处于建立市场经济体制的摸索期，属于转型中的社会主义国家。而香港在回归之后，仍然维持资本主义制度 50 年不变。内地长期的计划经济体制和封闭状态，使其在经济体制转型的过程中，需要依靠香港的条件，扩大与世界的联系；而西方各国在进入一个完全不同的社会制度的国家时，也需要利用香港这个缓冲之地，以减少风险。香港这个中介地位将维持相当长的时间。

回归之后香港自由、开放的市场经济体制维持不变，为处于体制转型期的内地提供了极其重要的借鉴作用。内地可以通过观察香港经济的运行过程，认识与学习市场经济的机制、规范、法律以及国际商业通用的方法与惯例，市场经济的调节与管理等知识，达到参考与借鉴的目的。而处于长期的计划经济体制之下和封闭状态中的内地企业，也可以通过香港来学习、积累海外经营的经验与资源。通过香港，走向世界，是内地企业成功地进行海外经营的重要途径。多年来的经验与教训已经证明，内地企业直接进入海外，鲜有成功而返的例子。而只有在香港立足，逐步积累大量知识与经验的企业，才能具备走向海外的基础与成功的条件，例如在香港的中银集团、中信泰富、粤海企业等。从这一事实来看，香港是内地企业走向海外经营的最好的预备与实践学校。

（本文原载于《中国软科学》1997 年第 6 期）

危机、信心与前景

——坐在过山车上的香港经济

东亚经济危机是这一地区的一场脱胎换骨的变革，即使是属于发达国家的日本也需经历体制与制度的反省和革新。迄今仍无明显的迹象表明危机正在减退。不仅如此，传导效应正把危机向亚洲地区外的俄罗斯、拉美等国家和地区波及，且冲击到欧美市场。在亚洲，从 8 月开始，香港政府全面介入股市、汇币、期市，开创了政府主动出击国际炒家的先河，随后香港金融管理局接连宣布了巩固联汇制与加强金融监管的七项决定与三十条措施；而马来西亚政府则于 9 月 1 日宣布了外汇管制，拉美两个国家也紧随其后……这一切均使东亚经济发展与金融市场的前景更加扑朔迷离。还没有人能清楚地指出危机过后东亚经济的具体前景与经济格局会发生什么变化，人们仅能从各国政府处理危机的对策中去揣测前景。

一、危机：既是"危"，也是"机"

目前在东亚地区持续的经济危机，可以说是 1929—1933 年世界经济大衰退在东亚地区的重演，大规模的生产能力过剩（在东亚地区表现为出口能力过剩引发的国际收支失衡），各国汇价的轮番贬值与股市的崩盘，企业的破产与失业率的攀升，经济秩序的混乱乃至市场的恐慌等，成为这一地区普遍的现象。在一些国家与地区，经济危机还演变成政治危机。这一切，不仅表明了这场危机不是一次单纯的金融危机（笔者曾在去年的一些研讨会与文章中指出，在金融全球化与自由化之下，金融危机往往是经济危机的先导），还宣告了长达 1/3 世纪之久的"东亚经济奇迹"快速成长列车的骤然停止。这场危机将持续多久，何时能重现曙光，谁也无法精确预知。

然而，历史与经济循环周期的事实反复地告诉人们，经济危机的实质是旧的经济成长轨道的清除、旧的经济格局的清盘与新的成长道路的开辟及新格局的重组过程。经济危机越深刻，旧过程的清算也就越彻底，重新发动的新一轮的经济成长就越持久。东亚目前持续的这场经济危机，同历史上其他危机相比所具有的特殊意义不仅在于东亚经济成长方式、产业结构、金融体系等的转变，更在于通过这次危机，一个健全的市场经济运行制度将在东亚各国推进与建立。由此人们会看到，在危机之后，东亚经济在经济全球化、知识化与金融自由化的基础上，将会更健康并走向成熟。从这一点来看，摆脱危机后的东亚经济的发展前景将是美好的、光明的。因此，危机既造成冲击，也孕育着机会，还培育着更好的前景。

二、信心危机是最大的危机

摆脱危机、走出衰退是一个极其痛苦且艰难的历程，香港目前也在经历着一个走出衰退的困扰时期。这次的经济大衰退对香港来说，无论从哪一方面看，确实是30年来最深刻的一次，也是香港经济面临的最为严峻的考验。香港的四大支柱产业——房地产业、金融业首当其冲，旅游业一蹶不振，对外贸易持续下降。同时，国际贸易中心、金融中心、航运中心的地位也面临挑战。香港在这次冲击中仅资产价格的贬值造成的财富损失约达43 000亿港元（从1997年7月至1998年6月），相当于1997年香港GDP的3倍以上，平均每个家庭损失200万港元左右。然而，比对经济冲击更为严重的是对香港人心理的冲击，也即信心危机。1997年上半年的经济繁荣、股市与楼市价格持续飙升与下半年经济受到重创、陷入困难所产生的巨大反差，不能不对港人的心理造成极大的冲击。现实表明，在共度时艰的困难时期，各种对策固然十分重要，但信心是首要因素，这是因为共度时艰需要人们具备心理上的承受力与坚韧性，这种心理能力来自对香港的信心。有了信心，共度时艰才不会成为一句空话，人们才会勇敢面对困难而不逃避。而信心是由经济前景来维系的，这包括港人对香港前景的信心，国际资本对香港市场的信心，以及港人对特区政府经济治理能力的信心。因此，目前在香港是经济危机与信心危机并存的困境。

三、前景：从零出发

如前所述，正确地把握香港未来发展的方向，预测其经济前景以及在世界经济中的未来定位，是维系香港信心的基础，而信心又是香港同舟共济、共度时艰的关键因素。另一方面，香港未来的发展走向，也是全球关注的一个焦点。因此，研究与探讨这一问题，意义十分重大。笔者认为，目前研究这一问题的角度与出发点，应是从东亚经济危机带来的经济重整与格局管理重组之中，去把握与预测香港的未来，为香港经济定位，而不能仅从香港现有的经济功能出发，去把握与预测其未来发展。正如本文在一开始就提到的，东亚经济的前景取决于这场危机带来的经济制度、产业结构以及金融体系的调整与再建的过程，香港也不例外。因此，问题并不在于香港现在有何种经济功能，有什么经济地位，而在于危机与衰退之后，香港会转变成什么样的经济类型，在亚洲能占有什么地位。我们不能抱有这样一种想法，即一旦危机过后，走出衰退，香港原有的经济地位就会自然而然地恢复；或是认为，只要香港的生产成本有了大幅的下降，就会重新获取竞争力，经济也就会回到原有的轨道上重新出发。

任何对这次东亚经济危机的意义与后果的认识不足，都会导致对未来经济发展把握的失误。这场危机是在东亚地区 30 多年来经济持续高速成长之后爆发的，它所引发的调整与转变的广度、深度和力度均是前所未有的，并且超越了单纯的经济领域，涉及政治以及所谓的亚洲传统与亚洲文化观等范畴，所导致的后果与转变将是十分深刻的。从这一角度出发，危机引起的经济转变与经济格局的重组，可以说是一个从零开始的游戏。不管在以前的游戏中各国与各地区曾扮演过何种角色，游戏的重新开始，也就是角色的重新分配。正如一位香港学者所指出的，现在的情况就如同一场新的牌局，一切重新开始、重新洗牌、重新出牌。各国与各地区今后的地位如何，发展如何，都取决于各自如何出牌。一个国家或地区如果能在这个过程中抢先完成经济的结构性调整与纠正，建立适应国际经济发展与金融市场变化的体制和机制，就能使投资者恢复信心，一旦信心恢复，经济增长也就指日可待，并将在未来的发展中取得竞争优势与地位。相反，一个原来占有经济优势的国家或地区，如果在这个过程中反应十分缓慢，则可能会失去原有的经济优势，这就是危机也是机会的题中之意。由此可见，我们谁也不能保证，香港在经历了这次危机之后，一定能维持其国际贸易中心、金融中心等经济地位；退一步来说，即使香港在危机过后维持了原有的经济中心地位，其经济中心的功能也绝不能仅仅是原有基础的简单复归。这个问题解决的关键在于香港在这场危机之中的反应与决策，以及港人能否保持其永不言输、永远向上的精神。正如香港特区行政长官董建华在回归一周年庆典上所指出的："香港的未来不能用我们今天的财富去度量。"只有保持这种精神，香港才会在这场危机中抓住机会，异军突起，香港的前景才会比以前更加美好。

四、在调整中重建经济优势

过去的半个世纪中，香港经历过十数次的风浪与危机，而十分庆幸的是，香港每一次都以其灵活应变的能力，变危为机，为自己的新一轮成长开辟道路。香港经济的弹性，即伸缩性，是香港经济的最大优势。然而，随着经济日益走向成熟等各种主客观原因，这种经济的弹性开始减弱。这种状况明显地体现在这次危机过程中港人的心理承受力的下降，以及过分依赖政府照顾等一系列现象。如何恢复经济的弹性，是一个十分重要的问题。

在面对危机与衰退的挑战之时，除了恢复经济弹性之外，香港还应当抓住经济调整的时机。检讨、改善原有优势，培育新的优势，紧跟经济全球化、知识化以及金融自由化发展的步伐，以便于在机遇到来之时提升自己的经济地位。虽然香港经济的调整速度之快在亚洲区域内是十分显著的，然而，抓住关乎香港经济长远发展的重点进行调整，也是十分必要的。本文认为，香港可以抓住以下三个重点进行调整。

1. 经济自由与市场垄断的肌瘤

香港的国际竞争力与经济优势，源自其一贯实行的自由经济和高度开放的市场经济体系，其是全球经济自由度排名第一的经济区域。在这次东亚经济危机所引发的市场经济与制度的改革中，香港占有体制及运行机制上的优势，尤其是自由企业的制度。可以说，香港是东亚地区唯一一个对所谓的"亚洲病"免疫的地区。"二战"后由日本兴起，并在十多年来广泛流行于东亚地区的政府"保驾护航"的企业制度，不仅扭曲了市场配置资源的功能，使得不良资产与债券充斥，泡沫经济兴起，动摇了金融体系的根基，从而成为这次经济危机爆发的原因之一；也引发了黑金政治、裙带资本主义的盛行，最终造成了国际资本丧失信心从而大量流出。这次危机突显了香港在市场经济运行方面的优势，只要香港在今后继续坚持自由经济与高度开放的市场经济，就能维系国际资本对香港的信心，保证香港经济国际化程度的持续提升。

但是，我们必须看到，香港的经济运行制度仍有需要改善的地方。"尽管香港以自由开放的竞争知名，在香港的非贸易行业中却有专利和寡头垄断的情况。电力、通信、铁路、公共汽车、机场和港口服务，都是专利或寡头所经营。地产和超级市场实际上也是寡头垄断。"（《香港优势》）香港在 20 世纪 90 年代已经转型为服务型经济，而上述的垄断正是发生在服务业。这种状况不仅大大地削弱了服务业的竞争力，同时，因垄断造成的高额利润使得其他行业无利可图，而市场进入的阻碍最终导致了大量资金进入股市与楼市炒作，引发了泡沫经济的产生。香港经济近年出现的结构性问题的主要原因，就是垄断造成的市场资源配置失调。不彻底地纠正这种状况，香港的服务型经济就不能保持持续的竞争力。

2. 服务型经济的"根"与"源"

香港作为一个国际型大都市，目前已成为全球仅次于美国的第二大服务型经济。

香港服务业的蓬勃发展与其在全球经济中占有优势的根本原因在于，香港服务业经济是与强大的制造业密切结合的经济，它植根于制造业的发展。尽管目前在香港本地的制造工序已经十分少，但围绕着"由香港制造"而引发的贸易服务、金融服务、工业支援服务、科技服务等活动十分强劲；同时，适应周边地区尤其是工业化快速增长的内地的服务需求也在不断增长。由此可见，香港经济的主要优势就在于香港并不是一个单纯的服务型经济，它的服务业与制造业唇齿相依。此外，香港作为制造业的离岸管理控制中心，在境外制造业的发展过程中扮演着十分重要的角色。因此，我们可以说，香港服务业的发展并没有割断它的根。

现在的问题并不在于香港作为一个都市经济，其房地产、金融、贸易等该占多大的比重，制造业该占多大比重；根本的问题在于服务业的发展不能割断其与制造业的相关关系，香港必须巩固其作为制造业的跨境生产网络中心与协调管理中心的地位，以及跨境经营厂商（不管是本地公司还是跨国公司）的总部与区域总部的地位。

3. 向知识经济转化中的关键因素

全球知识经济以及科技的推进，已经突显了香港在科技进步与高层次人力资源方面的优势。知识经济与物质经济的最大区别在于，物质经济的发展是渐进的，它要受物质条件的限制；而知识经济的发展则是跳跃式的，它的发展速度要大大超过物质经济。我们从微软公司在美国的跳跃式发展就可以看出这一点。微软用了很短的时间，就成为引领美国科技潮流发展的大公司，其股市的市值已超过了美国三大汽车公司，而美国三大汽车公司的历史均在百年以上。可以说，微软的发展代表了今后全球发展的一个重要走向。

香港要巩固其经济中心的地位，提升服务业的优势，不得不首先确立其人力资源与科技、教育的优势。美国的服务型经济之所以在国际上占有重要地位，关键就在于它的科技服务与教育服务的优势，从而使它的金融服务、工商服务能有世界一流的水平，并占有极大的国际市场份额。香港的工商服务与金融服务目前占有优势，主要因为它是面对亚洲市场，尤其是内地市场。但是，一个服务型经济体的教育服务与科技基础不发达，是它未来发展的致命伤，其结果肯定是无法追上世界发展的潮流。香港如果要避免将来遭遇如此的命运，必须从现在起提升自己的教育科技水平。因为，未来的国际大都会与国际经济中心，将是知识与人才的集中地。正如香港证券学院主席郑维健先生所指出的："未来的全球枢纽将会是精锐专业人士集中程度最高的地点，他们互相交流发展出高附加值的产品和交易活动。"（《香港经济日报》）

（本文原载于《港澳经济》1999 年第 1 期）

反　思

——香港回归后"一国两制"实践提供的启示

　　香港回归已经有一年多的时间了。一年多来，在既无前车可鉴，又遭受金融风暴袭击、国际投机资本冲击的大风浪中，香港人民与中央政府进行了史无前例的"一国两制"的伟大实践。这个过程的艰辛与风险是难以用语言来表达的。然而，正是这在惊涛骇浪中不断摸索前进的过程，为"一国两制"的理论与实践提供了十分难得的经验与教训，成为香港今后继续前进的最宝贵财产。这些实践也为今后澳门、台湾实现"一国两制"积累了十分有益的启示。

　　从根本上说，香港回归后所取得的成就是巨大的。它不仅顶住了西方各种政治势力的冲击，经受了金融风暴的多次考验；并且在严重的经济衰退中仍然为自己规划了跨世纪的宏伟蓝图，即使在受到金融风暴冲击的最严峻时刻，也坚持了"一国两制"的方向始终没有动摇。这不仅显示了香港人对祖国的归属感，更表明了香港对"港人治港"前途的充分信心。然而，在我们看到这一巨大成就的同时，也应当看到成就背后付出的代价，认真地总结经验，汲取教训，是今后以更少付出取得更大成功的基础。回顾一年多的实践，在贯彻"一国两制"所面临的一系列矛盾中，以下几个关系的正确处理显得十分重要。就此，笔者想谈谈自己的一己之见。

一、经济繁荣与经济泡沫

　　香港回归祖国，实现"港人治港""一国两制"，是保持香港持续经济繁荣的重要基础。回归前后，中央政府与香港对此问题都给予了极大的关注与重视。尤其是中央政府为保持香港在回归前后的经济繁荣，与英国当局在协商与会谈中，做出了最大的努力，以维持香港的财政，为今后的持续繁荣奠定了基础。更为幸运的是，香港经济在1997回归之年，正处于其经济周期的高峰阶段，保持经济繁荣似乎是不成问题的。然而，在回归之后，无论是中央政府，还是香港各界人士，都万万没有预料到问题会发生在经济方面。回归前的经济增长强劲，股市连攀新高，楼市交投旺盛，消费大幅增长，投资信心强盛，与回归后的 10 月份经受国际资本冲击之后，膨胀的泡沫一经戳破，经济状况一落千丈相比，这种巨大落差对港人心理造成了不小的冲击，加大了香港经济复苏的难度。

回顾当时所走的历程，我们今天都有了一个共识。虽然香港经济增长的势头被国际投机资本的冲击打断，但香港今天经济的衰退，也有自身的结构性问题，与出现经济泡沫以及人为因素有关。在回归前后，无论是中央政府、香港民众、内地与香港传媒均没有意识到，股市、楼市炒作这类符号经济的大幅攀升，过分脱离实际经济潜在的危险。各类传媒机构大肆渲染股市与楼市的热火朝天，更是使人们把当时的经济泡沫当作经济繁荣。中央政府与香港力图保持繁荣的良好愿望，使得本来应当适时降温的经济，不恰当地被推向了更大的泡沫，人为地加大了经济冲击的力度。事实告诫人们，经济增长，尤其是符号经济的增长，并不是越高越繁荣。这种"繁荣"与泡沫的戳破仅有咫尺之遥。在一个政治震荡与过渡的时期，保持经济稳定比强调经济繁荣更为重要。过分强调经济的繁荣，忽视经济增长过热的倾向，就会为经济泡沫的产生埋下伏笔，反而更不利于人心与政局的稳定。

二、"一国"与"两制"

香港回归之后，"一国两制"就成了具体的实践过程。虽然很多文件与论述都对"一国两制"有过详尽的分析，"一国"与"两制"是不可分离的两个方面。但是，在面对与处理不同的矛盾之时，二者就有孰轻孰重之分。在什么场合应强调"一国"，何种条件下应更注重"两制"，这是一个十分具有政策性的问题。

一年多来的实践说明，在对外宣传、推介，尤其是在对国际资本与多国公司的推介方面，在人权、民主、法制、治理方式等方面，应当更多地强调"两制"，强调差别，以保持香港的经济国际性地位。要给西方以及国际资本一个这样的印象：香港首先是实行与西方国家一样的社会制度与自由市场经济的国际大都会，是有高度自治权力的特别行政区，不仅仅是中国的一个城市。在这种场合如果过分强调"一国"，就容易为国际资本所误解，认为香港与内地并无区别。但是，在香港经济的对内扩张以及与内地的经济联系方面，应偏重"一国"。因为今天的香港经济已经和内地紧密相连，其经济周期更多的是受内地经济发展的影响。内地是香港经济增长的主要后盾。在这种情况下，过分强调"两制"与两地的差异，忽视

"一国"的共同利益，其直接后果就是香港经济受损。如果无视今天香港作为中国连接世界的重要桥梁，具有华南地区"出口导向"生产基地的网络中心之地位，人为地用行政或非行政的手段阻挠香港与内地的经济联系，只会给香港经济的发展增添不必要的困难。近来不少香港厂商反映，香港回归后的内地与香港经济合作不仅没有如人们所预期的顺利进展，反而比回归前更为困难。这正是过分强调"两制"，强调区别的结果。因此，在"一国"与"两制"的关系处理上，应当是扬各自之长，抑各自之短，过分地强调一方，或忽视一方，都是应当避免出现的偏向。

事实上，在"一国两制"的条件下，正确处理"一国"与"两制"的关系，并不单纯是香港一方的行为，必须是中央政府、内地与香港三方取得共识，共同处理。在某种情况下，中央政府的行为占据主导地位。从一年多的实践来看，中央政府为了防止香港的政局、经济受到内地的不正常骚扰，加大了内地与香港各类交往的限制，其愿望是良好的。但是，实际发生的事实表明，对香港经济造成不利影响的，主要是在港国资企业非正常的经营行为。一些国资企业倚国家资本之靠，在股市上投机操作，堆高经济泡沫，或是过度借贷，债务累累，危及他人，这些多涉及中资资本在香港的定位与经营方针问题，而同内地与香港的正常交往并无关联。现在内地人员出访香港，其审批手续之繁、时间之长，比回归之前更为严格，不仅内地人不理解，香港人也难以接受。在这种严厉的管制下，不仅不利于推进内地与香港的合作，也难以强化"一国两制"之下香港对中国的桥梁地位。

三、"港人"与"港官"

"一国两制"下的香港实行"高度自治"，其核心应当是"港人治港"。然而，正如香港政策研究所主席叶国华先生所指出的，香港政府与港人是在没有任何心理准备的情况下进入"港人治港""高度自治"的，港人是否能管治好香港，这是香港骤然面对的问题。一年多来，港人已经得出结论，中央政府是真正落实"港人治港""高度自治"的。但是，如何实现"港人治港"，香港需要一个从头学习、不断摸索的过程。回归之前，不少人认为，香港的回归仅需要改变一面国旗，其他的一切均不变，照过去的方式运转就可以了，实际上并非如此简单。例如，代表港人意志治理香港的特区公务员队伍，是全面接收港英政府的行政架构而保留下来的"港官"，这是一支十分廉洁、高效的队伍。但是，过去的港英政府并不是港人的代表，发号施令、颁布决策的是英国的殖民官员，香港的公务员仅仅是一支惯于接受命令、照章埋头办事的队伍。他们不但无须提出决策，更没有征询民众意向的义务，形成了"决策在伦敦，实施在香港"的行政主导体制。一旦回归后实施"港人治港""高度自治"，整个公务员队伍虽然基本保持不变，但是，政府的性质已发生了根本的变化，公务员的立场也有了根本的变化，现在的政府已不是代表英国的利益对香港实施统治，而是代表 600 多万港人的利益实施治理。作为"港人治港""高度自治"的行政权力机构，保留原班人马的特区政府的"港官"们在现实中突显了没有决策经验、缺乏和民众沟通的两大先天不足。在回归后一年多的实践中，"港官"在面对禽流感、金融风暴以及经济衰退等一系列问题时，均出现了港人不满其治理方式及手段的情况。事实上，所谓的"公务员神话"的破灭并非回归后公务员队伍的两大先天不足所致。如果这种状况不予以根本改变，特区政府不通过最大的努力去提高自己的决策能力，实施开放、透明的治理方式，认真听取港人的建议意见，而是我行我素，只按自己的思维去处理问题，其结果只能是"港官治港"。因此，特区政府要真正落实"港人治港"，仍有一个从不适应到逐步适应的相当长的过程。

四、"小政府"与"大政府"

香港回归祖国，从根本上改变了其政府的实施理念，过去那种"借来的时间与借来的空间"的殖民施政心态，已经不再适应香港"港人治港""高度自治"的施政现实。香港政府第一次有了根本摆脱过去施政目光短浅的过客心理、为香港的长远经济发展制订宏伟的蓝图与规划的可能，能够真正贯彻长远规划香港未来的治港理念与积极进取的治港方针。这就为香港经济适应全球竞争的时代，在未来的 21 世纪中保持持续增长提供了良好的政策与制度基础。但从另一方面来看，一个"高度自治"的政府，又面对着经济衰退的各种矛盾问题，就极其容易变成一个强势政府，并进而发展为一个"大政府"。这是不少人目前担忧的问题。

事实上，香港政府的定位，在"港人治港""高度自治"的条件下，最终取决于港人在不断实践中所得出的意见。在这个问题上并不存在万古不变的金科玉律，像过去港英政府把不干预政策绝对化，事实上并不利于香港经济的发展。但是，我们还应看到，政府在经济生活中的角色与地位的界定，也与其治理的经济形态有关。香港实施的是高度开放、自由的市场经济，是全球闻名的自由港。香港的这种经济制度，决定了政府在经济中的低参与度，这就是"小政府"。在治理过程中，政府并不是要成为经济成分中的一员，去影响经济的运作，而是要通过提供完善的基础设施（包括软与硬两个方面）与政策环境，去推进经济整体更具竞争力，以适应全球竞争。

另外，在处理"小政府"与"大政府"的关系上，特区政府还应当在保持香港的经济活力与实施经济福利之间取得一个平衡。香港过去的经济活力来源于自由竞争的经济制度，这给人以平等的机会、充分的自由去奋斗，而不是那种让人养成依赖政策的福利制度。西方不少国家的经验教训已经证明，政府的福利政策失当是导致经济缺乏活力的根本原因。目前，香港正处于健全其福利政策的过程中，政府如何使福利政策既能保持社会的稳定，又不至于损害经济的活力，是十分具有政策性的难题。在过去一年多的实践中，特区政府采取的一系列措施，出现了过分顺应某些港人的经济依赖性的倾向，有些不属于福利支出的，政府也给予补贴，长此以往，势必造成经济活力与经济实力的下降，这是值得关注的。从根本上来看，一个政府加大福利支出，其前提应是促进经济的增长，从而增加收入。由此可见，提高经济活力，增强经济竞争力，是第一位的。这是政府政策的核心，而不能本末颠倒，以损害经济活力去无限制地加大社会福利，更不能照搬西方一些国家的福利制度。

香港回归一年多来的实践，为中央政府、香港与内地在如何实施"一国两制"方面提出了许多新的与值得研究的问题，现在正是各方认真总结这些实践经验，从而不断地完善"一国两制"理论的时刻。我们期待，通过这种总结，香港与内地的前景都更加美好。

（本文原载于《经济前沿》1999 年第 1 期）

中国经济市场化进程中香港的作用

在告别 20 世纪、进入新千年之际，中国经济的现代化进入了一个历史性发展的新时期。加入 WTO，把整体经济融入经济全球化的浪潮与世界经济一体化的体系，这一重大举措，将意味着中国现代化市场经济的最终确立，标志着今后中国经济无论在总量上还是在体制上，都将经历一场翻天覆地、脱胎换骨的变化与变革。借此，中国也才会在新的世纪中成为现代化的经济强国。

在这个大变化与大变革的过程中，实行"一国两制"的香港，以其现代市场经济的体系与法制的优势、国际性的特质，在中国现代市场经济体系的建立与整体经济的现代化方面，都具有十分重要的价值。

一、历史的回响与现实的呼应

毋庸置疑，中国在进入新千年的这一重大举措，其实是中国一个半世纪的现代化进程的延伸与继续。在这一个半世纪的历史中，中国现代市场经济体系的迈进经历了几个重大的历史转折点，其中最具影响力的三个分别是：19 世纪中期西方帝国主义以武力打开中国的大门，从此拉开了中国向现代化经济与社会迈进的序幕；20 世纪 80 年代中国实施改革开放的方针与政策，开始了由计划经济向现代市场经济的转变；以及进入新千年后中国正在进行的加入世界经济一体化的举措。细心的人不难发现，在前两次的历史性转折中，香港均在历史舞台上扮演了重要角色。以香港的割让为主要内容的《南京条约》，是中国闭关自守的传统经济与社会解体的根本性标志。从此以后，中国开始了不屈不挠的建立现代经济体系的奋斗，历经了戊戌变法、国民党统治时代官僚垄断的国家资本主义以及 1949 年以后建立计划经济的努力。然而，上述种种力图使中国经济实现现代化的方案与实践，最终都没有取得成功。20 世纪 80 年代的改革开放浪潮，是中国积累了一百多年来的奋斗经验，最终认识到市场经济体系是中国经济现代化的必由之路。在这 20 年以改革开放推进市场经济体系建立的实践过程中，作为先行试验的广东、福建两省，其开放的主要区域就是香港。其后，香港作为中国与世界经济联系的中介与桥梁，在改革与开放的浪潮中起了十分重要的作用；香港以及澳门主权的回归，更是中国这次经济现代化的历史性转折的重大成果。香港一次又一次地在历史的转折时期登上舞台，这不能不使人对历史的偶然性与巧合发出感叹。

在中国漫长的经济与社会现代化的过程中，一个十分引人注目的现象是，每一次大的经济变革与社会震荡，无不是以对外开放为主要内容与主要特征的，这似乎是中国150年的经济制度变革的共性。无论是19世纪中期在帝国主义武力冲击下的被动式的开放，还是20世纪80年代以及当前进入21世纪的主动式的开放，其内容均是以对外开放来冲击国内旧有的经济体制，用外力推动来逐步建立现代化的经济组织结构与制度，成为中国长期的经济现代化进化的特点。不管人们如何解释与理解这一事实，事实反复出现的背后，都有其历史的合理性。

事实上，中国建立现代经济的努力最早并不发生于一个半世纪之前。按照历史学家黄仁宇的"大历史观"，就在距今恰恰1000年前，宋代的王安石变法，就是一次中国力图从传统的经济组织进入现代经济组织与管理的变革。宋代是中国历史发展中极其辉煌的时代，物质文明与科技发明都达到了当时世界的顶峰。王安石变法的根本就在于"企图以金融管制的技术作行政工具"（黄仁宇《中国大历史》）来管理国家的经济，推行经济的多元化。但是，以传统农业，尤其是自给自足的小农为基础的自然经济以及中央集权的经济管理方式，使得经济的进步不能用于改造社会，科技不能有效地促进经济的发展。农业发展的剩余不能用于积累，去发展工商业；虽然中国是最早使用货币与纸币的国家，虽然中国不乏商业的发展。王安石变法说明了在宋代，中国的小农经济已经发展到顶峰。而变法的失败，则让以后的明清朝代吸取了教训，采用了内向、收敛性的管理方法，实行闭关自守、非竞争性的政策，去维持一个高度稳定、停滞不变的经济与社会结构。正如亚当·斯密在《国富论》中分析中国的长期经济停滞时所指出的，中国早在元代以前，"国家法律与组织系统容许他积聚财富的最高程度业已达到"。小农经济的体系与高度中央集权的制度，"意识形态较科技优先，文化上的影响比经济更重要，各级官僚的消极性比他们适应环境的能力还要被重视"（黄仁宇《中国大历史》）。这就是中国长期积弱的根本原因，也因此导致了中国建立现代经济制度的困难性与长期性。

由此可见，在中国的内部缺乏自动地推进现代市场经济体系产生的基本因素与动力，是中国经济现代化必然通过外部的开放来推进的主要原因。中国戊戌变法的失败与日本明治维新的成功就印证了这一点。更何况现代市场经济在本质上是开放的，是不断发展与进化的。在经济全球化发展的今天，现代市场经济意义上的市场，本身就是国际市场。

就以这次加入 WTO，适应经济全球化的发展，在中国建立开放性的经济体系的重大举措来说，最根本的原因是中国国内改革旧有的体制，建立市场经济的制度已经到了关键性的攻关时刻，而国内改革需求的力度不足，成为最大的阻力。也就是说，目前改革的最大困难不在于中央政府，而是各种因现有体制而组成的既得利益集团无意于也不愿现代市场经济体系最终确立。而一旦中国的改革就此停步，就必然会重蹈过去变法失败的覆辙。因此，以开放促改革就成了实施这一重大举措的关键。谁都知道，中国的市场经济体系还没完全建立。经济全球化的制度主要是由在资源配置和经济规则制定方面占有优势的发达国家来决定的条件下，加入 WTO，中国必将面临巨大的经济不安全局面。但是，如果为了寻求国家安全而采取保持经济落后状况，最终势必会牺牲国家的经济发展，从而削弱国家综合实力，反而使国家更不安全。

二、香港的价值

如果上述的分析是符合历史与经济发展的现实与规律的，那么，我们就必须承认，在中国现代经济发展与建立的过程中，150 年前中国被西方帝国主义用武力打开国门的第一次历史转折时期，香港被卷入了历史舞台，是十分偶然的事实。但是，在 20 世纪 80 年代中国主动的改革开放与新千年中国再一次地加大开放力度，以最终确立市场经济体系为目标时，香港又一次发挥重要的作用，这就不是纯属偶然，而是偶然中的必然。

历史将永远记载 150 年前帝国主义用武力强加于中国人民头上的屈辱，正是这屈辱的记忆不断地呼唤着中国人民去努力建立现代的经济强国，并且，在 20 世纪末期终于收回了香港与澳门的主权。但是我们不能忽略一个历史的基本事实，即帝国主义武力进攻之所以取得成功，根本原因并不在于武力的强大，而是资本主义的经济组织与制度在全球的优势。19 世纪资本主义的殖民主义政策，不过是资本主义的世界化在全球推行时的一种特殊行为，正如当今美国凭借其新经济与制度的优势在全球充当世界宪兵的角色一样。由此可见，一个国家的经济制度与组织结构的优势，才是一个国家优势的根基。

在当代的全球经济中，现代资本主义的经济组织与体系，相对于落后的发展中国家的制度优势是一个客观的事实。而这一优势背后的根源则是市场经济体系对自然经济体系的优势。资本主义经济只不过是市场经济的一种特定阶段。现代市场经济并非十全十美的经济体系，但是，在人类社会发展到今天，现存的各类经济体系中，它是最有经济效率的经济组织形式。市场经济通过把商品的使用价值与价值分离、生产与消费分裂，形成了一种为追求商品市场价值而生产的经济组织与结构。价值追求的无限性造成了无限的技术、制度创新与经济体系的高度动态，而资本无限扩张的能力使其经济发展必然冲破一国的界限。资本的全球化带动了经济的全球化，于是世界市场——而不仅仅是国内市场——也就成了市场经济国家发展的必要前提。现代市场经济正是以其经济运动的高度动态和高度开放性，与自然经济的高度稳定、自给自足、闭关自守和停滞不前形成强烈对比，并使采用市场经济形态的国家最终在全球获得经济优势。由此可见，中国在20世纪80年代开始的向现代市场经济过渡的伟大决策，是历史的必然抉择，也是中国成为强国的必然之路。

当中国最终选择了现代市场经济作为发展本国经济的根本道路时，我们不能不看到，现代市场经济的客观存在形态是资本主义的市场经济，现代社会经济的主体就是资本主义。资本主义的发展史与人类社会、经济的现代化是同步的；因而，资本主义几乎是与现代化同质异名的事物。因此，中国要建立现代市场经济，必须借鉴资本主义；中国要现代化，也必须借鉴资本主义。与此同时，我们也就不难理解，为何资本主义体系中的香港在中国20世纪80年代的改革开放中，会发挥那么重大的作用，而"一国两制"下的香港在中国的进一步开放中仍将发挥重要作用。

在论及香港对中国的价值时，大部分的论述往往过于集中于经济增长与经济结构方面的变化，而忽略了香港的经济制度优势对中国的重要意义。我们认为，香港最大的优势是其现代市场经济的体系与法制以及经济的国际性，这也正是香港对于中国现代化与市场进程的最大价值。事实上，当香港在150年前被卷入资本主义的世界化浪潮中时，就意味着其脱离了本土自然经济的管理体系，加入了资本主义的世界体系之中。香港在150年的历史发展过程中，逐步形成了世界最自由的现代市场经济制度与维护其运转的高效率的法律体制，以及当代资本主义全球网络中最开放的链条系统。因此，香港应当是中国本土中经济制度与组织最现代化的地区，相对于本土的其他地区具有经济制度的优势。如果香港对于中国仅仅意味着历史的屈辱的话，那么我们就不能理解在20世纪中国的改革开放中，为何香港会起到如此重要的作用，就更不能理解邓小平提出的要在中国造几个香港的指示。从长远的发展来看，我们可以说，中国向现代经济的迈步，应当是本土经济体系向香港靠拢，而不是香港经济体系向本土接近。这是因为，中国采用"一国两制"的方法解决香港问题（包括澳门与台湾），并不仅仅体现在政治意义方面，即对传统的国家理论的突破，以和平方式达到国家统一的高度政治智慧以及中国国内政治改革的最高成就；更体现在经济制度的变革方面，以"一国两制"保持香港的资本主义经济体系和法律制度不变的方法解决香港问题，表明了中国实际上是把香港问题的解决，当作一个疆域广大、人口众多的国家，因受地理、文化以及政治、经济影响而形成的长期稳定停滞的自然经济管制的方式向现代市场经济过渡这一十分艰巨的任务的一部分。香港作为中国向现代市场经济过渡的先行部分，其价值不可低估。

如果做进一步的具体分析，我们可以说，在 20 世纪 80 年代的历史性转折中，香港是以其现代市场经济制度和法律体系，对中国的经济体制的市场化产生着重要的启示与示范效应的。那么，在中国当前加入经济全球化浪潮，从根本上确立现代市场经济体系的大改革、大开放的过程中，香港是以其经济的国际性特质，作为中国经济中最早以及已经卷入全球化的一个部分，对中国经济的全球化进程发挥作用的。香港的国际化程度之深以及在国际经贸金融上的重要地位，是中国走向世界的一个重要通道与桥梁，加上由于大量国际资本的聚散，已经使香港成为经济全球化网络中的重要一环。正因如此，香港是西方发达国家实施全球化战略中不可或缺的一部分，它的国际性特质的变化牵动着国际资本的利益。维持香港的国际性，符合中国与西方国家的共同利益，这也正是中国与西方国家在香港问题上合作的基础。如果说，香港是西方国家进入中国市场与实施全球化战略的重要部分，那么，在中国经济融入世界经济、实施中国的经济全球化战略的过程中，香港的重要性的凸显就是必然的。正是在这一意义上，香港再一次站在了历史的转折点上。

三、"一国两制"与制度性竞争

当中国政府选择了"一国两制"作为解决香港、澳门与台湾问题的根本方针时，就意味着中国政府已经认可了适应经济发展的制度应当是多元化的。"一国两制"的框架，本身就是一个具包容性的多元化的结构。在一国之内存在着不同的、互有差异的经济体系，即大陆、香港、台湾、澳门的体系，这不仅在历史上是没有的，也是现实世界唯一存在的。在我们感叹中国经过了 150 年来的努力奋斗终于走向理性与成熟，并且更具高度政治智慧的同时，我们又应当如何理解"一国两制"框架中所包含的更深刻的意义呢？

在人类的经济发展史中，一个国家的经济优势，其根基是经济组织与制度的优势，也是经济体系的优势。事实上，某种特定的经济体系的优势是动态的、不断发展的。一种经济组织与制度是否能促进本国经济的发展，能否使一个国家在世界经济的竞争中凸显其制度的优势，并长久地保持这种优势，在很大程度上取决于以下两个方面：一是这种经济体系在其发展的过程中，通过兼收并蓄，努力吸取其他体系的优点，继承与淘汰相结合，构造具有竞争力的制度结构；二是在其发展过程中，通过与其他对手的竞争，不断地更正制度中的缺陷，敢于接受对手的挑战，在竞争中进行自我更正，是不断保持一个经济体系的优势的根本方法。在此，制度的自我更正能力是一种适应能力，更是一种创新能力，其实质也就是制度的生命力。一个能不断地适应发展变化而自我更正的制度，生命力也就越强盛。不仅经济体系的发展是如此，社会制度的发展也是如此。在这个意义上，社会的多元化、经济体系的多样化的选择、对立面与竞争对手的存在，不仅是事物发展的对立统一的法则，也是社会与经济不断发展，制度不断创新的源泉。一言以蔽之，制度性竞争是一个经济体系保持优势的根本之途。

给我们提供这一启示的，是资本主义制度数百年的发展历史。资本主义作为一种特定的市场经济体系，经历了一个不断自我改正的过程。从早期商业资本的原始积累到产业资本的殖民化潮流，从争夺世界市场到一次又一次世界大战……在人类的历史上，资本主义体系的世界化，给人类留下的是血泪斑斑的记忆。正如马克思指出的，资本的每一个毛孔都流淌着鲜血。马克思作为资本主义的"病理学家"，他的《资本论》与他创立的共产主义思想，以及随之而兴起的社会主义的实践，作为资本主义的对立面，推动了资本主义的自我改革与更正的过程。尤其是20世纪的社会主义国家的产生和发展，为资本主义的自我更正提供了激励的功效。因此，如果没有资本主义的对立面——马克思主义思潮与社会主义运动，没有第三世界国家长期的反殖民主义与霸权主义的斗争，资本主义的经济体系不可能亘世纪的存在与发展，更遑论在当今的世界经济中显示其制度性的优势。

综上所述，"一国两制"作为一个多元化的结构，其本身就包含了制度性竞争的因素。不同制度地区在一国之内的存在、互动、差异与竞争，都会对各自的内部产生出不断自我更正与制度创新的激励，其结果必然是制度的互助与互补。因此，"一国两制"的框架，其本质就是一个提供制度性优势的结构。而在这个框架中维持资本主义经济体系的香港，其对中国经济现代化的价值，也是不言自明的。

（本文原载于《开放时代》2001 年第 6 期）

香港经济转型中特区政府
科技及工业政策的思考

1997 年特区政府成立后，作为"港人治港"的政府，为治理理念上的历史性转变，从根本上摆脱了殖民治理的目光短浅与近视，从长远的发展上为香港规划未来的前景提供了可能和现实。1997—1998 年的金融危机和香港泡沫经济的崩溃，政府对产业升级和发展高科技产业缺乏政策支持与整体战略考虑的恶果全面显现。这使香港特区政府与社会认识并亲身体验到工业的萎缩和经济结构失衡的危害及后果，开始了对经济治理理念的反思，并进入了香港历史上的第三次经济结构的转型与调整期。经过几年的努力，一套较为完整、系统的工业与创新科技政策初步成型，并且在资讯科技产业的发展方面已经出现了某些转机。但是，在香港经济处于极度困难的条件下，新的产业组织的萌芽十分迟缓；政府对香港经济结构走向的思考摇摆不定，在具体的执行过程中，由于香港工业与创新科技政策的定义与支持方向不甚明确，因此，制造业萎缩的现象并没有得到控制，经济转型的目标仍然未得以实现，回顾并且反思七年来特区政府的科技及工业政策的内容与实施过程，检讨政府政策的实际效应，对今后香港的经济转型将具有启示作用。

一、特区政府工业与创新科技政策的形成与内容

工业是技术创新的主要动力与源泉，如果一个区域或国家缺乏雄厚的工业基础，也就谈不上产业结构的技术升级和创新（美国企业的 R & D 投资的 90% 来源于工业企业）。由于香港工业大规模的迁移，本地工业的大幅萎缩时日已久，技术创新所需要的产业聚集和协作体系十分薄弱，香港传统的"产业群"组织不能适应以科技创新为导向的发展战略。因此，重新打造香港工业新型的产业组织和新型产业，就是特区政府制定工业政策的主要任务。在金融危机导致的经济衰退和"均衡论"占上风的背景下，为了赶超 21 世纪新科技和新经济发展的大潮，特区政府专门邀请世界知名科学家与教育家田长霖先生作为政府的科技顾问，委托他对香港未来的经

济发展与科技发展提出路向。在此基础上，政府选择以信息技术为基础的资讯科技产业为主导，以创新科技和创意工业为核心，制定了面向 21 世纪的工业及创新科技的政策。

1. 确立了香港"创新及科技中心"发展的战略定位

香港特区政府将科技创新置于经济发展的突出地位。1998 年 2 月，特区政府任命成立了"行政长官特设创新科技委员会"，该委员会分别于 1998 年、1999 年发表了两份研究报告，提出了香港在 21 世纪要形成创新导向和技术密集的经济体系，不仅要是区内的商业和金融中心，还要是：

（1）在资讯科技的发展和运用方面占全球领先地位的城市，尤其是在电子商务和软件工程方面；

（2）多媒体资讯及娱乐服务的地区中心；

（3）世界闻名的中医药健康食品与药品研制中心；

（4）高增值产品和部件的主要供应地；

（5）专业及技术人才和服务的地区供应中心；

（6）内地与世界各地进行技术转移的中介市场。

2. 组织专门的政府架构，强化政府对工业和创新科技的组织措施

自 1998 年起，特区政府进行了一系列改善政府架构的安排，以便政府内部体制能够有效地推动工业和创新科技的发展。首先，新设常设咨询组织——创新科技委员会；目前形成的政府三司十一局的架构中，财政司下原有的工商科变为工商及科技局，专门负责工商及科技政策的制定；同时成立由财政司司长领导的跨局小组高层统筹架构来协调政府的有关政策与计划；在工商科技局下，合并了以前的贸易署与工业署为工业贸易署，新设了知识产权署、创新科技署和资讯科技署，这些部门负责工业及创新科技政策的执行和贯彻。政府架构的改善，一是彻底结束了香港长期以来政府架构中没有主管科技发展的机构的历史，为制订整体科技发展规划提供了组织条件；二是政府架构的改善重点立足于科技管理部门的建立，体现出香港工业及科技创新政策的核心是科技政策。

3. 确定香港未来工业及创新科技发展的主导产业

根据 1998 年与 1999 年由创新科技委员会提出的两份报告，以及政府与工商界的交流与研究，最终确立了香港未来工业与创新科技发展的主要产业与技术是生物科技、中医药技术、电子科技、环境科技、基础工业与资讯科技。其中主导性的科技产业为资讯科技产业和中医药产业。

政府通过各种措施确保主导性产业的发展。在资讯科技方面有：

（1）政府部门中专门设立了资讯科技署，负责资讯科技发展的政策

执行；

（2）制定"数码 21 新纪元"的资讯科技策略，目的是致力于加强香港的资讯基建设施和服务，令香港在全球网络相连的 21 世纪成为领先的数码城市；

（3）促进资讯科技推广运用的措施。第一，启动"公共服务电子计划"；第二，不断开放电信市场，完善电信业基础设施；第三，政府与民间合作兴建"数码港"（Cyberport），吸引全球资讯的硬件和软件商到香港发展；第四，制定《电子交易条例》，推动电子商务发展；第五，促使香港成为亚太区互联网资讯中心。

在中医药技术方面有：

（1）确立香港发展为国际中医药中心的目标（董建华施政报告提出）；

（2）成立及组织 7 家机构投入传统中医药的研究，包括香港中文大学中医中药研究所、香港生物科技研究院、香港科技大学生物技术研究所、香港传统中药研究中心、香港制药技术中心、香港浸会大学中医药研究所和香港赛马会中药研究院；

（3）政府成立了中医药管理委员会，制定完备法律，建立监管机构，使中医药业在香港取得法定专业地位。

4. 建立有效的促进与鼓励科技产业发展的政策体系

为加强科技基础设施和促进科技创业，由创新科技署专事于科技基础设施事宜与设立创新和科技基金（ITF）资助计划。

创新科技专门管理的科技基础设施包括香港科技园公司（下设香港科学园、香港工业村、香港工业科技中心与香港生产力促进局、香港应用科技研究院）、香港赛马会中药研究院和香港设计中心。

创新及科技基金资助计划包括以下部分：

（1）创新及科技支援计划，主要为企业提供中下游 R&D 项目的资金资助；

（2）创新产品开发资助计划，主要提供给企业进行生产前的产品原型研制，鼓励创意产品的发展；

（3）一般支援计划，主要支援有助于培养创新科技风气的项目；

（4）大学与产业合作计划；

（5）小型企业研究资助计划，等额资助，最高为 200 万元/项目。

除此之外，政府还设有以下的资助计划：

（1）应用研究基金，1993 年已经开始，总额 7.5 亿港元；

（2）创业资本基金，主要用于科技开发项目；

（3）专利申请资助计划，资助额最高达 10 万港元，或专利申请额的 90%；

（4）新科技培训计划，由职业训练局执行。

由工业贸易署执行的对中小企业及工业支援服务，除了设立中小企业支援及咨询中心，提供一站式的免费服务之外，也成立了中小企业资助计划，包括：

（1）中小企业信贷保证计划；

（2）中小企业市场推广基金；

（3）中小企业培训基金；

（4）中小企业发展支援基金。

上述的各种资助与基金计划，仅创新及科技基金一项就达 50 亿港元，占当年 GDP 的 0.3%，彻底改变了香港的 R&D 费用低、长期占 GDP 比例仅为 0.3% 的历史。

除此之外，政府还积极推进社会民间对工业及创新科技的投资。1999年香港创业板市场的建立与开业，掀起了公众投资创业股票的浪潮。

5. 与内地签订 CEPA，重振香港工业

2003 年 6 月，香港与内地经过长达两年的探讨和协商，签订了更为紧密的经贸关系协定，即 CEPA。这个协定包括了货物贸易、服务贸易和贸易便利化三个方面的内容。其中的货物贸易零关税的实施，展示了香港政府为重建香港本地工业的努力。零关税政策的落实，将会降低香港的运营成本，借此提高香港对外国跨国公司进入投资工业的吸引力。香港的工业将由以下三个方式得以重新振兴：一是香港厂商利用零关税，在香港创建"香港制造"的品牌，打入内地市场；二是香港厂商调整制造业工序分工，与内地形成高附加值留香港、大批量生产在内地的分工形态，达到组合成本低廉的优势；三是跨国公司把自己品牌的高附加值生产置于香港，利用零关税打入内地市场。

二、政府工业与创新科技政策的成效

香港特区政府制定的面向 21 世纪的工业及科技创新政策，是突破了长期以来的不干预主义的传统治理哲学和思维的产物。面对长久以来被自由市场经济无所不能的思想熏陶和媒体的主流舆论影响的社会与民众，这个政策从形成到提出，然后为广大社会各界所认可与接受，必然会经历一段不短的时间。而重新打造新的产业和产业组织，更非一日之功。事实上，

在香港回归八年多的时间里，政府的新政策已经在某些方面取得一定的进展。

1. 香港对发展创新科技及创意工业的分歧在缩小

长期以来，香港各界对发展创新科技争议甚大。由于长期以来不干预主义的影响和对自由市场经济的盲目崇拜，尤其是香港过去工业化的巨大成功，为不干预主义抹上了几乎绝对真理的色彩。整个社会对创新科技认识不足，尤其是对重新打造新的产业和产业组织的艰巨性认识不足。

1998 年，香港在亚洲金融危机的冲击下，经济泡沫的崩溃与经济结构的失衡促进了工商界和民间大众的思维转变，而在特区政府和以田长霖先生为主席的"行政长官特设创新科技委员会"的呼吁和组织下，人们对创新科技的态度已发生根本变化，社会分歧在逐渐缩小。

创新科技委员会在第二份报告中指出："自去年（1998 年）以来，大众对创新及科技的看法逐渐改变，由最初抱怀疑态度，发展到普遍认同创新及科技对香港的竞争力和未来繁荣很重要。大众讨论的焦点从香港应否发展创新及科技，转为如何推动创新及科技发展。"1999 年 3 月公布的数码港计划，得到本地和外国资讯服务业公司非常热烈的回应，1999 年 11 月创业板启动后多个高科技股超额认购，以及一直持续的科技网络股热潮，表明"在短时间内，愈来愈多的人对创新及科技表示出兴趣，并且采取行动，形成了变革的势头"。

2. 资讯科技开始取得某些突破性的发展

香港特区政府通过实施发展资讯科技的一系列措施，开始改变过去香港在全球新经济发展中的落后状况，使香港逐步崛起并进入亚洲地区信息技术发展与应用的前列。

香港特区政府致力于使香港跻身于计算机应用及网络科技发展的最前列，在 1998 年 11 月制定的"数码 21 新纪元"信息科技策略，其目标是建立一套具有开放和通用界面的信息基础设施，让政府、工商界以及一般市民能通过联机形式处理各项事务，提高政府部门为市民所提供服务的质量和效率。私营机构可以使用同一开放的通用信息基建进行电子交易。这套基建还可以作为与内地进行电子交易的途径。目前，这个策略已经完成了两个阶段（1998 年、2001 年）的发展，2003 年进入第三个发展阶段，其主要的任务包括八个工作范畴：政府的领导、持续的电子政府计划、基础设施和营商环境、制度检讨、科技发展、资讯科技的蓬勃发展、知识型经济中的人力资源、消除数码隔阂。

为鼓励市民，特别是工商界参与电子商贸活动，政府应引入适当且清晰的法律架构，成立核证机关，建立本地公开密码钥匙基建设施，以消除市民对电子交易是否可靠稳妥这方面的忧虑。政府资讯科技局已为政府部门设立中央互联网通信闸，引入公营部门和私营机构都适用的通用标准，根据国际标准设立通用界面，方便政府部门与市民之间在电子通信和资料交换方面使用中文。2000 年 12 月，政府推出公共服务电子化计划，市民可以享用由超过 50 个政府部门和公营机构提供的 170 多项服务，至今为止已经有超过 390 万宗交易完成。

政府与工商界合作开发的数码港是指以互联网、信息流为主干建立起来的高科技、软件、资讯、文化等的交换或集结中心，是配合香港发展资讯科技业的一项重要基础设施。该港占地 26 万平方米，其中 2/3 的土地用作数码港业务发展，剩余的 1/3 作住宅发展用途。这个数码港将具备先进的光纤网络和宽频通信设备、多媒体实验室和其他配套设施，为资讯科技企业的发展提供基础设备和条件。

互联网的迅速发展，使传统产业的运作模式发生了重大变化，并逐步向电子商业的方向演进。香港政府为促进电子商业的发展，已推出一系列措施，如电子认证体系、公共服务电子化计划等，现在已有 15 家互联网供应商赞助，向全港 20 个社区提供免费电邮户口。香港民政事务署于 1999 年 6 月在全港 20 个社区中心或社区会堂设置"社区数码站"，供市民通过互联网取得需要的资讯服务。目前已经推出或计划推出的电子商贸项目有网上柜员机、网上证券买卖、公共服务电子计划、电子邮票和电子书店等，电子商业的发展方兴未艾。

在政府政策的推动下，目前香港一大批资讯科技企业迅猛发展，包括互联网接入服务商、应用软件提供商和互联网内容提供商等。2002 年香港在资讯科技方面投入的费用达到 28 亿美元，人均投入排在东亚地区的榜首。据"英国经济学家情报"机构评估，香港已经成为世界第九个最具电子商务潜力的地区，在亚洲位居第二。

为了帮助香港中小企业降低成本，2003 年 9 月由资讯科技署、香港生产力促进局和香港 Linux 商会合办"Linux 商业应用推广计划"，中小企业发展支援基金拨出 89 万元资助成立 Linux 资源中心，为中小企业提供应用开放源码软件的支援服务。

3. 创意工业有了较大的增长

创意工业包括广告、建筑、艺术品、古董及手工艺品、设计、数码娱乐、电影与视像、音乐、表演艺术、报纸印刷与出版、软件与电子计算、电视与电台等产业，是香港大都市产业中最具发展潜力的产业，也是政府全力与重点推进发展的产业。1997—2001 年，创意产业为香港带来了巨大收益。2001 年香港创意产业年收益为 461 亿元，占本地生产总值的 3.8%。2002 年香港创意产业机构共有 30 800 间，就业人数 17 万人（占香港整体就业人数的 5.3%），比 1996 年分别增长 22% 与 11%。其中电视与电台增长 10.7%，软件与电子计算为 7.5%，数码娱乐为 4.2%，报纸印刷与出版为 2.4%。

目前，香港的某些创意工业已经在亚太地区享有竞争优势，例如电影制作与设计等。其中以时装设计尤为出色，在区内稳执牛耳，香港已有 400～500 名具世界名气的时装设计师；钟表的设计更以款式繁多、新颖而闻名。

4. R&D 活动开始活跃并发展

创新及科技计划的推动和实施，使香港在研发方面的基础日益巩固，主要表现为以下五个方面：

（1）研发资源（包括开支与人才）的增长。在投放资源方面，香港的研发开支不断增长。2002 年其总额为 75 亿港元，占本地生产总值的比重由 1998 年的 0.44% 增长至 2002 年的 0.6%；从事研发的科技人员则比 1998 年上升了 43%，达到了 12 890 人。

（2）研发的成果和专利数量上升。在 2001—2002 年度，8 所由大学教育资助委员会资助的大专院校取得了 26 996 项研究成果，较 1995—1996 年度大幅度增加 69%。

（3）工商界与企业的研发活动日益活跃。2002 年参与研发活动的机构共 1 223 家，与 2001 年的 887 家相比，增加了 38%；企业投入的研发费用达到了 25.06 亿港元。工商界的研发开支占本地生产总值的比重从 1998 年的 0.12% 增加至 2002 年的 0.2%。

（4）高科技产品出口有所发展。2002 年香港高科技产品的出口货值为 210 亿港元，占本地出口总值的 16%～22%。

（5）确立粤港科技合作资助计划。为配合香港创新及科技发展的新策略，粤港两地政府加强在科技发展方面的合作，并在 2004 年确立了科技合作资助计划，向能促进大珠三角地区经济发展的应用研究发展项目提供资助。此计划的实施分别由香港政府创新科技署和广东省科技厅执行。在香港的厂商向创新科技署申请，由创新及科技基金拨款资助；在广东的厂商向广东省科技厅申报，由省科技厅拨款资助。2004 年两地共资助费用达 3.6 亿元，2005 年将达 5.2 亿元。

三、政府工业与创新科技政策成效不彰的原因

1998—2001 年，是香港工业与创新科技政策的兴起期，也是香港民众对创新科技的追捧期。在这一阶段，金融危机造成的危害引起了民众与特区政府对经济结构转型方向的重新思考，而 1999—2000 年世界性的 IT 产业与网络热潮又导致了全球对新经济与高科技的看好。这就是 1998 年特区政府工业与创新科技政策能够顺利出台并且得到广大工商界和民众认可的背景。新的特区政府与香港的民众对创新科技抱有极大的希望和热情，他们期望在政府的创新科技政策引导下，香港能很快地进行经济转型，创新科技可以在短期内获得效益。这种非理性的看法可以从香港创业板上市初期人们对科技板块股票的狂热中体会到。

然而，事与愿违的是，2001 年世界经济的潮流逆转，使新经济陷入了危机之中，刚刚经历了恢复性增长的香港经济（2000 年香港经济比上一年增长了 10%）重新进入了衰退期。IT 与网络股票价格迅速滑落，极大地打击了香港民众对科技发展的信心。自 2001 年起，媒体对创新科技从高调宣传变为沉寂，创新科技的发展也陷入了低潮。

政府工业与创新科技政策没有取得较大成效的原因是多方面的。其中主要是以下四个方面：

1. 经济衰退限制了政府支持与培育创新科技的财政力度

1997 年以后，香港经济在金融危机的冲击下，陷入了 40 多年来从未有过的衰退状况。迄今为止，香港的人均生产总值仍然没有恢复到 1997 年的水平。8 年多来，香港经济实际上是一种无增长的状况。经济的衰退不仅导致厂商在创新科技方面的投资信心受到了极大的影响，还直接造成了政府财政支出的压力。巨额财政赤字的出现使得政府在支持工业与创新科技方面有心无力，直接影响了政府新的工业政策的实施力度。事实上，除 1998 年政府一次性拨出 50 亿港元设立创新与科技基金（其中包括建立应用科技研究院）以外，政府再也没有大量拨款资助工业与科技发展。据统计，香港目前的 R&D 费用占 GDP 的比重是 0.6%，虽然与回归前的 0.3% 相比拉开了距离，但是与毗邻香港的广东省仍有很大的差距。近年来，广东本地 GDP 已接近香港，2005 年更是超过了香港，虽然人均 GDP 与香港有着巨大的差距，但目前每年 R&D 的支出费用已经达到 150 亿～200 亿人民币的总量，占本省 GDP 的 1.3% 以上。可见，香港在研发方面的投资力度是远远不够的。

2002 年香港工业总会在《珠三角制造——香港制造业的变化》报告中指出，在被调查的香港厂商中，有 71% 的厂商称在香港进行研发工作遇到过困难，主要是难以招募到高口径的人才、财务困难和难以识别合作伙伴，其中财务困难是主要问题。大部分被调查的厂商对香港的商业环境表示满意，但对香港政府的工业政策不满意。并且大量数据表明，香港仅靠自身的教育系统是不足以维持发展的。政府增加香港的研发投资、培养和教育以及准入内地的熟练与专业人才是大多数厂商的政策建议。

由此可见，虽然政府已经提出了新的工业与科技创新政策，可是过去在香港工业发展中存在的根本性问题，例如研发活动的投资不足与研发人才的缺乏并没有得到根本的解决。

2. 政府对经济转型的艰巨性认识不足，政策出现摇摆

1997 年香港回归之后，由于"均衡论"的观点在当时占了上风，其主张很快由对策建议转化成政策实施，推动了香港工业与科技政策的出台。特区政府相继宣布发展高科技产业规划，计划将香港建设成为亚太地区的创新与科技中心。但是，香港发展科技产业的比较优势并不突出，加上主观与客观条件的限制，相关规划项目需要相当长期的努力才可能取得预期的效果。

由于短期内科技创新的效果无法显现，政府与民众对香港经济转型的艰巨性认识不足，一旦事实与人们的期望出现了反差，就容易产生摇摆和无法坚持的情况。2003 年香港特首董建华的施政报告中对香港的经济定位与 1998 年相比，就有了很大的差别。这个报告再没有出现把发展创新科技作为香港未来的发展方向的说法，而是有了以下十分不同的提法："我们的方向和定位十分明确，就是要背靠内地，面向世界，建立香港为亚洲的国际都会，巩固和发展香港的国际金融中心及工商业支持服务、信息、物流和旅游中心的地位，运用新知识、新技术，提供高增值服务，推动新的增长。更明确地讲，强化与内地的经济关系，注重人才投资，加快服务业的提升，是振兴香港经济的主要内容。"不少人认为，这番话表明，特区政府开始摆脱"均衡论"的经济策略，对香港的产业发展战略做出新的抉择，决定集中发展金融、物流、旅游和工商业支持服务等作为香港经济主要支柱的四大服务性重点行业。

姑且不论过去的策略与现在的重新抉择谁是谁非。政府政策在短短的数年间出现的两次 180 度的大转变，从过去的忽视科技转向发展科技中心，再转变为强调服务中心的发展，政府策略的摇摆不定是政策无法取得效果的根本原因。这不仅会损害政府的威信，使政策的贯彻失去权威性，也会

造成工商界与民众的无所适从，使经济发展失去真正的方向。

3. 工业与科技政策的执行过程中厘定意义不清晰

由于长期以来不干预主义思潮在香港民众尤其是政策的执行机构——政府中存在着根深蒂固的影响，政府官员缺乏支持与培育新兴产业与产业组织的经验，在界定其政策行为时必然存在许多误区。从目前香港工业与科技政策所达到的成效来看，已经取得推进效果的主要是政府过去比较擅长的科技服务方面；关键性的科技开发，由于政府部门过去缺乏政策手段的使用，因此进展十分缓慢。政府在推进科技基础设施的建设和科技服务发展方面可谓不遗余力，但是在支持真正的科技开发上却思虑重重，固守旧有的观念和做法，以至于贻误发展时机，造成科技开发因困难重重而举步维艰。

最为明显的事例是 1999 年在香港的科技热潮兴起的情况下，一家国际较为知名的科技型企业（汉鼎国际）计划进入香港兴建大型的半导体工厂，然而，由于半导体产业的发展资金耗费十分庞大，且香港本身没有发展这种产业的基础和产业组织，难度很大。因此，该企业与香港政府进行了较长时间的谈判，政府却固守不做任何资助予以特定产业的原则，致使这次与香港发展亚洲"矽港"的机会失之交臂。但政府却为数码港提供土地，而数码港则被一个善于经商而不善于科技开发的房地产商经营成了一个房地产的开发项目。

从目前香港工业与创新科技政策取得成效的领域来看，第一个是资讯科技的推进。但目前真正有成果的仅仅是资讯科技的服务上。例如政府大力推行的"数码 21 新纪元"资讯科技潮流，其目的就是加强香港的资讯基础设施和服务。在 2003 年的第三阶段发展的 8 个范畴中，科技发展部分只是提及：在数码港内成立一个无线发展中心，着手兴建数码媒体中心，以及开放数码源。

第二个领域是创意工业的发展。但是，如果我们深究创意工业中的 11 个行业，实际上大部分是服务业，也可以定义为文化产业。然而，香港创意工业的主要政策制定机构是政府中的民政事务局，而不是负责工业与创新科技的工商及科技局。虽然该局也把创意工业的培育作为其政策的一个主要目标，并明确推进创意工业的目的是发展香港成为亚洲的设计中心，但缺乏具体的政策手段。

由此可见，政府工业与创新科技政策的核心始终是围绕着科技服务与服务产业的发展，真正的科技开发和工业的支持与新产业的培育却没有全力开展。这就不能不造成香港制造厂商对政府工业政策含义的质疑。

4. 经济结构走向的争议并没有结束

回归以来，从香港工业与创新科技政策轰轰烈烈地出台，到特区政府对经济结构发展路向的重新审定，反映了香港政府与民众关于香港经济结构转型的争议远没有结束。虽然本文的中心内容只是涉及香港政府经济政策中的工业政策的发展与演变过程，并不是对香港的未来经济结构的路向发表看法，但是，未来香港经济结构的发展确实是决定香港究竟要不要发展工业，要不要有完整的工业政策的关键。

影响香港的经济结构路向的因素有很多。但是，有两个不可忽视的因素可以说是决定性的：一是香港工业发展与珠江三角洲的经济关系，也即香港经济与区域经济一体化的走向；二是"一国两制"下香港与内地的关系。这两个问题实质上也就是一个问题，即香港与内地的经济和政治的关系问题。在"一国两制"下香港是否是一个相对独立的经济体？在区域经济一体化的过程中，香港的地位是类似纽约和伦敦，还是相对隔离的一个大都市？这就是问题的关键。如果香港在CEPA之后，是一个彻底融入大珠三角地区的中心城市，香港就无须独立发展制造业，而应专心发展工商支援服务。如果香港的交流彻底和内地打通，类似欧盟的状态，香港就应当集中发展高附加值的服务环节，而把低附加值的加工制造向周边地区转移。在这种情况下，"空壳论"的主张无疑是正确的。虽然，目前香港还无法做到与内地建立毫无障碍的交流，但相信在CEPA的不断推动和区域一体化的发展下，香港与内地最终会达到这一状况。

香港与内地的一些学者认为，在CEPA零关税的推动下，香港可以再工业化。更有香港的商人，例如李嘉诚，建议建立边境工业区，重新发展香港的传统工业。当然这个论断值得推敲。姑且不论在香港重建传统工业是进步还是倒退，就是从区域经济一体化的实施与效应看，世界上的任何一种区域经济一体化，都会导致各个地区比较优势的发挥，从而造成不同产业向各自比较优势强的地区集中，由此形成地区的分工合作。香港与内地的比较优势是一目了然的，区域一体化的CEPA的后果当然是地区间的分工，即服务业向香港的集中和制造业向珠江三角洲的集中。虽然零关税的实施会给香港带来某些高增值的制造环节，但与内地相比，制造已不是香港的比较优势。从这个角度看，CEPA作为一个内地与香港的经济一体化的协定，其后果是否会造成香港的再工业化确实使人质疑。

参考文献：

［1］郑新立．工业发展政策——比较与借鉴［M］．北京：经济科学出版社，1996．

［2］德托佐斯，等．美国制造［M］．惠永正，等译．北京：科学技术文献出版社，1998．

［3］吉川弘之，等．日本制造——日本制造业变革的方针［M］．王慧炯，等译．上海：上海远东出版社，1998．

［4］BERGER S & LESTER K R. Made by Hong Kong. Oxford：Oxford University Perss，1997．

［5］阿利克，等．美国21世纪科技政策［M］．华宏勋，等译．北京：国防工业出版社，1999．

［6］邝启新．科技与工业发展［M］．香港：商务印书馆，1997．

［7］封小云，龚唯平．香港工业2000［M］．香港：三联书店（香港）有限公司，1997．

［8］龚唯平．香港科技及高技术产业发展研究［M］．广州：广东科技出版社，1997．

［9］曹淳亮，刘泽生．香港大词典［M］．广州：广州出版社，1994．

［10］郑德良．现代香港经济［M］．广州：中山大学出版社，1993．

［11］杨奇．香港概论［M］．香港：三联书店（香港）有限公司，1990．

［12］国家计委宏观经济研究院课题组．科技创新与香港、内地合作［R］．2000．

（本文原载于2005年《"全球化和区域经济一体化中的香港经济"国际研讨会论文集》）

香港经济转型：结构演变及发展前景

未来香港在全球和中国经济中的定位取决于香港经济结构的转型，因为结构转型决定香港优势的发挥和扩展。回归十年来，香港的经济结构虽然发生了变化，但是整体的提升与转型缓慢。事实上，经济结构转型的迟缓，有可能会导致相对优势的减弱与潜在威胁的增大，一旦两者之间的地位发生逆转，则香港在全球和中国经济中的定位会发生重大变化。因此，经济结构的转型是香港目前所面临的最根本的挑战。

一、回归后香港经济结构的演化

（一）经济结构的发展走势

与 1997 年回归接踵而来的亚洲金融风暴，对香港的股市和房地产泡沫产生了巨大的冲击，致使香港的经济结构开始了新一轮的调整和转变。特区政府成立以后，为了适应新的形势变化，提出了经济结构转型的目标。从 1997 年开始，香港进入了一个较为漫长的经济调整期，经济结构变化出现放缓的征兆。

1997 年香港楼市和股市泡沫在市场的冲击和政府政策的挤压之下，产生了硬着陆的情况，引发了香港经济结构的变化。这个变化的突出点体现在房地产业比重大幅下降。1997 年是香港经济泡沫积聚的高潮期，房地产业（包括建造业）在经济结构中约占 27% 的比重，是当时香港的第一大支柱产业。1998 年以后，随着泡沫逐渐消失，房地产业的比重迅速下降，2005 年为 17.6%，在经济中的排位从第一下降为第三。与此同时，对外贸易成了第一大产业，社区、社会及个人服务业则呈现逐年上升趋势，从 1997 年的排名第三，上升到 2005 年的第二位。

从表 1 可见，1997 年至 2005 年间，服务业增加了接近 5%，而第一、二产业则缩减了 5%。这个数据表明，香港的经济结构已显现出非物质化和服务业化的倾向。

另外，在向服务业发展的过程中，生产性服务业的扩展和提升，主要在传统服务业部分（贸易和运输）；社区、社会及个人服务业，也即消费性服务业方面近年来增长迅速，成为十年中吸收就业增长最快的行业。并且从 2001 年起，一直在经济结构中维持着 20% 以上的比例，只有 2005 年才稍有下降。而这个部分的主要需求在香港内部而非外部。曾有香港学者指出，十年来，香港出现和成长最快的新产业，就是美容健身产业（属于个人服务业）。

由此可以判断，香港近年来经济结构开始向内部需求拓展，反映了其对外服务功能的发展停滞和增长动力的不足，以及香港中介地位的钝化。也就是说，经济结构的高质化并没有得到提升，经济增长中新的主导力量尚未形成。

表 1　香港 1997 年、2005 年经济结构的变化（市场现价）

（单位：%）

产业	1997 年	2005 年
农业、渔业及采掘业	0.1	0.1
制造业	6.0	2.4
电力、燃气及水务业	2.4	3.0
建造业	5.5	2.9
服务业	85.9	91.9
批发、零售业	3.7	3.5
进口与出口贸易业	17.04	22.5
饮食与酒店业	3.3	2.7
运输及仓储业	6.3	10.1
通信业	2.4	1.8
金融、保险业	10.3	12.7
房地产业（包括楼宇业权）	21.3	14.7
商用服务业	4.5	4.7
社区、社会及个人服务业	17.02	19.2

资料来源：香港政府统计处。

对于香港经济结构的未来变动，有两种不同的看法。

一种是悲观态度，认为香港新的产业力量仍然没有发育，经济增长很可能向旧有的房地产主导复归。事实上，"香港经济已走上了'逆向进化'

的发展模式，倒退回旧有的但已不可取的地产主导型增长。中央大力挺港令经济强劲复苏，一切便重现：政府重推高地价政策，发展商重获高利润，市民又楼照炒并以楼市的财富效应支持消费，而银行也再以按揭等为信贷业务增长点。于是，经济升级转型的动力又趋弱化"（赵令彬，2005）。2005 年年底的数据显示，香港的商厦租金一年期间上涨六成，居世界之冠。在全球城市租金排名中从前一年的第 9 位上升为第 2 位。这个事实表明，香港经济重拾增长的结果，很有可能是过去付出艰苦调整的经济结构重现。

另一种则为乐观态度，认为经过数年经济的调整，香港正在追随世界全球城市的发展潮流，一个新的创意产业正在成长。1996—2002 年间，虽然香港的整体经济在衰退，但是创意产业年均增长率达到 6.1%，成为香港经济最重要的增长点。2001 年创意产业产值达到 460 亿港元，占 GDP 总量的 3.8%。

无论是悲观还是乐观的看法，目前香港仍然没有能够形成一个比较统一的共识。而且事实上，两方也都缺乏有力的数据支持。由此可见，香港经济结构的发展走势目前仍然不太清晰。

（二）经济结构转型相对滞后

如果说，香港的经济结构是其取得国际都市地位的优势所在，那么，不断地进行经济调整，提升经济结构和经济功能，则应当是其保持持续竞争力的根本途径。然而，20 世纪 90 年代以后，在制造业已基本转移到内地的情况下，香港的经济结构转型升级却一直处于缓慢和停滞的状态。

由于结构转型没有到位，因此，香港并没有随着全球性城市不断发展的演化，提升及完善其在全球城市中的地位，反而与全球性城市的发展拉开了差距。结果是香港在内地特别是珠三角地区的主要经济职能，不仅未能随着这些地区经济的增长和发展持续地得以提升，反而因为内地的某些经济功能（例如出口港与航空港以及金融中心等）的形成，产生了对香港经济功能逐步替代的"边缘化"趋向。这就是香港近年来经济转型进入困境的根本原因。

全球性城市自 20 世纪发展至今，其经济功能已经摆脱了传统的贸易和金融功能，而向多功能的城市中心过渡。"经济活动空间分散与全球一体化的组合，赋予主要城市一个新的战略角色。这些城市除了具有国际贸易和银行业中心的悠久历史之外，现在还起着四个方面的作用：一是世界经济组织高度集中的控制点；二是金融机构和专业服务公司的主要集聚地，其已经替代了制造生产部门而成为主导经济部门；三是高新技术产业的生产和研发基地；四是作为一个产品及其创新活动的市场。"（丝奇雅·沙森，2005）

以纽约、伦敦和东京为代表的全球性城市在过去的十年中，其生产性服务贸易中发展最快且最具活力的部分表现为以下的行业：广告业，计算机和信息处理业，数据库和其他信息业，研究发展和测试，管理咨询和公共关系，法律服务，建设、工程、建筑设计和采矿业，工业工程，设备安装、保养和维修等。这些部门全部属于生产性服务业。

与服务业集聚与专业化发展相适应，全球性城市的又一特点是人才的高度集中。例如，伦敦就集中了英国80%以上的创意、设计及金融人才。

上述全球性城市发展的主要特征和方向，显示了其演化发展的一般规律。对比之下，香港虽然基本具备了全球城市的功能，在珠三角地区和东南亚等地区发挥着提供生产性服务的战略性中心职能。但是，香港近年来并没有按照全球城市发展的一般演化过程，随着制造中心向珠三角地区转移而向研发中心和品牌中心发展，以研发和品牌的力量继续主导和影响珠三角地区和其他地区的发展，而是停留在原有的经济功能上。这种缺乏创新、不求进取的状况必然会引发周边地区在经济发展、功能不断提升之后，对香港经济功能的部分替代，也使香港与周边地区极易陷入同质化的恶性竞争。这也就是近年来香港对珠三角地区的主导和影响力日益下降的重要原因。

香港作为地区全球城市，其经济结构的主要缺陷在于：

（1）香港对珠三角地区的主要功能仍然停留在传统的国际贸易与资金融通方面，新兴的功能还没有占主要部分。

（2）香港并不具备高新技术产业的生产和研发功能。在目前的全球城市中，香港的科技发展能力及知识竞争力均落后于人。目前全球性城市基本都具备5万名以上的R&D人才，而香港与此标准相距甚远，这就极大地限制了香港全球城市指挥中心的功能，同时也影响了其金融中心的创新发展。

（3）香港并不具备一个活跃且有创意活力的产品创新与创新活动的市场。根据前几年某个国际组织的问卷调查显示，香港创业冲动的排名不仅没有占据前列，甚至还在深圳之后。

（4）主要代表香港工商界的港商，尤其是在珠三角地区的8万家港商，其经营均没有形成技术升级转型的动力，因此，无法继续带动珠三角的产业发展。

因此，在目前全球城市持续不断的提升及发展过程中，香港实际上面临着如何完善、提升全球城市功能的巨大国际竞争压力。

二、回归后国际化与区域化的结构转变效应

在香港的经济结构转型过程中，香港与国际经济和区域经济的合作，是其经济结构转型的重要动力。回归之后，香港与内地的经济区域化推进，以及 CEPA 协议的启动，对于香港结构转变具有十分积极的正面效应。

（一）大珠三角地区区域化的结构促进效应

目前，大珠三角地区的三个中心城市——香港、广州和深圳，由于产业发展的内容和发育程度不同，分别对这个地区承担着不同的服务功能，从而对香港的经济结构形成提升的推力。

在大珠三角地区中，香港是这个地区服务业发育程度最高的城市，也是唯一的金融导向型（生产性服务业导向）的全球城市。作为一个全球城市，香港实际上是全球经济网络的一个节点。事实上，大珠三角地区正是通过香港的投资、贸易网络与运营指挥——这些中心枢纽作用，成为全球经济网络中的生产出口基地。由此可见，香港的生产性服务业是大珠三角地区外向型经济循环的枢纽，它对大珠三角地区产生外向辐射力。

广州和深圳目前仍然是制造业主导的城市，其服务业发展，尤其是生产性服务业仍然处于较低水平，外向及高端服务业仍然需要从香港进口。但是，这两个城市的服务业发展却有不同的侧重。广州是内地服务业比重最高的城市之一。作为一个具有两千多年历史的商业城市，它历来是广东内向经济循环系统的枢纽。近年来，随着广东重化工业的崛起，广州自然地发展成了重化工业的服务基地，从而与香港这个轻型产品外向循环的服务中心产生区别。从港口、机场和交通运输系统服务网络的内向和重型性质看，广州与香港恰好能够发挥服务功能互补的作用。它对大珠三角地区产生内向辐射力。

与香港比邻的深圳是地区性的金融中心，其城市更具制造业主导的特点。目前，深圳的三大支柱产业分别为高新技术产业、现代金融业和现代物流业。深圳服务业的发展具有香港境外服务基地的特征，尤其是物流运输业，实际是香港港口的延伸。这个城市与香港服务业的互动，将更可能是香港服务功能的延伸和分流。尤其是在香港的传统服务功能上，可能出现逐步替代的趋势。

由此可见，大珠三角地区区域化的发展，通过广州以及深圳等城市对香港传统经济功能的替代和补充，会促进香港的经济结构和功能向高质化发展。

（二）泛珠三角区域化发展的结构促进效应

2004 年泛珠三角区域市场一体化的启动，其意义是使地区间的经济要素流通壁垒降低，交易成本减少，资源配置效率得以大大改进。区域互动合作的结果产生出的贸易创造与投资扩大效应必然会强化香港现有的金融、贸易、资本输出和国际市场网络的优势，从而使香港在泛珠三角地区扮演以下的重要角色：

（1）发挥全球供应链管理者的国际商业网络优势，成为泛珠三角地区的对外出口贸易中心。

（2）发挥香港国际融资能力和金融业的强势，成为泛珠三角地区的资本输出和金融服务中心。

（3）大量聚集国际性的高端服务资源，成为泛珠三角地区的专业服务业中心和人才输出基地。

（4）发挥香港的制度和法治优势，成为泛珠三角地区的跨国公司地区总部和国内企业"走出去"的重要基地。

由此可见，泛珠三角区域合作对于香港来说，实质是极大地扩展了香港的生产性服务产业的价值链条，基本上是把香港在珠三角地区的服务中心的作用向泛珠三角地区扩张。这种产业在地域空间上极大扩展的过程，必然会为香港在区域合作中获取规模经济的效应和促使专业化的进一步发展，从而产生效益的递增。

（三）目前香港的区域化结构效应不高的具体原因

迄今为止，无论是 CEPA 协议的履行，还是大珠三角与泛珠三角地区区域化的推进，其结构效应都不太尽如人意，原因除了区域化的结构效应与贸易效应相比，需要一定的时间才能形成之外，作为区域化的主要力量——港商，其在内地尤其是珠三角地区的经营出现了以下困难，导致香港与内地的区域化不仅无法深化，而且直接影响区域化结构效应的产生。

1. 港资企业经济转型与技术升级乏力

在香港经济转型的同时，产业结构调整也成为广东特别是珠三角地区经济发展的必然趋势。在这个过程中，港资企业的规模小、劳动力密集程度高、技术水准相对低以及耗费资源大的特点，使其必然成为珠三角地区经济转型中主要的调整对象。

2. 高素质经济因素的进入与流动不畅

以开放服务市场、促进服务贸易为核心内容的 CEPA 协议，为香港与内地间的高端经济资源，尤其是高端的生产性服务业的流动提供了制度性的保障。但是，在目前实施的过程中，由于内地不同市场发育程度的差异，以及内地市场内部商业规则的不规范，导致了 CEPA 效应未能充分显示，由此也就造成了八万家港商无法延伸其产业的价值链。

（四）对 CEPA 在区域结构转变中效应的质疑

作为一个以服务市场开放为主要内容的协议，CEPA 期望通过区域一体化的发展，推进香港的经济结构升级，但是，目前其实施过程并未有效达到这一目的，原因可能有以下四点：

1. 合作主体不对称

过去二十多年内地与香港的互动合作能够成功，主要原因之一是这些合作是区域经济主体的合作，无论是产业合作的"前店后厂"，还是后来的传统服务业的"前店后置"，均是厂商之间的合作，行政主体仅是提供制度安排和平台。而高端服务业在内地目前仍然存在行政垄断和行业垄断。行政主体往往控制着市场的准入与行业的活动。

由于上述领域在内地大部分为行政垄断，与过去的合作不同，港商现在面对的主要是行政主体。首先要解决与行政主体的关系，才能真正进入市场。

2. 制度摩擦成本高

几年来 CEPA 实施的过程已经表明，落实 CEPA 的最大障碍在于内部市场的分割与不完善。事实上，越是高端的合作，出现的障碍就越大。其原因就在于 CEPA 的重要内容与核心是服务贸易部分，而服务贸易的发展，关键的条件是制度与规则。

3. 内地市场化发育程度低

服务业进入的制度摩擦成本，充分反映了内地市场化的发育程度低下。珠三角地区与香港服务业的对接，实际上是两个发育不同、成熟程度不同的市场的对接。香港是世界上最为自由开放的市场体系，而内地则是正在发育中的市场体系，两个不同成熟程度的市场体系，必然会导致制度摩擦成本。

4. 市场的准入门槛仍然高

CEPA 虽然降低了香港服务商进入内地的准入门槛。但是，香港服务商的特点是规模小，靠大量的企业集聚获取竞争力，而不是单打独斗取得成功。目前 CEPA 所设立的准入门槛仍然比较高，不利于以中小规模为主的港商，尤其是专业服务业的发展。

三、巩固比较优势：结构转型的基础

在地区经济结构转型的过程中，整合现有的地区比较优势，巩固和继续维持结构相对优势，是转变经济结构、催生结构优势的重要基础。香港目前的地区比较优势和结构优势仍然存在扩展和放大的空间，可以通过持续的改进以达到维持其现有结构优势的目的。

（一）优化营商环境，提升总部效应

香港在国际和区域中的主要优势是全球城市具有的国际化优势，具体体现为全球城市的生产性服务业的优势。作为全球城市中的一员，要在国际和区域中发挥和提升地区优势，必然的选择和路径是增强国际化水平。因此，香港优势的补强之道在于国际化。

香港作为全球城市的国际化和生产性服务业优势，主要体现在其总部效应上。香港作为亚洲地区的投资高地，外来直接投资存量与对外直接投资存量在 2004 年分别占本地生产总值的 273% 和 243%，两者均相当于本地生产总值的两倍以上，反映了香港作为跨国公司地区总部、地区商业中心及国际金融中心的重要地位。

在与内地区域合作的过程中，香港这个优势也将随着这个地区总部资源的集聚，即内地企业"走出去"战略的实施，使跨境企业大量密集式地进入香港，将香港作为内地企业跨国经营的地区总部，以及国际跨国公司大量进入香港，持续将香港作为进入内地的区域总部而得以强化。

据在广东的美国商会最近公布的《珠三角营商环境调查》显示，美资企业大量进入珠三角地区的一个重要原因是，这个地区地理位置毗邻香港，可以利用香港为许多企业提供商业服务资源。然而，随着珠三角城市生产性服务业的逐步发展，香港的优势正面临挑战。

为了应对挑战，香港首先应当投资本土的营商环境，创造与提供高端的服务资源；其次是通过鼓励性的措施，大力吸引国际跨国公司地区总部的进入。在这方面，可以借鉴新加坡对跨国公司地区总部的鼓励做法，提升香港区域性地区总部的地位。

（二）制定优惠措施，集聚战略性资源

香港优势的维持与强化，必须依赖高端的战略性资源集聚。这些高端的战略性资源主要表现为人才、创新行为与科技的发展和实力。这也是推动香港经济转型的根本与关键性因素。香港只有大量投资于这些战略性资源，才能推进经济的不断提升。从目前香港经济转型的主要制约因素看，香港最为缺乏的是集聚和投资上述战略性资源的政策和措施，也就是缺乏鼓励地区集聚的政策和制度的供给。

在经济发展过程中，提供政策与制度供给的主体是政府。多年来香港政府坚持不干预政策，使香港的经济发展处于制度供给的缺位，政府不作为是香港经济转型迟迟无法推进的根本原因。政府政策缺位的最大理由是，政府的行为不能直接支持某个行业的发展，因此不能对某个行业提供鼓励性的优惠措施。但是，从上述战略性资源的作用看，这些资源并不局限于某一个行业，而是对全局经济发展具有极大外部经济性的资源。从公共经济学的原则出发，具有外部经济性的投资本来就理所当然地属于政府投资的行为。因此，这类行为也就不应当属于不干预政策的范围。以 R&D 投资在 GDP 的比重看，香港在全球城市中处于最低水平（0.6%）。香港政府近期推出了投资 30 亿港元、成立 4 个研发中心的计划。这个计划与广东省近年每年实际投资 300 亿～400 亿元人民币（其中政府投资为 100 亿元以上）进行科技开发的现状形成十分鲜明的对比。香港政府如果维持和继续过去的固有做法，不在政策和制度上提供有效的供给以鼓励经济发展，其后果必然威胁香港在区域经济中的地位。

鉴于内地城市目前已经展开对高端资源的争夺，例如深圳对金融机构进入的优惠政策，广州对科技和香港商业和专业服务人才的进入措施等，香港政府应当加快制定集聚各类战略性资源的优惠政策和制度，形成鼓励和投资战略性资源的有效供给，持续维持香港的全球性城市优势。

（三）利用亚洲枢纽地位，放大金融融资功能

香港位于目前全球经济增长最为迅速的亚洲地区，中国、印度被世界投资基金称为"金砖国家"；全球外汇储备最为丰厚的经济体系（中国内地、日本、韩国、新加坡、中国香港）全部集中于这一地区。因此，香港具备了争取国际级金融中心的极大机遇和区位条件。

内地的支持是香港巩固和放大金融功能的一个重要支柱。2006 年 9 月，中国工商银行在香港证券市场上市，使香港股市新股集资额一举超越

了纽约，居伦敦之后名列世界第二，而股市市值则超过德国，位于全球第七。

香港股市的突破除了内地推动大型国企在港上市，积极支持香港金融中心的扩展原因之外，还在于香港的金融配套设备和服务是"国际级"的（见表2），它不仅可以为内地、台湾地区的企业服务，也可以扩展到印度、韩国等国的企业，成为亚洲的重要集资中心。

表2　港交所在亚洲交易所的优势

具备优秀人才及能接触专业服务提供者	排名第一
监管环境及政府的应变能力	排名第一
能接触国际金融市场及客户	排名第一
具备商业基础设施及公平公正的营商环境	排名第一
企业及个人税制	排名第一
营运成本、生活素质及其他因素	排名第五

资料来源：香港证监会：《香港作为亚洲一个首要的金融中心》，2006年8月。

实际上，目前香港股市集资的地区主要集中在内地与台湾地区，虽然内地的前景十分广阔；但是，香港要成为国际性金融中心，并扩展其经济规模，应进一步拓展亚洲市场。

此外，一个健全的国际级金融中心应当有四个经济功能：银行、股市、债券和外汇。而目前香港的债券市场和外汇市场在亚洲仍然不具备竞争的优势，因此，必须大力开拓发展的空间。

四、创造竞争优势：结构转型的根本路径

全球竞争态势的发展已经证明：在知识经济时代，各个地区国际竞争地位的保持，必须跨越比较优势，在比较优势的基础上建立竞争优势。也即催生和培育新的经济功能，形成地区的核心竞争力。

在现有结构优势的基础上，建立新的竞争优势，香港就必须健全全球城市的新功能。

（一）与内地联手合作，建立国际科技贸易平台

国家在"十一五"时期制定了社会及经济转型的战略。其中，转变经济增长方式，建立创新型国家，成为中国经济的主要发展战略。这个战略

的实施，将为香港的科技研发、科技服务以及创业投资的发展，进而形成全球城市的科技开发功能提供巨大的机遇。

2005 年广东配合"十一五"发展规划转变经济增长方式，科学发展，决定了广东经济将在今后的 5～15 年中出现历史性的跨越与突破。作为全国最大的科技产业基地（广东科技产品出口占全国 40%）和排名第一的专利中心（专利申报和授权量十年间占全国的 20%），广东提出要在 15 年内建成区域性国际化科技创新中心，即四个中心：国际重要技术转移中心、支柱产业创新服务中心、科技产业投资融资中心和科技信息共享网络中心；四个基地：高新技术研究开发基地、科技成果转化基地、创新人才聚集创业基地和实施科教兴国示范基地。

广东在定位国际化的科技创新中心时，其主要的战略考虑就是毗邻香港的区位优势。二十多年来广东的技术转移、成果转化都大量依赖于国际市场。因此，香港的下列潜在优势可以得到充分的发挥与利用：

（1）香港作为一个国际性信息中心，在获取最新技术和成果方面具有十分重要的优势。

（2）香港具有科技服务、科技中介机构发达的长处。

（3）香港的金融中心及国际融资能力对创业及风险投资的促进。

（4）香港的国际市场网络对科技成果产业化和商业开发的优势。

上述优势之所以是潜在优势，是由多年来香港科技创新产业的发展缓慢，与内地的科技资源互补没有充分发挥导致的。如果香港上述潜在优势能够转变为现实的优势，香港就能成为中国与世界进行科技贸易的一个重要平台。

（二）鼓励风险投资发展，推进国际创业基金中心的建立，发展新的金融功能

从内地十多年来极力推动的创业投资发展看，到目前为止，市场上创业投资资金的主要来源仍然是以政府投资为主，对比发达国家创业投资的资金来源，中国整体的市场化发展水平仍然十分低下。2002 年以来，中国创业投资更是进入了一个低潮阶段。这种状况显然十分不利于中国在今后 15 年实现创新型国家发展的要求。从中国目前的发展看，创业投资应当具有十分广阔的市场。

香港虽然是个国际金融中心，可是过去的十多年来由于科技创新发展的缓慢，其创业投资并没有得到长足的发展。如果香港能够成为国际创业投资公司的主要集聚地，为中国尤其是广东的科技产业提供大量的创业资金，则香港的金融中心的地位就有可能得到提升。

可是，要发挥上述潜在优势，就要在香港集聚大量的创业投资公司，形成科技产业投资融资的高地，从而提升香港金融中心的地位，首要的前提是香港必须成为高新技术和产业的研发中心。研发是生产性服务业的重要内容，也是全球城市最重要的功能之一。目前香港政府以及工商界开始认识到，在知识经济时代，科技研发是一个全球城市不能缺少的经济功能，这个活动更是城市金融扩张的基础。如果香港的科技研发活动能够大量发生，并且形成活力，则必然推进香港成为国际性创业投资中心的形成和发展。

（三）发挥营销与设计优势，建立内外辐射的全球城市

"十一五"时期中国转变经济增长方式中的一个重要内容，是内需市场的开拓，即把增长动力从投资和出口带动，转变为国内市场的消费带动。内地潜力巨大的市场开发，必然为香港产品及服务的市场创新、品牌树立提供了极大的发展机遇。

过去香港在内地承担的主要功能，是国际市场的开发功能。这个功能在今后香港与内地的经济互动合作中，将会得到更大的强化。

作为一个大陆性经济，内需市场始终是经济发展的主要动力。占领了内需市场，也就等于获得了中国经济发展的持续动力。中国的"十一五"时期，其经济的推动力要从过去十年来的外销为主向内需市场转换，这是落实以人为本、科学发展观的基本体现。这个战略为香港提供了一个潜力巨大的内需市场，无疑将推动香港城市中心功能的内向扩张，并将使得以往以外向型为主的珠三角地区的 8 万港商有可能加大向内陆市场的拓展。

把香港的全球城市功能从单一的外向型向内、外向型推进，将增添香港新的经济功能。即香港本地产品的研发、设计、品牌开发（这些均属于CEPA 货物贸易零关税"香港制造"的部分）甚至是本地制造的发展，为在珠三角的港商转型提升提供动力，也会使香港的市场营销与开发的优势在更大范围和更广阔的空间领域中发挥。过去香港产品缺乏创新和品牌，根本原因是香港本地市场的狭小，CEPA 零关税的启动，实质上使香港产品突破了香港市场的局限，无疑将推进香港新经济功能的开发。香港在这个过程中，不仅是跨国公司进入内地进行投资和营运的通道与管理中心，也将是跨国公司产品进入中国的研发、设计和品牌开发基地。

五、结论：香港的新功能与新定位

由上可见，香港实现经济结构转型，扩展经济中心功能、提升经济结

构的竞争力，主要通过与内地的合作实现。由此，香港可以增添以下新的经济功能：

（1）国际科技资源贸易平台（内地技术引进和内地技术成果商业化基地）。

（2）国际性的技术产业研发中心。

（3）国际性的科技产业服务基地和创业投资中心。

（4）国际性的产品创新市场和品牌开发、设计中心，即创意产业的集聚地。

香港的研发中心、营销中心和品牌中心的形成，主要是香港本土企业控制和主导的，而不是受外国企业控制和支配的；只有这样，香港的经济功能才可能有质的提升。因此，在这些功能的形成过程中，香港与其他地区的分工主要应集中在研发、品牌和营销环节的自主创新方面，并由此而成为全球性创新活动中心。

参考文献：

［1］赵令彬. 香港须市场与干预相结合［N］. 大公报，2005 - 11 - 29.

［2］丝奇雅·沙森. 全球城市：纽约、伦敦、东京［M］. 周振华，译. 上海：上海社会科学院出版社，2005.

［3］广东省国民经济和社会发展十一五规划纲要［EB/OL］. （2006 - 06 - 29）. http：//www. gd. gov. cn/govpub/jhgh/sywgy/200607/t20060726_5543. htm.

［4］深圳市国民经济和社会发展十一五规划纲要［EB/OL］. （2006 - 07 - 05）. http：//www. gd. gov. cn/govpub/jhgh/sywgy/200607/t20060705_3995. htm.

［6］"全球化和区域经济一体化中的香港经济"国际研讨会论文集［C］. 中山大学港澳珠江三角洲研究中心，2006.

（本文原载于《学术研究》2007 年第 8 期）

深圳再向香港学什么？

全球金融危机的爆发使中国模式走向了历史性转换的重大转折点。过去三十多年的传统增长动力，已经进入了递减阶段。倚靠出口、投资拉动导致的内外经济失衡已经不能持续，市场化、全球化的制度性改革需要向纵深发展。寻求新的发展动力不仅仅是"十二五"规划面对的挑战，更是中国下一个三十年发展所需要解决的长期战略。一句话，中国模式进入了转型阶段。如果说，中国模式的前三十年承担的是"增长崛起"的历史任务，那么后三十年则要解决"转型崛起"的历史重任。

毋庸置疑，香港是中国过去三十多年走向全球和世界市场的一个不可或缺的通道和中介；港资更是率先进入内地进行产业转移、将内地带入全球化进程，并推动内地工业化和实行出口导向战略的外资企业先驱。同时，香港又是内地实施市场化改革的一个重要参照系。由此，我们可以说，中国模式的发展和中国经济的崛起，尤其是深圳的崛起和发展，香港具有不可磨灭的功绩。

2001 年中国入世以及整体经济迅速地融入全球生产网络，使得香港在中国走向世界的过程中的中介地位急剧下降；"增长崛起"更使内地与香港的经济差距急剧缩小，尤其是珠三角地区的深圳、广州。如果按照目前两个地区的增长势头，未来 5 ~ 10 年，其经济总量超越香港将会成为事实。由此，不少民众甚至学者认为，香港在未来中国 30 年的发展进程中，已经不具可借鉴与参照意义，对于内地，尤其是过去一直仿效和学习香港的深圳，香港的优势业已式微。甚至在香港人之中，持有如此想法的也大有人在。

在深圳经济特区成立三十周年之际，笔者想就上述看法，提出一些十分粗浅的观点。

一、香港服务业优势的价值

过去三十年的"增长崛起"中，内地大量引进和急需的战略性资源主要是工业化资本。这也是香港过去进入内地投资的主要内容。随着内地经济的迅猛成长，资金与资本已经不是中国经济发展的战略性"短板"，深圳、广东乃至全国今后引进的重点应当是"制度"，是"软体"而非"硬件"，对香港的引进也应当以此为重点。

具体地说，"转型崛起"中的一个重要内容是产业结构的服务业化。长期以来，中国的服务业占 GDP 的比例在全球位于最低水平之列，深圳的比重也小于50%，不仅低于全球60%的平均水平，更低于发展中国家的平均水平。而香港是全球知名的、最具竞争力的服务经济体，其服务业的发展对内地具有极其重要的借鉴意义。也就是说，中国进入转型阶段后，对香港的优势必须有新的理解和诠释。

不少人士乃至学者认为，服务业作为一个产业，只要花大力气去推进就可以在短期内大大提升其产业比重，并完善产业发展。而笔者认为，此种看法差矣。首先，我们绝不可以把服务业当作一个简单的产业看待。从服务业的内涵与作用看：①服务业是现代产业中决定一个国家或一个地区竞争力的重要部分；②现代服务业也是现代市场机制不可或缺的组成部分；③服务业既是社会的主要经济支柱之一，也是社会、经济和公共管理的主要内容，在某种意义上，是营商环境的构成要件；④服务业既是经济基础的组成部分，也包括上层建筑中的文化、法律、商业文明等内容。服务业的四个内涵决定了不能把服务业发展当作简单的产业发展。中国服务业的发展必然涉及产业、社会、经济、文化、法治等全方位因素的转型。

其次，服务业的发展，尤其是高端发展依赖于制度。一方面，服务业的发展水平决定了市场机制的完善程度；另一方面，现代的服务业依赖于市场的发育和开放程度。二者之间是相辅相成的。发达的市场制度与高度发展的服务业是并行不悖的。由此，中国服务业的发展必然涉及服务市场的开放和完善，涉及中国整体的市场化改革。服务市场的自由化是服务业发展的重要基础。然而，服务市场的自由化不仅涵盖产品的流动，更包含要素与资本的跨境自由流动，其中包括最为重要的战略性要素——人员的跨境流动。为此，中国的服务市场和交易自由化，必然需要不断调整和修改服务商品与要素流动的市场准入管制，创造出开放和竞争程度更高的交易制度和环境。

由此可见，中国服务业的发展需要一个社会、市场、经济、法治、文化等全面的改革与转型，而这个过程也将是长期的。香港服务业的优势绝非单纯的产业优势，而是与上述因素密切结合的综合性优势。内地与香港服务业发展的差距，不仅仅是一个产业或经济发展水平（国际上往往以服务业的发展程度判断一个地区的现代化和经济发展水平）的差距，也是两地市场化程度、社会与经济管理能力、文化与生活水平和国际化标准，以及营商环境、商业文明等因素的差距。在这种差距下，引进香港服务业发展的市场体制、管治方法、国际化标准、法治与商业文明等一系列的"制度要素"将十分重要。

二、香港全球城市功能的价值

城市化的兴起与推进是未来中国"转型崛起"的重要加力点。未来三十年，按照国家的区域与城市规划，中国将逐步兴起二十个左右的大都会经济圈，也将会出现多个大于香港经济总量的大都市。

然而，衡量城市经济优势并非以经济总量为唯一标准，甚至可以说不是主要标准。城市的优势和地位的决定性因素应当是其经济势能，即在全球经济网络中的地位。如果我们从中国所有城市（包括港澳台地区）的经济势能上做比较，香港则是中国唯一一个全球城市。这就是香港的优势。在 21 世纪全球四个城市网络的研究中，香港处于世界城市网络的前列地位，在亚洲与东京、新加坡并列，在大中华区域是唯一上榜者。近日中国社会科学院所做的世界性都会的排名中，香港更位列纽约、东京、伦敦等之后的第十位。

全球城市的研究专家、美国学者丝奇雅·沙森曾经指出，全球城市的特征是以生产性服务业为主的城市，也即金融导向城市。至今为止，中国的城市中仅有香港是金融导向城市，而其他所有的内地城市基本上属于制造导向（包括珠三角的广州和深圳）。香港全球城市的功能具体地体现在全球高端服务业中的四大行业——会计、广告、银行金融和法律的跨国企业在香港的分布，在全球总排名为第四位。

香港作为全球城市的地位依赖于国际联系的积累、商业文明的沉淀，以及体制因素的培育。上百年国际网络的发展，国际形象、声誉和信用的建立，不可能如制造业般在珠三角地区短期达成，更不能如基础设施建设般靠大量投资推进。诸如上述"软体"因素，需要长期的培育和历史的积累。这就是即使今后广州、深圳的经济发展水平可以超越香港，但香港仍然还是中国唯一可位列全球城市或世界城市网络前列者的原因。这也是香港的优势所在。因此，中国的城市化需要借鉴、学习香港的城市发展经验。

在此，笔者更想就金融中心这一话题简单地说说体会。近年来，中央政府全力支持上海国际金融中心的建立，这是一个具有战略性意义的重大决策。在 2009 年伦敦金融城公布的第六期全球金融中心指数中，深圳首次上榜就位居第五，在内地和香港引起了很大的关注。大部分观点认为，上海、深圳的崛起将使香港的金融优势逐步消减，香港地位将不保。

那么，形成金融中心，尤其是全球金融中心的主要条件是什么？从目前全球金融中心的实际运行看，可以说，这个条件主要是法律体系，尤其是以英美法为主体的法律体系。以英美法律体系为主体的"纽伦港"（纽约、伦敦、香港），其地位远远超越以德日大陆法律体系为主的东京、法兰克福金融市场。可以说，德日有很强的产业实力，也有以巨型跨国公司为主的、开放的金融市场，但是其法律体系限制了其金融的全球营运能力。对照内地，目前我国的法律体系主要的参照为德日体系，属大陆法系。这也就是上海、深圳金融中心的基础条件。香港作为中国唯一实施英美法体系的城市与金融中心，今后与上海、深圳的关系很可能会是纽约与东京的关系。上海、深圳的发展无法替代香港的地位。

总而言之，本文的主要观点可以归结为一句话：在中国进入未来三十年的"转型崛起"阶段后，香港的优势不再是硬实力，而是"软实力"。但是对"软实力"的引进与学习需要更深刻的认识、耗费更长的时间和付出更大的努力。

（本文原载于《南风窗》2010 年第 16 期）

香港回归十五年经济走势的分析

在香港回归十五周年之际，观察这十五年中香港经济成长路径及模式之变化，笔者认为：十五年香港经济发展虽然面对多种冲击及不确定因素，仍然保持了稳定的发展势头，值得肯定。但是，从经济发展后劲及矛盾逐渐累积的走势角度分析，尤其是全球大变局下，香港位处的大珠三角地区城市群的定位变化看，未来发展未必乐观。在此，本文力图以客观的视野，描绘香港过去十五年的经济发展过程，并做出一些基本的判断。

一、香港十五年经济走势的基本判断

可以说，香港回归之后所面对的经济冲击之大和不确定因素之多，是香港经济的不幸所在。回归初期即直面亚洲金融风暴，经济成长骤然从1997 年的高峰直线下滑。1998 年在以大陆为主要后盾的港元保卫战完满结束后，香港经济稍微喘息之时，2000 年全球经济就进入了网络泡沫破灭周期。2003 年香港因非典爆发被大多港人视为"死城"。这个困境在中央政府的内地居民"自由行"和 CEPA 的签订之后，才得以突破，并由此带动香港重新走上成长之途。

即便如此，香港经济在回归的十年间，人均 GDP 从未重新恢复到1997 年的水平。同时，十五年间的经济成长也从未再现 1997 年以前的年均增长率。比较回归前后十五年的经济增长率，1982—1996 年，GDP 年均增长高达 13%；而 1997—2011 年，年均增长仅达 2.21%，经济增长呈大幅下降趋势。1997 年香港经济从增长高峰的滑落，是否是香港经济一个历史性的转折点，我们至今无法判断。但是仅从数据看，香港经济在十五年间基本完成从高速增长转向低速下行通道的历史转折。全球 GDP 总量在2000—2010 年增长接近 95%（绝大部分为新兴经济体带动），而香港则在这一时期实质年均增长率为 2.83%，人均为 1.78%（见 2011 年 8 月香港智经公司《十二五期间广东的经济结构转型与香港的机遇》报告），总量扩张为 32%，仅为全球平均水平的 1/3。在经济总量扩张放缓条件下，香港的贫富差距更为加大。如果以家庭收入做比较，香港中位家庭收入在这十年间呈负增长态势。而在同一时期，同样作为城市经济的新加坡，其年均增长与 GDP 扩张速度为香港的 2 倍；家庭收入在人口增长 100 万的情况下，增长率为 18%（香港同期人口增长了 30 万）。

由此，笔者认为，香港经济可以判断为进入"高收入增长陷阱"，或称"日本病"。香港曾紧随日本顺利跨越了"中等收入陷阱"，进入了高收入经济体的行列。然而，进入高收入经济体与中等收入经济体同样会面对增长的陷阱。这一现象尤以日本最为突出。因此，笔者把其与中等收入陷阱的"拉美病"相比，称之为"日本病"。

事实上，香港过去十五年的经济成长情况与日本相比，具有许多相同之处。由房地产经济支撑的泡沫破灭（日本为 1980 年年末、香港为 1997 年），开始了经济的低速增长；人口的少子、老龄化成为发展的抑制因素。香港本地出生率持续走低，老龄化比例将在 2020 年达到 28%，大大高于日本目前的 24%。

二、经济增长路径日益狭窄

1997 年香港泡沫经济的破灭，意味着经济成长动力急需置换，即从过去的传统增长动力，转换为新的成长拉动因素。然而，新成长因素的孕育需要政治、商业、社会各界的魄力和努力。现实却是香港对全球与中国经济大变局反应迟滞，致使其增长路径日益狭窄。

首先是在中国经济持续转型升级的过程中，内地制造业的去香港化逐步发生。香港制造业一直在内地维系的"前店后厂"的加工贸易模式，使其成为进入内地最早，但进入内地市场最晚的外来投资者。在 2008 年全球金融海啸发生之后，中国经济随之进入了战略性转型阶段，从中国制造开始转向中国市场。可以说，内销市场的开拓成为割断港商与香港经济直接联系的最后环节。内地制造与内地市场最终终结"前店后厂"模式，由此将直接威胁香港传统的贸易中心功能。

其次是内地对香港服务功能的替代化，这在香港的贸易、航运等功能上尤为突出。随着香港服务"前店后置"的推移，内地服务基础设施不断完善，香港与内地的服务要素处在不断重组之中。最为明显的是珠三角内地城市对香港服务功能的加速替代。广东已经成为对香港服务的出口地和顺差地，也就是说，香港向广东的服务进口大于对广东的服务出口。笔者根据广东省与广州市外汇管理局数据计算，广东对香港跨境服务贸易的 TC（竞争力）指数为 0.31，香港则为负数。而其中的贸易相关服务 TC 指数最大为 0.61。与此同时，广州对香港跨境服务贸易顺差中，贸易相关服务占80%以上，运输服务则为 17%，成为获取香港服务贸易顺差的两大行业。由此可见，香港四大经济中心中的贸易、航运功能，实质上已经逐渐被内地所取代。

最后，香港各界虽然坚持要中央扶持本土旧有的经济功能，例如在"十一五""十二五"规划中写入四大经济中心。但是，某些经济功能的弱化和不断积弱的事实并不能避而不见。由此，香港政府又提出了六大优势产业的发展战略。然而，服务产业的发展依存于规模经济。六大产业与金融、贸易不同，是一种在地经济，在地经济取决于人口规模。从香港的医疗、教育看，作为一个 700 万人口的城市，香港并不具有做大医疗和教育的优势。在没有人口规模的情况下，医疗器械的使用十分昂贵，驱使港人跑到内地就医；专科医生缺乏，且专科医生一旦缺乏足够的病患，就会变为全科医生，从而无法使医术精益求精；而内地人在香港就医则引致香港医疗资源供给的全面紧张。从教育产业看，香港仅有的 7 所大学仅能做出几个精品专业，也不可能涵盖所有的专业，根本无法与具有几千家大学，并有 50 多所进入全球百大的美国教育产业竞争内地人才，且教育产业在香港服务贸易中一直是逆差而非顺差。

四大经济功能开始弱化，六大优势产业无法脱颖而出，加上高科技产业长期缺位，香港经济近年来逐步走向全面依赖、争取内地送上门的利益安排之路，并由此形成自由行经济——内地的大卖场，更强化了香港地产经济独大的单一性。香港地产商在收获"自由行"最大利益的同时，开始逐步侵蚀香港最重要的经济功能——金融中心的地位。近期最为令人关注的是，聚集于中环与湾仔金融中心地带的一些国际基金公司、国际投资银行因地产商不断提高租金，开始搬迁至观塘或新界等地，而取代他们的则是可以不计成本的央企或国企（香港地产商也开始傍央企之大款了）。此种动向一旦成为潮流，香港国际金融中心的未来走向就难以预测了。

三、香港经济走势形成的外在原因

香港从 20 世纪 80 年代至 90 年代经济增长的高速扩张，转向低速下行的通道。笔者认为外在因素有以下三种：

一是从历史上看，每次中国的开放成就的都不是香港（例如 1840—1949 年中国被打开市场，成就了上海这一东方明珠）。在中国全面开放和转型的形势下，尤其是中国 2001 年加入 WTO，通过全球化纳入世界经济体系，直接弱化了香港过去的内地走向国际的桥梁和中介作用。香港从过去利用中国崛起的机会时代（高速成长为特征），转向面对困境的全面挑战时代（以被内地城市逐步替代经济功能的低速成长为特征）。

二是2008年美国负债经济主导的全球化结束，使得香港这个把中国引入国际网络的经济体失去了方向，正在重新寻求定位。香港全球城市的地位，即作为全球价值链节点的功能，是过去三十年的全球化中，与内地开放相结合的结果。在新的全球产业版图重组的情况下，香港面临着重新定位的挑战。

三是中国加入WTO后的十多年间，内地经济改革与市场化的滞后，使得香港真正具有竞争优势的高端服务、制度与法治安排、国际化发展水平无法发挥。香港作为中国唯一一个金融型全球城市，本来可以通过CE-PA，为内地提供国际化的高端服务，例如全球城市标志的金融、法律、会计和广告。但是CEPA成效一直停留于"自由行"层面上，"大门开了，小门不开"成为两地服务贸易自由化的主要障碍。"小门"问题实质是两地市场化体制、服务管理体制和政府管制差异、摩擦的具体表现。在这个方面，内地对CEPA的实践与对WTO的实践相同，即重视具体承诺而忽视自由贸易的一般规则，忽视国内市场按照市场经济体制要求的改革和完善。

四是香港政府的管治缺乏长远规划，且固守成规。长期港英管治遗留的问题是政府不具决策功能，只有执行责任，决策出自英国政府。决策功能的缺失使回归后的香港经济失去发展的方向。例如香港作为金融型城市，其贸易和航运功能的发展方向应当不是实体部分（因为实体无法与内地竞争），而是转向伦敦、纽约式的贸易和航运服务中心，从而与内地形成相互合作及持续保持香港优势的地位。这个路向许多香港的学者与机构均不断提出（参见2010年有关香港航运中心的报告），但香港政府一直没有回应。即使在香港政府做出某些发展规划的情况下，往往固守成规而使规划无法实现。例如董建华时期推进的香港应用科技研究院（以下简称应科院）与科学园，本是借鉴台湾工研院的成功经验。然而日前我们调研发现，与台湾工研院不同，香港应科院的科技资助，必须采用过去政府的惯用手法，企业要出对等的资金，在香港已经缺乏制造业企业组织的条件下，这一要求很难达到，导致应科院成立了十几年之久，并没有出现像台湾工研院那样衍生出科技企业的结果。

四、香港经济向知识经济转型：破除低速成长的终极因素

本文认为，香港自1997年地产泡沫破灭之后（当然这个破灭恰好与

回归同期，可能是香港或中国的不幸），长期进入低速成长，也即香港陷入"高收入增长陷阱"的实质，使香港正面对着向知识型经济转型的阶段。

中央政府对香港也多次提及香港经济发展的深层次问题，但什么为深层次，总是语焉不详。事实上，"二战"后，发展中经济体能够跨越"中等收入陷阱"的国家和地区，进入发达经济体的，只有日本、韩国、新加坡以及中国的香港和台湾。香港也就是其中之一。而发达经济体的提升路向，也就是知识经济。至今为止，能够成功转向知识经济的发达经济体国家，只有美国。我们只要分析苹果手机和平板电脑的价值链切割，就可以一目了然。美国是通过产品开发设计、销售环节获取50%以上的收益，而40%多的收益是日本与韩国电子核心部件提供获得；最后不到10%是富士康在中国的制造收益。这就是知识经济体（美国）、高收入经济体（日韩）和刚进入中等收入经济体（中国）的价值链切割。

日本是最早陷入"高收入陷阱"的国家，而紧跟其后的香港最为典型。而韩国、新加坡与中国台湾的成长仍然高于香港。与同为城市经济的新加坡相比，香港经济发展日渐显现出产业单一化、传统产业增长钝化与人口的少子老龄化，这些均是城市经济的大患。新加坡深明此理，故而其经济多元、人口政策的开放性和促进流动与增长，均胜香港一等。然而，能够转为知识经济最为核心的发展因素应为本土人力资本的状况。

知识经济社会最重要的生产要素并非设备、资金或硬件设施，而是人力资本。人力资本具有极大的界外效应，这是通过知识积聚和互动而产生创新达致。美国转向知识经济的历史经验显示，知识经济社会转型的成功需要教育的全球水准、高水平人才和信息的积聚和流动、经济体积庞大与市场规模，以及妨碍转型的既得利益很少等条件。[1] 上述条件香港并不具备，且妨碍转型的既得利益（例如地产集团、管治队伍、本土居民群体心态等）不少，目前更出现各类"围城"心态（包括对"双非"子女的态度）和民粹主义思潮，加大了香港经济转型的难度。

从根本上看，香港向知识经济转型不仅是对香港，更是对内地有着极大的借鉴意义。中央政府对香港政策如果能从这一角度思考，并扶持香港的转型，两地得到的经济和社会净收益将是十分巨大的。

（本文原载于2012年《香港回归15年研讨会议文选》）

067

港澳篇

---

① 王于渐. 知识型社会的挑战［EB/OL］（2011 - 06 - 24）. http：//www.wangyujian. hku. hk/? p = 605.

回归二十年：香港经济优势的走势分析

历史已经昭示，香港优势的出现与发展是时间的变量。故此，对目前全球经济形势下香港优势的现状和发展走势做出评估，以及关注香港经济的独特性背后与优势同在的潜在不利因素，或称潜在劣势的发展趋势，对香港经济的未来发展，具有十分重要的意义。

一、国际机构对香港经济优势的最新评估

20 世纪 80 年代至 90 年代，全球资本主义体系在新自由主义浪潮的主导下，出现了大量的组织。首先是各种民间的基金会、协会和智库，随后是各类世界组织，例如联合国、世界银行等，针对世界不同的经济体，制定不同的经济标准，或选取不同的经济指标，进行竞争力的测量，且定期发布全球的经济竞争力、各种经济指标或经济功能的排名。这种排名不仅对于一国或一个经济体的竞争力的内容描绘以及全球影响力具有一定的宣导作用，还影响到各个经济体政府的经济政策制定。

香港从参与各类评估开始，至今为止在各类经济评估中，几乎均排在全球前列，有的指标更长期占据全球第一。为了更明确地厘清香港的全球竞争力现状，我们把全部评估分为三类，并选取主要的评估报告，分别进行展示。

1. 经济竞争力评估

经济竞争力的评估，在全球有多个机构参与，但是最有影响力和能够每年定期发布其排名的，主要是两个机构，即瑞士洛桑管理学院（IMD）和世界经济论坛（WEF）。其他的世界知名机构，例如卡托研究所等并非每年定期发布，所以不予列入。

瑞士洛桑管理学院从 1990 年开始，每年对全世界主要国家和地区的竞争力，以及该国家和地区内的企业竞争力进行分析和排名。IMD 分析样本包括 61 个国家和地区，评估标准有四：经济表现、政府效率、商业效率和基础设施。经济表现又细分为国内经济规模、经济增长、财富水平、经济预测、国际贸易、国际投资、就业以及物价。

在今年发布的《2016 年全球竞争力排名》中，把香港从去年的第 2 位提升为第 1 位，这是香港在 2010 年以后，第二次荣登全球第 1 宝座（第一次为 2011 年）。从 IMD 全球排位的前 20 名看，专注于创造有利于商业发展的规则、基础设施是评估的重点。而香港排列全球第 1，其排名上升的关键是香港能够不断致力于创造有利的商业环境。其中包括香港作为全球领先的银行和金融中心与通过实施简单易行和较低的税收，以及不限制资本自由流动等措施鼓励创新。事实上，香港自参与 IMD 的全球竞争力评估后，一直位列全球前十，且保持最前列地位，这与 IMD 的评估以商业环境作为竞争力的关键因素有关。

与 IMD 不同的是，世界经济论坛在其后发表了《2016—2017 年全球竞争力报告》。这份报告把香港从去年的世界第 7 位，下降至今年的第 9 位。世界经济论坛在 1979 年发布首份《全球竞争力报告》，随后主持编写了各年度的评估报告。其评估主要是按照 12 个经济"支柱"来进行排名：健全的公私机构、基础设施、宏观经济环境、健康和基础教育、高等教育和培训、商品市场效率、劳动力市场效率、金融市场发展、科技便捷程度、市场规模、商业环境、创新。每个标准的得分介于 0～7 分，最后将这些得分综合起来以计算最终竞争力。按照每个国家的发展阶段，这 12 个标准又被分为三大类：基本要求、效率性、创新和成熟度。

世界经济论坛今年参与评估的是 138 个经济体。香港是第五次进入全球竞争力的前 10 名，总得分为 5.48。其中的基础设施排在全球第 1、劳动力市场效率第 3、金融市场发展第 4；而较弱的是排在第 33 的市场规模和第 27 的创新。报告指出，创新应当是香港经济发展的最为关键的问题。

由此可见，瑞士洛桑管理学院与世界经济论坛的评估偏重点不同，前者把商业环境等同于竞争力，而后者更强调长期的经济发展，并且把竞争力因素作为一种组合因素看待，同时更重视教育与科技，尤其是创新。但是，从两份报告的影响力看，世界经济论坛参与评估的经济体更多，指标更为全面。同时，世界经济论坛基金会由全球 1 000 家最大的跨国公司组成，且紧跟国际经济形势的变化，每年展开定期的论坛活动，因而更具全球性和权威性。

2. 经济指标或经济功能评估

对于一个经济体的某项经济指标或经济功能，目前全球有不少的机构每年发布大量的评估报告。我们从其中选取了一些具代表性的经济指标和经济功能，作为香港在全球竞争力不同层面表现之参考。经济指标或经济功能评估往往围绕经济体的某个经济领域或功能方面展开，且有不同的评估标准和数据。由此我们把其分为两个部分：一是经济指标，一是经济功能。

首先，我们选取的经济指标，集中于香港经济体的市场运作、营商环境与基础设施等主要领域，以这三个部分作为香港竞争力表现的主要指标：

经济自由度指数：最早做出专项经济指标评估的可能就是美国传统基金会。这个指数从 1995 年起开始评估。经济自由度虽然是单一的经济指标，但是其内容更倾向于对一个经济体的主要经济体系和经济政策进行竞争力评估。根据主办方的观点，越自由的经济体，其竞争力则越强。

美国传统基金会是美国新自由主义和新右派的主要政策研究机构，代表美国西南部财团和保守势力的利益，主要由美国的大型企业、家族基金会和个人捐助，作为里根政府时期和共和党的智库，一直主张小政府，限制政府开支和规模，因此特别颂扬香港式的积极不干预经济政策。每年公布世界各主要经济体系的经济自由度指数是其主要工作之一。该基金会就十项因素评估全球 197 个经济体系的经济自由度。这十项因素包括营商自由、贸易自由、财政自由、政府开支、货币自由、投资自由、金融自由、产权保障、廉洁程度和劳工自由。从 1995 年美国传统基金会编制经济自由度报告起，香港连续 22 年占据全球第 1 的位置。作为全球最自由的经济体，多年来没有其他经济体可以撼动其地位。但是，经济自由度指数是否与经济体的竞争力相关，多年来一直存在质疑。

营商环境便利指数或效率（The Ease of Doing Business Ranking）：自 2000 年起，由世界银行主持并每年发布报告。这个报告主要通过对大量商业和企业经营的从业人员发放问卷，得出统计结果，以揭示经济体吸引资本流动的外部环境竞争力。目前全球有 189 个经济体参与这个排名。

世界银行搜集与统计涉及十个领域的数据，分别是：开办企业、办理施工许可、获得电力、登记产权、获得信贷、保护投资者、纳税、跨境贸易、执行合同和办理破产，涵盖了经济体的法律执行状况。应该是覆盖了营商过程中的全部环节。根据世界银行最新公布的《2017 年营商环境报告》的营商效率全球排名，新西兰名列榜首，新加坡位居第 2，紧跟着的是丹麦，中国香港排名第 4。自世界银行开始每年发布报告以来，香港排名一直保持全球的前十位，有时更名列前三。

具体地看，香港有五项数据一直名列前十地位，分别是：办理施工许可、保护投资者、纳税、跨境贸易、执行合同。而开办企业、获得电力、获得信贷、办理破产，虽然处在前十之后，但仍然有不俗表现。最弱的则是登记产权，其位于全球 189 个经济体中的中间位置。

互联互通指数（Connectedness Index）：麦肯锡全球研究院自 1995 年开始，对全球 131 个经济体的经济活动中，跨境的商品、服务、金融、人力和数据流动进行数值测算，然后计量出该数值在 GDP 中所占的比重，以反映跨境的经济流强度，称之为互联互通指数。互联互通指数实际上从三个方面反映了经济体的发展状况：一是经济体的基础设施，这是跨境流动的物质基础，例如国际航运港、航空港、铁路与公路以及现代通信体系；二是经济体对外跨境的流动数量，包括货物、金融、人员等；三是跨境流动的制度便利性，即海关、口岸管理。

根据麦肯锡全球研究院的计算，各种形式的全球流动不仅每年为全球 GDP 增长贡献 15%～25%，也加速了参与全球流动的经济体的增长。全球流动对互联互通性最高的经济体 GDP 增长贡献率高达 40%。① 由此，构成了一个经济体的竞争力因素。2014 年麦肯锡发布的最新一期互联互通指数中，香港仅次于德国（110%）排名全球第 2，其数值在 100% 以上。麦肯锡全球研究院认为，全球仅有 6 个城市可称为互联互通的主要枢纽，其排位是：纽约、伦敦、香港、东京、新加坡和迪拜。

其次，在经济功能评估方面，我们围绕着香港的主要经济功能——金融中心、资本运作中心和航运中心，作为观察的主要部分：

全球金融中心指数（GFCI）：这是全球最具权威性的国际金融中心地位排名。2007 年由伦敦金融城委托英国智库机构 Z/Yen 进行。通过向全球金融从业人员展开调查，并将结果于每年 3 月和 9 月定期更新公布，以显示金融中心竞争力的变化。GFCI 着重关注各金融中心的市场灵活度、适应性以及发展潜力等方面，将构成金融中心竞争力的诸多因素划分为五个核心指标：人才指标包括了人才的匹配、劳动力市场的灵活度、商业教育、人力资本的发展等；商业环境指标是指市场监管水平、税率、贪腐程度、经济自由度、商业交易的便利程度等；市场发展程度指标包括了证券化水平、可交易股票和债券的交易量与市场价值、众多金融服务相关企业集聚于某一金融中心产生的聚集效应等；基础设施指标主要是指建筑和办公地的成本与实用性；总体竞争力指标则是基于"总体大于部分之和"的理念而创造的城市总体竞争力水平，以及城市宜居程度等指标。

香港在 2013 年首次超过东京，全球排名第 3，与第 1、2 名的纽约、伦敦并列称为"纽伦港"。这种状况一直维持到 2015 年。最新公布的 2016

---

① 理查德·多布斯，等. 麦肯锡说，未来 20 年大机遇［M］. 谭浩，译. 广州：广东人民出版社，2016：79.

年全球金融中心指数显示,在全球 87 个金融中心排名中,香港仅以 2 分之差首次落后于新加坡,排在全球第 4,"纽伦港"是否真正陨落不得而知,因为香港过去几年的得分实际与新加坡相差不大,2015 年仅以 5 分优势超越新加坡。而据香港学者的分析,本次落后的原因是缺乏金融创新和债券市场的拓展。

世界投资流动排名:由联合国贸易和发展会议(UNCTAD)每年发布的《世界投资报告》,不仅归纳和指明了各个年度的全球投资(FDI)动向,也列出全球每个年度的最大投资流出地和投资流入地。投资流动的最大地区,代表着全球资本集聚的中心。香港作为全球最大的直接投资中心之一,是从 2003 年进入全球投资流动的前十位开始的。在 2004 年《世界投资报告》中,香港首次进入世界第 10,2013 年则升至全球第 5。随后的 2015 年《世界投资报告》中,香港在 2014 年的直接投资流入量和流出量均上升至世界第 2,其中资本流入量仅在内地之后,位于美国之前;而资本流出量则仅次于美国,位列内地之前。最新发布的 2016 年《世界投资报告》中,香港 2015 年在资本流入量中排于美国之后,但仍为全球第 2,而资本流出量则下降至全球第 9。但是,以流出和流入的总量看,香港仍然排名全球第 3。

香港仅以一个城市的地域,跻身于全球最大的资本流动大国,如美国、日本以及崛起的资本大国——中国之间,有些年度更是超越资本大国。其人均资本流量更傲视全球,充分显示了香港的资本流动中心的地位和作用。

贸易物流效率指数(Logistics Performance Index,LPI):2007 年,由联合国主持的物流专家团队,通过对全球 160 个经济体的港口、物流运输业和运输公司的资料收集,进行数据处理后,发布了《全球经济中的贸易物流:物流效率指数和指标》第 1 版。此后每隔两年公布新版,2016 年为第 5 版。

世界银行把 LPI 作为观察各个经济体物流供应链水平的主要依据。LPI 的计量指标分为六个:海关、基础设施、物流服务质量、国际海运和船运安排、货物追踪管理、货运的及时性。前三个指标代表了经济体对贸易物流供应链的投入,后三个指标则是经济体物流供应链的经济收益,投入与收益之比的数值就是物流效率。整体指标则显示了一个经济体物流供应链的竞争力。

香港在世界银行至今公布的 5 个版本中,总排名为全球第 8;而在 2016 年的 LPI 得分则落后一位,排名第 9。以全球第 1 的德国 LPI 得分 100

为基数,香港得分为95.1分。具体地看,香港在国际海运和船运安排上得分最高,为全球第2;海关、基础设施和货运的及时性的排名均在全球前10;物流服务质量为全球第11,货物追踪管理则为全球第14,整体指标均位列世界前茅。

世界银行的报告指出,全球排名前25的经济体,均为世界各个区域中的物流供应链枢纽,而位列前10的经济体,其物流供应链更处全球顶尖水平。由此可见,香港虽然在国际贸易物流的总量,尤其是国际航运的数量上增长势头受挫,但是在效率指标或是软实力方面,作为全球顶尖的航运物流中心地位,为全球所认可。

3. 世界或全球城市评估

香港本质上是一个城市,而非一个国家的经济体系。进入21世纪之后,全球经济的主要节点和发展重心,已经向城市和城市群转移。未来经济的中心,不再是国家,而是城市。由此,对城市的关注,成为世界各种机构观察世界经济走向的焦点。而这些机构在对城市的研究上,主要集中于对世界或全球有影响力的城市,将它们称为世界城市或全球城市。

按照城市研究学者的观点,城市是分层次和级别的。只有对全球战略性资源、战略性产业和战略性通道的占有、使用、收益和再分配等具有把控权、主动权,能够发挥决定性作用的城市才可以称之为世界城市或全球城市。从本质上讲,这些城市是全球战略性资源、战略性产业和战略性通道的控制中心,是世界文明融合与交流的多元文化中心,也是城市硬实力与软实力的统一体。

香港几乎在所有的世界、全球城市的评估中,均占有一席之地。这反映了香港作为一个城市,已经跻身世界顶级层次。我们把对世界或全球城市的各类评估,具体地分为两个部分:一是对城市经济功能的评估,一是对城市的增长和发展前景的评估。

在城市经济功能的评估方面,首先可以提出的,是英国《经济学人》发布的《全球城市竞争力报告》。此报告把全球城市的考察内容,分为经济竞争力、人力资源、金融产业成熟度、机构效率、硬件建设、国际吸引力、社会与文化特质、环境与自然危害等31个指标。在其发布的2012年《全球城市竞争力报告》中,纽约、伦敦、新加坡、香港、巴黎被列入全球城市。

位于英国的全球化与世界级城市研究小组与网络(GaWC),则侧重于对城市的高端服务业集聚考察。高端生产者服务业主要为四大类:金融、广告咨询、法律、会计。通过对四个服务业集聚度的计量,把世界121个城市分成 5 个等级 12 个层级。在 2012 年发布的考察报告中，处于世界顶级的 A 层为纽约、伦敦、东京三大城市；顶级 B 层的则排列为香港、上海、洛杉矶、巴黎、芝加哥、北京、新加坡。香港的整体排名是全球第 4，同时被评为金融中心型全球城市。

2010 年起，全球管理咨询公司科尔尼公司、芝加哥全球事务委员会以及美国《外交政策》杂志，共同推出全球城市指数报告。对全世界 84 个具一定规模的大城市进行了排名。衡量标准包括商业活动（30%）、居民受教育程度（30%）、全球信息交流程度（15%）、文化氛围（15%）和公民政治活动参与度（10%）等综合实力。在 2014 年的第四届全球城市指数报告中，全球城市发展指数纽约排名第 1，香港排名第 5，北京位列第 8。2016 年科尔尼公司更公布了全球最具影响力城市的排行榜，共有 125 座大都市参与此次评选。伦敦占据榜首，纽约位居第 2，接着是巴黎、东京和香港，香港再次排名第 5。根据主办机构的观点，在香港之前的四大城市，均为世界级大都市，而香港则为仅次于其后的全球城市。

2014 年《福布斯》杂志委托数位城市地理专家、人口专家和咨询公司分析师根据各城市的外商直接投资（FDI）交易量、总部共聚变量（HQ）、占有主导地位的特定业务的数量、航空交通方便程度、制造业的发展状况、金融服务程度、技术和媒体实力、种族多样性八个指标对全球 58 座城市进行评比后，评选出了 2014 年综合实力最强的十大全球城市，香港排列第 5；而在 2014 年全球十座最具影响力的城市中，伦敦列榜首，纽约排名第 2，香港第 6，北京和悉尼并列第 8。

具体地看，香港保持亚太地区最大的金融中心的地位，全球金融服务程度排名第 3 位，仅次于伦敦和纽约，是香港跻身全球最具影响力十大城市的主要原因。

表 1　2014 年《福布斯》全球最具影响力十大城市的部分评价指标

城市	FDI 交易量[①]	总部共聚变量[②]	航空交通方便程度	金融服务程度	全球城市综合实力
伦敦	328	68	89%	1	2
纽约	143	82	70%	2	1
巴黎	129	60	81%	29	3
新加坡	359	0	46%	4	9

（续上表）

城市	FDI 交易量①	总部共聚变量②	航空交通方便程度	金融服务程度	全球城市综合实力
东京	83	154	59%	5	4
香港	234	48	57%	3	5
迪拜	245	0	93%	25	27
北京	142	45	65%	59	8
悉尼	111	21	43%	15	14
洛杉矶	35	0	46%	未上榜	6

注：①为 5 年平均外来资本交易件数；②指《福布斯》全球 2 000 强企业总部数量。

日本民间机构森纪念财团城市战略研究所自 2000 年以后，每年对世界 40 个大城市进行评测，公布世界城市综合竞争力排行榜。该排行榜的评测包括经济、研究开发、文化交流、居住条件、环境、交通六个方面，各单项得分累加形成最后分数。在 2015 年世界城市综合竞争力排行榜中，伦敦夺魁，香港在 40 个大城市中排第 7 位，比 2014 年的第 9 位和 2013 年的第 10 位，分别上升 2 和 3 位。森纪念财团城市战略研究所的分析报告称，香港在经济、交通、研究开发等单项排名中较为靠前，但在环境和居住条件等方面的优势不够明显。

以城市经济增长和发展前景作为未来预测和评估的研究，主要有两个机构专注于此，分别是美国的布鲁金斯研究所和麦肯锡全球研究院。

美国的布鲁金斯研究所自 2009 年起，每年发布《亚太地区都市观察》报告。对亚太地区的 100 个城市（不包括美国大西洋沿岸城市），以人均 GDP 增长（以 PPP 即购买力平价计量）、就业增长率来研究亚太地区的城市发展走势。在 2014 年《亚太地区都市观察》中，香港的两个经济增长数据列 100 个城市中的 78 位；而 2009—2014 年间的人均 GDP 增长、就业增长率排于第 67 位。新加坡则是 2014 年为第 34 位，2009—2014 年间为第 40 位。由此看出，香港在经济增长方面明显落后。增长率排于最前列的主要是亚太新兴经济体的城市，尤其是内地的城市。美国西太平洋海岸城市排名全部在香港之前，其中的圣荷塞市（San Jose）更在 2014 年排名第 6。

2011 年 3 月，麦肯锡全球研究院公布了 2010—2025 年未来的 600 个城市发展预期，且根据每年数据做出修正。麦肯锡对于城市发展的预期，建立在七个因素考察基础上：GDP（PPP）总量、人均 GDP（PPP）水平、

GDP 增长率、人口、儿童、城市住户、年收入超过 2 万美元的中产住户占比，且把这七个指标作为未来 15 年城市发展的考核指标。

根据测算，2025 年全球顶级的 25 个大城市中，香港有三个指标会列于其中：GDP 总量，位列第 25；GDP 增长率，也位列第 25；而年收入超过 2 万美元的中产住户占比则排在第 18 位。由此，香港凭此指标可以位列全球 25 个最富裕的城市之列。但是其 GDP 总量排名位于内地的上海、北京、深圳、天津、重庆和广州之后；而 GDP 增长率则排在上海、北京、天津、重庆、深圳、广州、南京、杭州、成都、武汉、佛山、沈阳、西安、东莞之后；中产住户占比则在上海、北京之后。可以看到，在麦肯锡的未来预期中，内地将是未来 15 年城市发展最为迅速、富裕程度极大提升的地区；而香港要保住 GDP 总量在全球 25 个大城市之列，未来的 15 年中，GDP 必须以年均 4.3% 的速度增长。

由此可见，香港目前从经济功能上，凭借着高端的服务业集聚和全球金融中心的地位，位列全球城市的前列。可是从经济增长指标和未来发展前景看，却是充满挑战。麦肯锡全球研究所公布的香港未来 15 年的 GDP 年均增长必须达到 4.3% 的速度，人均 GDP 年增长速度为 2.9%；布鲁金斯研究所公布的香港在 2009—2014 年人均 GDP 增长率仅为 1.5%。两相对比，则香港能否达到且维持未来 15 年间 GDP 年均 4.3% 的增长率，是香港能否在 2025 年成为全球 25 个大城市之一的关键。

二、香港经济优势的现状判断

从国际社会中主要的研究或评估机构发出的研究和报告中，无论是在经济竞争力的综合数据、各个不同竞争力因素的指标，还是构成全球城市的经济功能方面，香港都是具有经济竞争力的，且处于全球的前列。但是，与这些评估同时存在的，是香港、内地近年来不断出现的对其竞争力的议论甚至是质疑。由此，如何看待各类国际机构的评估，以及客观做出香港经济竞争力的基本判断，对香港经济的未来发展具有十分重要的意义。

1. 国际社会对香港经济竞争力认识的侧重点

国际社会中的各类机构，对香港的竞争力判断基于不同的出发点。尽管出发点不同，但是对香港竞争力的肯定，或正面评估，大多与香港经济的对外竞争力，即国际市场拓展、全球供应链等方面的竞争力相关。即使是美国传统基金会这个全球最为保守的极右派机构，推动新自由主义登上经济正统地位的财团组织，其发布的经济自由度指数，在目前经济全球化的发展进程中，也有相当的可取之处。

首先，作为竞争力的构成因素和主要表现，香港的经济自由度指数、营商环境便利指数与互联互通指数，应当是体现香港经济对外竞争力的主要指标。经济自由度主要体现在香港自由港地位的独特性，以资本、信息、金融等要素的自由流动为主要内容。而香港的简单税制、低税、廉洁政府、法治及司法独立、基础设施、员工生产力等，体现了香港的营商环境便利性。香港通过跨境的各类经济要素大量流动，构筑了互联互通的全球供应链网络，是香港经济国际化的主要体现。由此，上述三个指标，实际上囊括了我们经常提及的香港竞争力的所有具体内容，即经济的国际化与跨国网络、自由开放的经济体制以及现代国际经济体系的商业文明与规范。

把经济自由度和营商环境等同于一个经济体竞争力的观点，源自20世纪90年代以后的资本主义体系，新自由主义的兴起以及由此推动的经济全球化，尤其是带有右派背景的美国传统基金会。由此，无论是在经济全球化的兴盛时期，还是目前对新自由主义的反思阶段，国际和香港本地对这种看法均存有质疑。"自由放任主义并不能确保香港会出现全面的市场竞争或有效的市场运作。由于将香港政府培植的亲商环境等同于香港的竞争力曾经成为趋势，因此，卡托研究所、美国传统基金会和世界经济论坛经常将香港列为全球最具竞争力的地方之一。其实，这些评估都有误导成分，但是令香港的官员和商界领袖引以为荣。事实上，按照较为客观的标准，香港并不比经济与合作发展组织的普遍成员更具竞争力。"①

实事求是地说，一个经济体的经济自由度和营商环境，确实不能直接等同于经济体的竞争力全部，但是可以是一个经济体在资本全球流动、经济全球化时期，对外竞争力方面的表现。香港的经济自由与亲资本的营商环境形成，已经历经160多年的历史，但是，前100多年间并没有形成香港的竞争力，而近60年来，才有了香港经济的高速成长和对外经济竞争力。其根本的原因当是20世纪80年代以后，资本进入了全球流动、市场扩张进入了高度全球化的阶段。这是新自由主义和新马克思主义，以及反全球化思潮均不能不面对的现实。客观地说，经济全球化已经是资本主义发展进程中不可逆转的现实。

对于一个高度依赖外部资源和市场的经济体，在经济全球化的世界

---

① 顾汝德. 官商同谋：香港公义私利的矛盾［M］. 香港：天窗出版社，2011：44.

中，对外的竞争能力尤为关键。吸纳外部资本流入的能力、参与国际市场的深度，关系着经济体的生存和发展。由此，自由开放的经济体制与便利化的营商环境，必然成为经济体生存和发展的基础，同时也是其对外经济竞争力形成的主要因素。也就是说，如果我们对香港的竞争力所进行的评估，仅局限于对外经济竞争力上，则经济自由度、营商环境成为构成经济竞争力的部分因素，当是无可厚非的。

其次，在香港的经济功能和全球城市的国际评估方面，香港的经济体量和规模并不足以使其进入世界的前列。而国际机构的关注并非城市的经济体量，而是城市控制全球战略性资源、战略性产业和战略性通道的能力，即城市的经济功能。由此，能够让香港成为排名世界前列的全球城市的主要因素是香港的全球配置资源的经济功能，即国际金融中心、资本运作中心和物流供应链网络。香港的经济竞争力具体地体现在这三个领域上。而这些经济功能集聚在香港城市范围，使其成为全球经济的一个重要节点，由此成就了香港的全球十大城市地位。但是，全球城市的需求与发展是与国际市场相联系的，而非香港本土的基本经济需求。由此，香港取得的全球城市、全球战略性资源配置的节点地位，本质上也是香港对外经济竞争力的体现。

归根结底，香港是一个仰赖外部市场来取得经济发展动力的城市，与欧美国家及内地不同。这些经济体具有广阔的内部市场，经济竞争力不仅体现于对外部分，更包括内部经济发展的动力。其控制和配置全球战略性资源、战略性产业和战略性通道的对外经济竞争力，主要集中于国内的首要城市，例如美国的纽约、英国的伦敦、内地的上海。香港本身就是区域性的首要城市，其经济竞争力的主要内容集中于对外竞争力，当是客观地位决定的。

2. 香港的竞争优势是特定或特殊优势

从香港优势的确立与发展历程看，香港的经济优势主要是对内地的优势。然而，随着内地的市场化改革和开放，以及最终被纳入现代世界经济体系，香港对内地的优势逐步从绝对优势走向相对优势。从 2015 年"两会"期间李克强总理的政府工作报告，以及由国务院三部委联合发表的中国"一带一路"愿景与行动计划两个文件中，对香港在国家改革开放和现代化建设以及"一带一路"战略中的地位，均使用了一个定位词，即"特殊"优势与作用。

实事求是地说，香港目前对内地的优势应当是特有、特定方面的优势，而非改革开放初期的，带领一个封闭落后的中国涉入全球化网络的全面或称绝对优势（包括产业、市场、服务、金融、国际惯例与法治等）。历经 37 年的发展，内地的改革开放与全球化程度已有了巨大的飞跃，经济体量与体质更是不可同日而语，不仅成为全球第二大经济体，更形成了全球第一的中国制造、中国贸易。今天，中国制造与中国贸易的发展水平，已然是作为全球具竞争力的香港服务型经济体远不能涵盖与企及的，尤其是香港缺乏服务于中国工业化第二、三阶段的重化工业、装备制造与高级精密加工的各类功能与基本设施，更在目前全球新兴的工业革命与内地进入创新驱动的经济新常态中，不少领域已经落于内地之后。从这个角度看，今天香港的最大优势是背靠祖国内地，而香港对内地的优势则是在特定领域。如果说过去 37 年内地经济发展更多地有赖于香港，而香港未来的发展则会更多地有赖于内地。就目前的香港优势看，有以下的三个特点：

第一，香港的优势更多地集中在香港的"软体"基础设施与"软实力"，而非实际的经济体量上。这些软实力主要体现在，香港在全球市场上交易的不是产品，而是带有中间投入性质的服务，尤其是高端的生产者服务。而香港是全球仅有的几个服务贸易长期保持顺差的经济体。排名仅次于美国、英国。事实上，香港的特殊优势与香港本土的基础设施和软实力相关。香港高度成熟的市场体制、法律与法治，包括金融、专业服务、产权及知识产权等立法与法治，是形成其特殊优势的制度性基础设施；而中西合流的文化与商业传统，经营习惯和长期形成的职业操守，则是香港特殊优势形成的软实力。这种基础设施和软实力是香港积 160 多年的历史沉淀而成，并非一蹴而就。它立足于香港本土，是香港服务具有世界级竞争力的根源所在。香港现在已经不是实体的贸易和航运中心，但是其互联互通指数和物流效率仍位于全球前列，就表明了香港在全球价值链和供应链中占据高端地位。

第二，香港经济软实力的产业，就是高端的专业性服务业，或称全球先进的生产性服务业与国际金融中心。也就是说，香港的特殊优势不再是经济体量，而是经济功能。香港高端专业性服务业提供的完善、高效率、低交易成本的服务非其他经济体可以比肩。十分有趣的是，作为服务贸易顺差位于美国、英国之后的香港，2013 年之前其服务贸易顺差最大的来源地并非亚洲，而是美国，其次为西欧。以 2013 年数字看，来自北美的服务顺差占香港服务总顺差的 29%，西欧则为 24%，二者占比达到了 53%。从服务顺差产品的内容看，香港对欧美服务贸易顺差的产业，依次是金融业、商用服务业、运输业。① 2014 年内地"自由行"的发展，使得内地成为香港服务贸易最大顺差的来源地，旅游产业成为最大的顺差产业。但是并没有改变香港对英美国家的服务贸易顺差地位。这个事实表明，香港能够对美国这个全球第一大服务贸易体取得顺差地位，是香港的专业服务业、金融业、物流业的世界级竞争力的表现，集中反映了香港作为全球城市的资源、要素配置中心的地位。

第三，香港对于内地的特殊优势应当是内地在相当长的时间内很难复制或替代的优势，这种优势与香港本土因素、经济功能紧密相连，而非与单一的经济体量相关。这可以称之为香港的核心优势。也就是说，内地目前还不具备香港特殊优势形成的本土条件，即制度性基础设施和软实力。如果单从 GDP 和经济体量比较，香港相对于内地的一些城市，或仅是珠三角地区的广州、深圳，未来不会再占有优势。香港的经济体量虽然开始不占优势，但是其主要经济活动涉及的是全球经济版图。无论是国际贸易、国际资本投资、国际金融的占有量，还是商品、金融、服务、人员和资本的全球流动占香港 GDP 之比，均是内地城市不可与之相比的。由此可见，香港目前对内地的经济优势，主要集中于高端专业服务业、资本运作中心、金融中心，这是香港全球城市的主要特征。

3. 香港特殊优势与港人感受之反差

与国际社会对香港经济优势的正面肯定、中央政府对香港的特殊优势高度认同相反，目前不少港人对于此问题的看法，却与前面的认知存在着一定的差距。不少港人从自身的感受上，开始质疑香港优势的存在；更有人对香港未来的经济发展开始失去信心。这种认知上反差的产生，不仅与近年来香港经济总量与内地经济差距的缩小有关，更来自香港现在经济优势的特殊性或全球城市的特点。

首先，自 2000 年之后，香港与内地城市之间的经济体量对比就开始逆转。1980 年香港经济为当时珠三角地区的 11.7 倍，1990 年为 5.8 倍，2000 年则为 1.5 倍，至 2010 年则仅为珠三角地区的 46%。2003 年广东省经济总量超过香港，2015 年广州的经济总量首次超越香港，而 2016 年预计深圳也会进入这个行列。香港经济体量对内地城市占绝对优势的地位，在短短 20 年之后被反超，其逆转过程之快，是内地与香港都无法预计的。2000 年之后，香港经济增长速度明显放缓。从美国布鲁金斯研究所测量的亚太 100 个城市的经济增长排位看，香港排在第 78 位，不仅远远落后于内

---

① 香港特区政府统计处. 香港服务贸易统计（2014 年版）［R］. 香港：香港特区政府统计处，2016.

地城市，还在新加坡、韩国和所有的美国西海岸城市之后，更与"失落了20年"的日本城市处于同一排位。这种状况不能不使港人在提及香港优势时产生失落之感。

其次，目前香港特殊经济优势所体现的主导产业，是高端专业服务业与金融中心。这些活动属于企业、公司之间的中间投入和消费，称之为生产者服务，预示着香港已经进入了全球城市的阶段。而全球城市主导产业的需求和发展，与全球市场相联系，而非本地的基本经济需求。这个特征与香港以制造业、生产性服务业为主导的时期，具有很大差别。这两个时期的城市发展，与本地制造业或离岸制造业服务的大量生产、大量消费特征相联系，必然促进本地大量中产阶级的出现，以及本土居民消费的持续提升。可以说，这是香港本土消费市场扩张和居民财富积累的黄金发展时期。

而全球城市的发展与本土基本经济需求的隔断性，必然导致全球城市的新产业增长不是建立在本地最终消费的增长上，而是面向国际市场的服务出口，即公司和企业的中间消费上。由此，全球城市的关键市场，不是消费品市场，而是全球的资本和服务市场。也就是说，新增长的动力并不趋于扩展本土的中产阶级和消费。而主导产业的高附加值与高薪收入，与本地消费部门的低报酬工作岗位的增加，就是全球城市两极分化的产物。①

国际社会对香港经济优势的肯定、国家对香港特殊优势的认同，其实均集中于香港的全球化先进生产性服务业、资本运作的市场与金融中心等方面。也就是说，目前香港的优势，集中于国际市场的资本、资金、信息等方面的配置功能，即使是国际贸易与国际航运，也因近年的非实体化发展，而集中于商界、企业之间的离岸交易，而非香港本地的实体经济发展。

香港近十年的全球城市发展的事实，证实了上述判断。香港的全球先进服务业与金融市场的高级人才，来自全球流动。这些人才作为香港的高收入部分，与香港本土消费产业和部门的收入差别逐步拉大；同时也导致了就业机会主要集中于低收入的部分。由于缺乏本土其他新产业的出现，就业需求大量集中在低附加值的零售、酒店餐饮部门，以及各行业中的低下层职位部分。以香港的就业空缺率看，近十年来，酒店餐饮、零售业的空缺率最高，其中酒店餐饮的空缺几乎是香港整体空缺的 2 倍；而所有行业的空缺基本都集中于行业职位结构中的中低层。这种状况说明，香港虽

---

① 丝奇雅·沙森. 全球城市：纽约 伦敦 东京 [M]. 周振华，译. 上海：上海社会科学院出版社，2005.

然保持着充分就业，但仍存在着人力的短缺。而且绝大部分的就业需求是在低附加值的行业或职位，故而对香港整体收入水平的向上提升，起着压抑的作用。

香港整体社会阶层向上流动的固化和中产阶层不升反降，更加深了港人对香港经济发展的迷惑感受。我们仅以香港主要行业的人均增加值水平、香港十多年的年均实际薪金升降作为例子，就可以看到这个趋向。

表2   2014年香港主要行业的人均增加值

（单位：元/人）

行业	人均增加值	行业	人均增加值
银行	2 286 800	贸易及批发	855 496
电信	1 948 338	陆路运输	810 840
金融市场及资产管理	1 512 132	专业及科技服务	549 361
保险	1 304 397	水上运输	500 924
航空	1 071 431	零售	275 300
地产	883 505	餐饮	209 868

资料来源：根据香港政府统计处《服务业统计摘要》（2016年）计算。

表3   2016年第一季度香港就业人士年均实际薪金指数

行业	指数	行业	指数
金融与保险	193.0	咨询及通信	107.4
零售	132.2	住宿与膳食	106.3
进出口贸易及批发	117.4	运输	104.6
地产	116.3	专业及商业服务	103.0
制造	111.1	社会及个人服务	94.9

注：1999年第一季度=100。

资料来源：香港政府统计处《工资及薪金总额按季统计报告》（2016年第一季度）。

在金融行业与其他行业的人均增加值存在极大差距的情况下，从1999年至2016年的17年，金融业实际年薪的增长却是最低增长行业的十多倍。而除零售业因近年"自由行"的影响有一定增长外，香港大多行业的实际薪金水平，可以说基本处于停滞状态。也就是说，香港近十年来全球城市的发展，其经济红利并没有为港人所分享。尤其是作为最高端的专业服务和金融业，也即收入最高的人员部分，基本是全球流动的高端人才，而非港人。这种状况无疑加深了港人对自身处于不利地位的感受。

世界上最为先进的全球城市，例如纽约、伦敦、东京等，其经济优势与本地基本经济需求的脱节，造成的阶层固化、收入两极分化的结果，并不会导致本地居民的强烈反弹。因为这些城市都是一国之内的经济中心，其反弹的压力可以通过与周边地区的人员、工作岗位的流动而化解。即便如此，这些全球城市也会通过政策的激励，鼓励经济的多元发展，活跃本土的创新与创业，在汇聚和配置全球战略性资源，发挥全球网络重要节点功能的同时，发展出与本土经济相联系的经济活动。例如纽约不仅是全球金融创新产品的前线，资本和利润分配的中心，也是美国时尚产品设计、流行文化、科技研发（例如全球桌面型 3D 印刷的领导者 Maker Bot 就在2009 年成立于纽约）的汇聚之地。这充分体现了作为一个主要服务于国际市场的全球城市，其内部与本土经济需求相联系的经济活力和新产业创造力。

对比之下，香港因"一国两制"而存在的与周边地区的边界限制，造成了香港因全球城市发展而产生的经济隔断性，客观上失去了通过人力资源进行的地域解套和化解之能力，阶层固化和收入分化只能凝固在香港内部；更因香港经济的潜在劣势，内部市场的全面经济垄断，压抑了新需求与新产业产生的活力与动力，经济结构更向单一化发展。由此可见，目前是香港向全球城市转型的重大时期，在香港经济优势不断转向全球城市之时，全球城市与生俱来的经济隔断性，与香港的潜在劣势凸显，形成一种"叠加效应"，更为香港经济的发展蒙上阴影。为此，要了解香港优势的发展走向，我们必须同时关注香港的潜在劣势。

三、香港经济潜在劣势的表现

香港经济的潜在劣势并非今天形成，而是一直伴随着香港经济的发展，与其优势如影随形。香港的优势与劣势产生于同一根源，即香港经济发展的独特性，所谓的"成也萧何，败也萧何"正是这个道理。正如效益成本分析是经济学的基本框架一样，香港经济发展的独特性产生的优势与劣势，形成了香港经济发展的效益与成本，关键是哪个因素占据上风。在此，人们的主观努力对优劣势的逆转产生着巨大作用。

事实上，正是香港经济发展的独特性，造就了香港经济中的二元表现：对外市场的竞争力与内部市场的垄断性，对外经济要素、资源的高度流动与内部阶层的凝固性，对外经济的高收益与内部经济的低效率及缺乏活力和创造力，亲资本的政商关系与政府号称的"不干预"等。

这些独特性在社会层面也表现为高度的财富积累于资本与全民的低福利共存，政治上强调"两制"与经济上强调"一国"。上述反差造成的极大的二元矛盾现象，就是今天香港经济社会的真实写照。

实际上，对于香港经济的潜在劣势和缺陷，回归后，在尊重"港人治港"、高度自治的原则之下，中央政府已经多次提示香港，要关注"香港的深层次矛盾"。习近平主席更在近年对香港问题的讲话中，提出中央政府对香港经济发展的关注，重点是香港人民的福祉。但是，在香港经济发展的固有独特性之下，这类问题基本是无解的。

香港的自由放任资本主义或新自由主义，使香港政府对资本的无限扩张完全无法控制，政府对社会与民众的公共供给被限制在最低程度。在香港经济的长期发展方面，政府导向的职能完全"缺位"。这个源自港英政府在"借来的时间和借来的空间"形成的经济治理思维，从自由放任到积极的不干预、小政府大社会等，加上在自由市场上政府实施亲商、亲资本的重商主义，严重偏袒资本和商界，造成以下的经济劣势：

第一，作为自由港，香港一直实施简单税制，税率低且不对资本征税。这个体制虽然有利于外商的进入，但是，不受限制的资本在香港内部市场的扩张，造成了香港本土市场的垄断性，垄断企业对香港经济拥有强大的影响力量。银行业、地产业、电力业和港口、机场，包括其他不需要面对海外直接竞争的行业，在港英时代就出现过由英资财团垄断的现象。20世纪80年代中期，随着英资因1997年回归而逐步退出香港，华资财团开始逐步填补空白并最终取得垄断地位。港英政府和回归后的特区政府放任地产财团垄断，造成世界罕见的房地产业独大现象，形成了香港十分畸形的经济结构。至今为止，垄断财团以地产独占吸聚了香港经济增长收益绝大比重的情况，由于没有得到任何遏制，最终走到了今天被港人称为"地产霸权"的香港市场状态。

全面的市场垄断在香港造成了两个方面的结果：

首先，市场垄断本身扼杀经济活力，对新产业、新技术的进入具有极其强大的压制力量。在经济收益集中流向垄断利益集团的同时，直接导致经济体内部无法创造新的增长动力，形成新的经济结构。这就是香港近年来经济增长走低，内部创新缺乏，市场结构因无法进入新产业、新企业而僵化的主要原因。事实上，近20多年来，香港市场上一直没有新企业冒头，更遑论新兴产业的发展，故而香港的经济结构单一化不可避免。

全面的市场垄断更影响到香港最具竞争力的金融市场，利益格局的固化使得金融规管的制度条例也固化，为许多金融从业者所诟病；此外也阻碍了新经济企业在香港上市。在阿里巴巴无法在香港上市从而转向美国股市之际，马云就极其尖锐地指出，香港股市是地产垄断、只适应传统企业的市场。由此可以理解，为什么这个全球第三大金融中心，在中国经济不断崛起、亚投行、丝路资金、互联网金融等大量金融创新不断产生之时，却没有任何金融创新产品产生。

其次，资本全面垄断市场，使得香港经济增长的成果向垄断资本集中，而并非社会民众得以分享。港英政府在香港工业化时期就采取自由放任、无视资本对劳工盘剥的做法。在当时劳工主要为移民的情况下，香港的工业化以牺牲劳工为代价取得快速发展。香港政府本身很少提供公共供给的这一做法，虽然在劳工组织的压力之下有所收敛，但是并没有根本性的改变，且延续至 1997 年以后。地产霸权产生且赢者通吃，把经济增长的绝大部分收入囊中。在这种情况下，香港的大部分学者精英，仍然认为最小的政府公共供给是香港竞争力之所在，因为高福利的结果一定损害经济竞争力。这种说法完全无视世界经济论坛在十多年的竞争力评估中，把实行社会民主主义和高福利而非新自由主义的北欧国家的竞争力排名一直列于香港之前的事实，而把经济增长的主要推动力——人力资源的再生产成本外在化，全部由劳动者个人承担，充分暴露了在所谓的自由市场下，放任资本无限制盘剥劳动者的本性。

资本主义体制的经济分配取决于资本的结构，而在对资本毫无限制且处于垄断的情况下，一切经济增长所得之利，大部分属于资本，而非劳资均沾。资本不平等是极端的不平等①，这一点从近年"自由行"政策促进的香港经济增长的利益分配中就能看出。"自由行"本身是促进香港经济增长的政策，而非调节香港经济分配的机制。经济分配极不平等的机制内含于香港的资本结构之中，这就是香港长期自由放任造成的资本垄断结果。这个结果使香港经济成长的代价由人民承担。由此，习近平主席提出香港经济发展的宗旨，必须是人民的福祉，其内涵值得香港民众深思。

第二，在长期缺乏政府的鼓励技术创新、创业的政策环境和重商主义的氛围下，香港的商业活动短期化成为其十分突出的特征。资本投资力求"短平快"，商业模式和企业经营被锁定在短期回报或廉价成本的基础上。

---

① 托马斯·皮凯蒂.21 世纪资本论［M］.巴曙松，等译.北京：中信出版社，2014.

由此，香港商界的主导潮流，是有资本能力的大财团，选择中短线回报最好的房地产、旅游业等，而其他的资本则游走于香港之境外，具有十分明显的"逐水草而生"的游牧特点。这个特点是制造业最终在香港被连根拔起的原因，也是至今为止，香港的商界中仍然缺乏企业家精神，且经济活动主要围绕"商"，而非创新与创造的原因。也就是说，香港虽然拥有大量的商人，却独独缺乏有创造性的企业家群体。港英政府以及1997年回归以后的特区政府，所倚赖的香港精英，就是这样的商人群体。

政府信奉的自由市场，与商界的重商主义相结合，使得整个香港社会逐商而动，并被认为是一个经济城市的应有之义。香港商界对外部世界的所有经济变化，均以有无"商机"来判断，政府也以此加以配合。而发展高科技、创新与创造的经济活动，则一直被社会与商界精英视为不具经济合理性，没有市场（投资者或本地大财团）前景的选择。由此，香港在需要转型发展高科技的年代，并没有通过政府的引导和商界的努力，向着新经济转型。香港今天的人均GDP已经达到5万美元以上的水平，但是R&D占GDP的比例则是全球地板级的0.7%（2015年水平），属于全球最低水平。由此就可以体会到，为什么中央政府一直在提醒香港存在的"深层次矛盾"。

自2000年以后，香港在珠三角地区的制造业已经被视为低技术产业。随之而来的内地科技与高技术产业在全球崛起，香港因缺乏科技发展而失去了经济向上的动力，对中国产业的影响全面沦落，其经济优势向金融和资本营运方面收敛，经济发展动力日益单一化。这本身就是香港劣势造成的结果。

第三，自20世纪80年代香港制造业转移内地、1997年香港回归之后，香港经济发展主要依赖于内地的经济因素。但是，香港经济发展中一直存在独特的亲资本、亲商的政商关系，以及政府偏袒商界的倾向，导致经济成长的利益主要向商界倾斜。1997年以后被延续的、香港商界过去与港英政府相联系的弊病并没有去除，并把这种做法用于向中央政府游说，以此获取经济的利益。

在香港经济发展动力日渐狭小的情况下，香港商界并没有从内部开发与创新经济增长的因素和动力，经济困境的解套、各种商机的获取都依赖于向内地伸手，要求内地的支持，并以"做生意"的心态来获取好处，这种做法本身是香港的积弊。"北京为了保证香港顺利回归而采取的一些政治上优容、经济上扶植的政策，也使香港部分精英人士形成了'会哭的孩子有奶吃'的印象，甚至在行为上形成了动辄以香港的繁荣稳定为要挟向北京予取予求的习惯模式。"① 这种行为逐渐淹没了香港本身具有的国际化优势，而使得香港更为中国化、内地化，且整体经济并没有得以有效提升。

就从 2003 年香港商界要求中央政府给予内地居民赴香港的"自由行"政策来看，虽然当时起到了立竿见影的经济增长效果。但是，香港没有以此作为经济转型提升的机会，反而越来越依靠"自由行"作为唯一增长的动力，最终把香港变成了中国的"大卖场"。其实质是把香港对中国的意义和价值，回复到最原始的自由港套利机制上。实事求是地说，中国需要香港，是香港区别于内地的独特经济因素，是香港的国际化，而非香港的中国化。一旦香港与内地没有差异，则香港对于中国就没有了经济价值和意义。

第四，目前香港经济的发展进入一个优势与劣势并显的阶段。与 20 世纪 80 年代至 21 世纪初不同，当时的香港优势是主导，劣势并没有凸显。而当香港的经济增长动力逐步收敛至全球城市的金融中心、全球先进的服务业功能之时，香港经济增长缺乏更多元的增长动力，就成为一个突出的矛盾。

香港全球城市的发展因缺乏科技研发因素而造成的跛脚，全球城市在拉大收入差距时更因市场垄断的"叠加效应"而加大民众对社会阶层固化、经济分配不公的强烈反弹；香港经济的国际化日益消减，对内地的偏袒性政策依赖加深，也致使内地民众不满情绪的高涨。由此，香港今天已经真正走到应深刻反思其"深层次矛盾"，以及如何造福香港人民经济福祉的阶段。

背负着经济劣势的香港，是无法适应当前全球经济大变局的颠覆性变化的。尤其是在第四次产业革命的冲击之下，全球资本主义体系面临着500 年的第一次大颠覆，即增长由以欧美为主的资本主义核心地区之外的力量所驱动。全球经济的重心向亚洲新兴经济体转移。这使得未来全球经济的发展，不再仅是与资本主义的文化、制度以及全球经济秩序相结合，更多的是与不同于资本主义的文化和社会制度结合起来。香港经济优势一直与资本主义的体系相联系，尤其是自由放任的新自由主义体系，这种独特性在应对未来变化时，如果仍然不做任何改变，则优势丧失只是时间早晚而已。

（本文为 2016 年全国港澳研究会项目节选）

---

① 阎小骏. 香港治与乱——2047 的政治想象［M］. 香港：三联书店（香港）有限公司，2016：27.

澳门的经济发展与周边地区因素

一、经济发展的主动因——周边地区因素

地理区位对一个地区具有重大的战略性经济效益，澳门的经济发展史就证明了这一点。迄今为止，澳门经济的每一次潮起潮落，均受到其所处的地理区位中周边地区的变化与影响。事实上，澳门虽然很早就是国际自由港，但是，其经济版图始终在国际资本的视野之外，对其经济发展起重要作用的，一直是澳门的周边地区——内地与香港。

（1）澳门经济的发展一直是由外生变量推进的，尤其是周边地区因素，既是澳门经济发展的主要动力，也是其经济衰退的主要原因。也就是说，澳门经济成长的动力主要依赖于外来资本与外来因素，其并没有在经济体系内部孕育和发生自我增长的因素与自我强化的机制，因此，澳门也就无法依赖本土内生的变量与因素生长出新兴的产业。

（2）澳门经济是在区域经济中与周边地区形成分工与合作来求得发展的。澳门从 20 世纪 90 年代起，其区域中的分工与经济角色一直含糊不清，尤其是与周边地区的关系，没能形成有成效的协作，这是澳门经济衰退的重要原因。

如果上述的结论是客观的，那么，造成澳门 20 世纪 90 年代经济衰退的根本原因，是澳门经济体系的竞争优势不断弱化，使其丧失了参与周边区域分工与吸引周边地区资本的能力。

二、地区优势与周边地区因素

本来，作为一个微型的经济体系，因本土经济发展的空间有限，利用自己的地区优势，参与周边区域的合作与分工取得经济的成长是符合理性的。放眼全球，通过开放经济，积极参与区域间的分工合作，成功地在激烈的经济竞争中取得不可替代的专业化地位的微型经济的典型俯拾皆是。正如迈克尔·波特在他的《国家竞争优势》中指出的：比起拥有庞大市场

的国家，小国的补强之道是完全开放市场和采取全球化策略。他更指出，小国根据本身需求所努力发展经营的产业环节，即使只算是大国的次要市场，照样可以为小国带来产业上的竞争力。由此可见，在当今经济全球化的浪潮中，通过开放市场，努力让经济体系参与区域的分工合作，在分工中形成专业化的经济（这种专业化既可以是产业，也可以是产业的环节或链条），往往是微型经济体系的成功之道。国际分工对微型经济体具有极其重要的意义。

一个地区与周边地区形成区域性的分工合作，参与国际分工，其关键在于本地区的竞争优势。也就是说，一个地区参与国际或区域分工的程度取决于地区经济体系的优势。在不少关于澳门经济的论述中，有一种观点认为，澳门现存的优势可以归纳为自由港政策，如与欧盟国家的经济联系，处于内地与香港、台湾地区的枢纽地带等，由此可以得出，澳门是具有竞争优势的。对于上述论点，笔者认为是一种混淆了两种不同概念而走入的认识误区。

关于地区优势或竞争优势，笔者从已经积累的有关理论与著述中简要归纳出下面五点：

（1）它是由本地区与其他地区的差异性而构成，这种差异越突出，地区优势则越凸显。正如波特所指出：形成一国竞争优势的是一国与他国的差别。

（2）它是在竞争过程中现实显示的优势，而不是潜在的各种条件。

（3）竞争优势是由许多不同的因素组合而成，它的主体与最终体现在产业，一个地区的优势是由本地区具有国际竞争力的产业来体现的。

（4）优势是动态的，不是静态的。过去的优势随着经济的发展会成为劣势，今天的劣势产业因各种条件的配合会成为明天的优势产业。我们只要回顾 20 世纪 80—90 年代日美经济优势的互转，就不难明白这一点。

（5）优势是可以发展、创造的。在经济的初级发展阶段，优势主要依赖于天然资源与初级生产要素，当经济发展走向更高阶段之时，形成优势的条件就离不开人的创造因素，这就是各个地区不断从初级竞争优势走向高级竞争优势的原因。不断地转换不利因素，创造竞争优势，造成人比形势强的局面，日本和中国台湾、香港的战后经济成功之道正说明了这一点。一个地区的持续成功离不开持之以恒地脱离初级优势，创造新的更高优势的努力，仅从这一点来看，具有内在创造机制的经济体系要优胜于现实已经具有优势的经济体系，因为这种创造机制与能力正是优势生生不息、发展永续的源泉。

运用上述的分析,首先,我们可以明白,不少文章中所提出的澳门的种种优势,实际上是把静态的优势条件与现实的竞争优势这两个概念混为一谈。静态的优势条件如果没有各种因素之配合,是无法成为现实的竞争优势的。例如深圳的地理位置从来没有发生过位移,但是其毗邻香港的区位优势,只是在改革开放政策实施之后才得以显示。同理,一个自由港如果没有港口以及完善的基础设施的配合,就不会有自由港的优势;而一个所谓的国际城市,如果没有国际资本的大量进入,更遑论国际化的优势。由此,我们就会清楚,澳门与欧盟、拉丁语系国家有长期的经济、文化联系,然而为何大量的欧洲资本只进入与澳门毗邻的香港,却不进入澳门?事实上,澳门现有的自由港、区位、国际网络联系等,由于缺乏应有条件与机制的配合,还不能构成现实的竞争优势。把上述的优势条件当作优势,是一种认识上的误区,依照这种认识,它无法解释一个有着众多优势的地区,为什么与现实的表现会如此不一致。

其次,一个地区的竞争优势,主要是该地区的特定产业的竞争力。事实上,即使是一个大国,由于资源的有限性,也不可能在每个产业上都具有竞争力。一个地区只有将有限的资源集中于最具竞争优势的产业上,从而参与国际分工,才能使资源利用获取最大效益。地区的竞争优势正是通过不同地区的产业差别来体现的,而产业类别、产业水平的地区差别又是形成地区的垂直与水平分工的基础。各个地区的差别越是明显,优势就越凸显,其地区的分工整合所取得的经济效益就越大。微型的经济体系要参与国际分工才能生存,这一点更为重要。也就是说,经济体积越小,资源的产业分布越要集中,越需要专业化并与其他地区形成差别。香港形成地区优势的过程就证明了这一道理。在近二十年的经济结构急剧转型的过程中,制造加工业的大量迁移,使得本地的资源在激烈的市场竞争中向服务业积聚。业务与企业群集服务业,使这个产业得到了极大的规模经济;由贸易与转口贸易为中心引致的航运业、金融业、通信业以及其他服务业的横向的产业聚集,使服务业不断得以自我强化。因此,今天香港的竞争优势,就是国际服务中心的优势。这一优势正好与周边的内地与东亚地区的产业发展相整合,凸显其特殊性。在澳门现存的产业版图中,我们既没有发现大量企业群集某一产业使之产生规模经济,也没有看到以特定产业为核心的产业的纵向或横向聚集以达到自我强化,相反,澳门现在的四大产业——博彩旅游业、房地产业、制造业与金融业之间的产业关联度十分低,使每一个产业都难以形成竞争力。也正是因为如此,澳门不可能凸显与周边地区的差别,从而也就无法突出自己的地区优势。而目前唯一与周边地区形成差别的博彩业，又因不少周边地区的禁赌，以及本产业内部的垄断经营、黑社会的插手等问题正面临重大挑战。

最后，也是最重要的，形成地区优势的关键要素是创造与创新，它依赖于经济体系内部的自主与自我强化的能力，这种能力由企业策略、政府政策与制度性因素三者配合而成。在三者中，企业是竞争力的原点，创新来自也实现于企业，尤其是技术性的创新。但是，我们也不能否认其他两者的因素。无所作为的政府政策、悖势的制度安排会使创新窒息，谋杀经济的活力，反之亦然。澳门在过去数十年的经济起飞，主要依赖的是澳门低廉的劳动力优势，它吸引了大量的香港资本投资于澳门的出口加工业，企业群集从而达到了相当的规模经济，带动了澳门多年的经济增长。然而，劳动力因素是生产要素中的初级生产要素，这种生产要素广布全球，因此，依赖这种初级生产要素而建立的竞争优势，维持的时间极短，十分易于被他人所取代。生产要素越是难以替代，越是高级，建立于此的竞争优势的维持就越长久。因此，一个地区要维持经济的繁荣永续，就必须致力于生产要素的提升与高级化。天然的自然资源优势不能抵挡后天创造的优势，其道理也就在于此。随着经济发展阶段的提高，竞争优势也必须不断发展，而更高层次的竞争优势的形成，关键在于经济体系内部的创造与创新。澳门的经济发展目前处于"初级要素带动"的阶段。它长期以来不能摆脱"初级要素带动"的局面，是其经济长期困扰的成因，而造成这种情况是因为澳门经济体系缺乏内部自主增长与创新的动力。澳门的企业策略、政策与制度因素从来没有在内部形成一股合力去推进经济的发展，也就无法通过创造与创新去提升竞争优势，这是澳门经济的致命伤。在这种状况下，澳门只能依靠初级生产要素的优势，被动地去适应周边地区的分工。由初级生产要素形成的竞争优势一旦失去，对周边地区的吸引力就会丧失，外来的投资就会流出，失去了周边地区因素的推动，发展自然也会停滞。缺乏本土内部的创造与创新能力，缺乏活力，既是澳门失去竞争优势的关键，也是澳门陷于经济困境的根本原因。

三、重建地区优势：关键在于"澳人治澳"

澳门的经济困扰呼唤着重振澳门的经济竞争力，呼唤着澳门经济优势的重建。而重建澳门的优势，就必须从根本上摆脱"随波逐流"的经济增长方式，孕育与培育澳门经济体系内部的自主增长能力，以及创造和创新的机制，从而开辟澳门经济增长的活力与竞争永续的源泉。这才是澳门经济的治本强身之药。

从这一点来看，澳门的回归，正是澳门经济从此走向新生的一个可遇不可求的重大机遇。在这个历史性的时刻，澳门的民众与即将运作的特区政府，应该清楚地认识到，在"一国两制"的条件下，澳门的未来命运与经济前景系于"澳人治澳"。只有澳门人民，才是自己未来的主人。澳门的昨天，由于澳门人民的勤劳与才智，依靠周边地区带来的机遇，已经从贫穷走向了富裕。澳门的明天，当家做主的澳门人民必定能够摆脱各种桎梏，以积极主动的热情和无比的创造力不断创造新的竞争优势，主动参与周边地区的国际分工，与周边地区共同描绘更美好的未来蓝图。

（本文原载于《管理世界》1999 年第 5 期）

澳门区域一体化发展战略的思考

澳门最擅长的领域是博彩旅游业，而运输仓储及通信业是正在勃发的具有区位优势与竞争力的新兴产业。澳门作为一个微型经济体，在区域一体化的发展过程中，澳门的经济资源以及区域内的经济资源流向这些领域，从而形成新的经济版图，是澳门经济必然的发展趋向。

一、强化最擅长的领域

博彩旅游业是澳门最擅长的领域，也是澳门经济中最具植根性、历史经营的积累性和世界性声誉的产业。这个产业集聚了澳门大量的资源，在澳门的经济结构中占有十分突出的地位。随着美国两个世界博彩业顶级财团的进入经营，资源的集聚与素质的提升将进一步加强。

在专业化的规模上实现范围经济，是澳门博彩旅游业的补强之道。旅游业是一个综合性产业，产品的品种范围十分广阔。在以"赌"为主的同时，逐步发展各种在澳门有发展前景的会展、主题公园、文化体育、娱乐休闲等产业，是澳门博彩旅游业扩大其规模、效益递增的途径，也是提升产业的竞争优势，提高其应对国际经济波动承受力的稳定器。

通过区域性合作，延伸澳门的优势，是扩张博彩旅游业规模递增效益潜力的一个重要举措。借助测量地区旅游吸引力的引力模型，可以判断目前澳门旅游业在大珠三角的相对吸引力。在此我们引用香港 2022 基金会的一个研究模型进行分析（见下表）。

2000 年大珠三角各城市旅游业的相对吸引力表

城市	人口（百万）	GDP（10 亿美元）	旅游娱乐设施评价	港口（个）	机场（个）	高尔夫球场（个）
澳门	0.5	6	＊＊＊		1	2
珠海	1.2	4	＊	1	1	2
中山	2.4	4	＊			1

（续上表）

城市	人口（百万）	GDP（10 亿美元）	旅游娱乐设施评价	港口（个）	机场（个）	高尔夫球场（个）
江门	4	7				1
佛山	5.3	12	*			2
广州	9.9	30	*	1	1	7
东莞	6.4	6				2
深圳	7	21	* * *	2	1	6
香港	6.8	163	* * *	1	1	1

资料来源：香港 2022 基金会：《连接珠三角——珠江三角洲的桥梁》，2003 年版。

从表中可见，澳门与周边的珠江西岸地区相比，其吸引力指标无论在旅游娱乐设施、内外交通条件还是在人均生产方面，均占有相对的优势。但与隔海相对的香港相比，澳门虽然旅游娱乐设施指标与香港基本相等，但是其对外交通条件和人均生产所得均不能与之相比。预计港珠澳大桥建成之后，会大大改善澳门的对外交通环境，同时提升香港与澳门的旅游吸引力。并且，从维持与提升澳门的相对吸引力出发，澳门与珠海目前正在商讨共同进行横琴岛开发，这会增加这个地区的旅游设施，从而提高这个地区的相对吸引力，延伸澳门的旅游优势。一旦港珠澳大桥建成，珠江出海口的四个城市——港、澳、深、珠将连成一片，成为大珠三角区域中的GDP 总量、人口与旅游娱乐设施、交通设施的密集区，相对吸引力势必大大提高。因此，澳门强化旅游产业的强势的区域策略应当是加快开发横琴岛，以及与对岸的港深旅游产业的连接。

二、抢占新兴的竞争性产业发展先机

数据显示，澳门的运输仓储产业是澳门近年来发展速度最快的产业，其基础条件首先是立足于澳门国际机场的建成与发展。澳门国际机场是珠江口西岸，也是粤西南地区唯一的国际机场，这个区域地位提供了产业发展的因素。澳门历史与传统上特殊的市场与联系，例如与拉丁语国家和台湾地区的关系，以及澳门逐步迈向国际性旅游中心形成的巨大需求，也成为这个产业发展的植根性原因。以发展的眼光看，国际机场是一个国际性旅游中心不可或缺的要件。旅游业一般是由旅游资源、住宿与饮食服务、交通和国际机场构成，因此以澳门国际机场为中心的运输业的发展，就是博彩旅游业发展的基本条件。上述的条件形成了澳门发展运输仓储业的产业优势的基础。

以国际机场为中心,形成地区性的物流网络系统,是进一步推进产业集聚度,获取产业规模递增效益的一个区域性策略。以澳门机场在珠江口与粤西南的地位,发展面向这一地区的国际性航空物流,是建立澳门运输仓储业的区域性竞争体系的首选方案。一旦抢占先机,确立了这个产业在区域中的竞争体系,其他地区要花相当高的成本才能与之竞争。

金融保险服务产业是珠江口西岸与粤西南地区的产业缺口,澳门的金融保险业具有很大的增值与利润空间,这种状况在正常的市场竞争中会产生产业集聚的现象,从而在集聚中形成产业的竞争力。但是,澳门的资本、专业知识及人才条件极大地限制了这个产业的集聚与成长。从长远的发展来看,澳门政府可以采取一定的政策,鼓励对岸有优势的香港金融业进入澳门,打破本土市场发展条件的局限,逐步建立珠江口西岸及粤西南的地区性金融次中心。

澳门在区域中发展新兴优势产业的关键在于抢占先机。在大珠三角区域中,澳门除博彩旅游业外,其他产业的发展均不具有很强的区域优势。因此,抢占发展的先机对建立产业的区位优势十分重要。

三、制造业的发展与跨境工业区

在大珠三角区域一体化的条件下,CEPA 的主要作用在于重新配置资源与分工,在于专业化的发展。因此,地区的制造优势的状况决定了地区制造业的发展前景。从这个角度看,澳门即使能够发展起一个全新的制造产业,也不可能在经济结构中占有很大的比重与规模,也不可能是一个完整的制造产业,极有可能出现的形态是澳门设计、开发,珠三角产业化生产的布局。这是由澳门与珠三角之间的区位优势,尤其是珠三角的制造优势决定的。以珠三角制造为中心的广东制造业,无论是资源性部分,还是低、中、高技术部分,在全国均占有绝对的优势,这是澳门不能与之相比的。在大珠三角区域中,珠三角这个具有强大制造业优势的地区,港澳都不是能够与之竞争的对手。

目前,澳门与珠海双方共同推进的珠澳跨境工业区已经于 2003 年 12 月奠基,2004 年在澳门首次召开了联合招商会。澳门特区政府对这个工业区的设计目标为:优化澳门产业结构,促进澳门工业多元化,带动经济整体发展。

澳门未来十到二十年的发展十分需要解决一个战略性的重大问题，就是寻找与形成一些具有巨大增值空间的产业功能和商业功能，补充或置换目前单一的旅游博彩功能。而从澳门的地理空间及在大珠三角中的地位看，澳门不可能在自己十分有限的空间中仅仅依托工业去取得可持续的发展，更不可能在区域中按照"中心地"的模式去吸纳和聚集广大腹地的资源。所以，只能借助于某些特殊产业来支撑澳门经济的成长，正如过去的博彩业。从澳门现在的情况来看，目前正是选择新产业，逐步改变产业结构向博彩业一极集中的时机。

澳门跨境工业区从地区的优势出发，不应当单纯以制造业为主体，而应当是建立制造业服务基地内容的"总部经济"，这对澳门经济具有十分重要的产业结构效应。可以说，总部经济正是澳门未来的城市发展中最具增值空间的产业功能和商业功能。

作为一种全新的区域合作模式，从其功能定位和发展规划来看，珠澳跨境工业区正是顺应全球化时代区域竞争的趋势和潮流、按工业化区位要求发展的区域合作或大都市圈模式。这种模式应当在澳门园区和珠海园区之间，按照产业的不同价值链条，以及两地之间的不同区位优势，形成园区间的功能分工。澳门园区应重点发展具有总部经济功能的新产品设计、研究与开发、营销和物流、展示等价值链条，而珠海园区则重点发展具有区位竞争优势的制造环节，从而实现整个跨境工业区的腾飞和高速发展，使澳门和珠海的产业结构逐步走向优质化。

澳门跨境工业区中两个园区间的功能分工，是跨国公司的全球资源战略实施的客观规律。从 20 世纪 90 年代起，跨国公司的全球生产体系基本形成，其主要的全球战略之一，就是向中国转移制造业。中国由于生产成本的优势，尤其是土地和劳动力要素成本较低，成了跨国公司全球生产体系中的主要制造基地。但是，跨国公司的全球战略，不仅考虑生产成本，也要考虑交易成本。交易成本是流通过程中形成的，一个社会的现代服务业越发达，其交易成本也就越低。交易成本包括两个主要部分，一是贸易成本，二是物流成本。内地低廉的土地和劳动力成本是吸引跨国制造的优势。然而，其交易、贸易和物流的成本却十分高昂。因此，跨国公司在进入内地利用其低廉的生产成本的同时，必须在其周边地区寻找一个服务业发达、交易成本低廉的区位，使生产成本和交易成本的优势相结合，达到最大的增值效果，否则，生产成本的优势就会被交易成本的劣势抵消。珠澳跨境工业区的珠海园区和澳门园区正是这种生产成本优势与交易成本优势的结合点。澳门园区所具有的国际自由港、低税制、资金和货物自由流动、资本与人员自由进出、企业市场准入低门槛等，都为降低交易成本提供了十分有利的制度性因素。这些交易成本的优势是珠海所不具备的，也恰恰是其弱项。因此，珠澳跨境工业区中以澳门园区作为发展总部经济的区域，实现价值链中的服务功能；以珠海园区作为制造基地，是这个跨境工业区的最佳功能分工与布局。

（本文原载于《广东经济》2004 年第 10 期）

澳门在泛珠三角区域经济
一体化中的定位与战略选择

一、泛珠三角崛起的客观必然性

2003 年可以说是中国区域化发展的标志性年份。CEPA 这个中国实质性的区域合作条约的签订，不仅推动了大珠三角区域一体化的发展，还成就了更大范围和规模的区域化浪潮，其直接的产物就是泛珠三角的崛起。对于泛珠三角的区域化，人们往往习惯于从理论方面去寻求其存在和发展的依据。然而，从区域化发展的实证经验看，任何区域一体化的兴起和成功，往往植根于地区社会与经济发展的内在因素，而非理论的诠释。因此，泛珠三角的崛起，其根本原因仍然要从中国经济的发展走势中去寻找。

1. 泛珠三角的产生是中国经济发展与产业转型的必然结果

经济空间结构的变化和一体化发展的根本原因是生产的空间重组以及产业的跨境渗透。进入 21 世纪，中国经济开始走向产业提升、增长方式转变和发展模式变化的新阶段。与中国的这个发展走势同步，大珠三角正在进入第二代的进口替代阶段，即重化工业的进口替代。与 21 世纪全球跨国公司进入中国打造重化工业的"世界工厂"的浪潮因缘际会，大珠三角将从过去的世界极的轻型产品加工（广东）出口（港澳）向重化工业迈进。这是这个区域全面工业化与现代化的必然选择。

但是，当包括广东、香港和澳门的大珠三角，尤其是广东地区进入重化化的产业发展时期之后，过去成长付出的代价已经全面浮现，其发展方式已经难以为继——广东处于转变经济增长方式的关口。改革开放 20 多年来，广东经济虽然保持了年均增长 13.4% 的高速度，但是这种高速增长主要是靠高投入拉动，是以拼资金、拼劳力、拼资源为代价换来的。除此之外，工业化带来的环境问题、地区间的非均衡发展等矛盾也日渐突出。

重化产业是一个十分强调规模经济的产业。持续的产出规模的扩大可以降低成本，减少消耗，以达到报酬递增。一般来说，规模经济有四个层次：企业、产业、城市和城市圈。由于中国是在发达国家完成了工业化之后才开始进入重化化阶段的，故而这个产业面临的主要不是国内竞争，而是国际竞争。因此，中国的重化化更需要规模经济，规模经济更需要在更大的空间范围内去展开和进行。所以，大珠三角重化工业发展的规模经济层次，应当是超越城市圈的更大区域。由此可见，大珠三角重化化的完成，不能仅在粤港澳三地单独进行。世界重化工业向中国转移、中国制造业向产业链上游发展，其广阔的市场空间是每个区域崛起的重大机遇。大珠三角的最新发展需要规模经济，需要市场，需要优化资源配置，需要整合经济腹地，更需要空间结构的战略。这个腹地和空间结构不仅将为大珠三角提供市场、资源与能源，以及产业转移的空间等，而且会通过市场的统一，避免各类资源的重复使用和浪费，以及重复建设的发生，达到优化和节约资源的效果。因此，从大珠三角到泛珠三角，从轻型产业到轻重并举，从单一外向到内外结合，是经济区域化发展的一个崭新阶段。泛珠三角区域的产业分工结构，不仅有利于实现更大的规模经济和达到效益递增，还会促进区域经济的协调发展、环境保护和资源与能源的有效利用，以实现经济成长方式的根本转变。因此，泛珠三角的产生是中国经济进入新阶段转变增长方式的必然结果。

2. 泛珠三角的产生是中国入世和市场化进程的必然步骤

2001 年中国加入世界贸易组织标志着中国市场化进程的加速。中国加入 WTO 的主要目的可以概括为"统一市场、统一规则"。建立完善的市场运行规则和市场秩序是中国入世以后市场化的主要任务。中国准备用 21 世纪初的十到十五年时间，最终完成市场经济体制的建立。众所周知，统一规则的前提是统一市场。在中国目前以行政区经济为主的体制下，全国的市场被分割为一个个地方市场，市场封锁、区域壁垒阻碍着全国统一大市场的形成。因此，中国加入 WTO 对全球开放市场，首先必须消灭地方市场分割的局面，对内开放成为对外开放的前提。然而，在中国目前的市场地区结构下，统一市场不是瞬间可以形成的。通过区域一体化的推进，逐步消除区域间的壁垒和封锁，构建统一的市场体系，是中国最终实现全国统一大市场的必然步骤。

从根本上说，区域一体化的实质就是统一市场。泛珠三角区域一体化的过程就是拆除九省之间的地方割据、市场分割，形成区域统一市场的制度性创新的过程。在构建统一的区域市场体系的过程中，不仅要在体制上彻底清除旧体制的地方主义残余，打破地区封锁，促进生产要素和商品的自由流动，促进资源的优化配置；还要使区域的经济形态从幼稚的市场经济走向完善的市场经济，最终推进市场化的发展。由此可见，泛珠三角的兴起又是中国经济进入新阶段的制度演化的主要组成部分。

二、澳门：泛珠三角区域中独特的经贸平台

澳门在目前的大珠三角和泛珠三角的崛起过程中，面临着开埠以来前所未有的历史性机遇。大珠三角的下一个增长高潮的聚合地，应该是位于珠江口西岸的地区，而澳门正是置身于这个地区之中。过去，大珠三角的增长核心是珠三角的东岸地区，经过二十多年的发展，这个地区已经成了成熟的经济区。其土地与资源利用已经到达了顶点，现在必须考虑产业与结构的升级换代问题。而西岸地区则是一个正在发育的新兴增长区，土地和资源较为丰富，具有极大的增长空间与潜力。随着港珠澳大桥的贯通，广州—佛山—江门—中山—珠海—澳门一线的西岸地区的发展将出现一个超越东岸经济成长速度的黄金成长期。

而跨越西岸和粤西南的整个大西南地区，是泛珠三角的重要区域，是连通中国与东盟地区的黄金通道，也将是中国与东盟"10＋1"的核心实施区。因此，"10＋1"的启动将会给这个地区带来无限的商机。

澳门是珠江西岸地区、粤西南与中国大西南地区唯一的国际自由港，也是粤西南地区唯一的具有国际机场的城市。澳门历史上与欧盟和葡语国家之间的独特关系及经济联系，是澳门在这个具有增长潜力的地区中的最大优势。中国与欧盟国家的科技交流的"尤里卡"会议定于澳门，中国—葡语国家经贸合作论坛也在澳门成立，这些都将澳门锁定在中国的对外经贸体系之中，更为凸显了澳门的特有优势。2004年世界顶级的美国博彩公司在澳门开业，又进一步增强了澳门国际旅游中心的实力。加上澳门特区政府多年来积极地推动企业参与泛珠三角地区的经济合作，并主动与粤西南形成了互动的经济关系，为澳门在泛珠三角的定位奠定了基础。因此可以预见，澳门将在泛珠三角中作为沟通粤西南、大西南地区与欧盟、葡语国家的中介与商贸服务平台，作为大珠三角地区的国际性旅游中心，同时，作为联结大西南与东盟国家的一个经济枢纽，发展前景不可低估。

澳门在泛珠三角中独特的经贸平台具体可以分为六个方面：旅游服务平台、资讯服务平台、专业服务平台、空运物流服务平台、离岸金融服务平台、内地企业拓展海外市场平台。

三、澳门区域一体化战略的选择

在大珠三角正在快速内部整合与泛珠三角正在发育成型的大势下，澳门在区域一体化的过程中如何深化合作，是澳门特区政府和澳门民众十分关注的一个问题。这个问题所涉及的绝不仅仅是与珠三角地区之间开展几个合作项目，关键在于区域一体化中的澳门的分工与专业化发展，也就是涉及澳门在区域一体化中的策略定位问题。开放市场，引进外资（同时带来技术与人才），鼓励竞争，让有竞争力的产业扩张发展，放弃不具竞争力的产业与市场，是澳门在区域一体化中形成自己新的特色产业的根本途径。

澳门最擅长的领域是博彩旅游业，而运输仓储及通信业是正在勃发的具有区位优势与竞争力的新兴产业。作为一个微型经济体，在区域一体化的发展过程中，澳门的经济资源以及区域内的经济资源流向这些领域，从而形成新的经济版图，是澳门经济必然的发展趋向。而选定适当的竞争策略，更有效地分配地区的经济资源，帮助产业建立竞争优势，特区政府责无旁贷。"政府必须努力经营像诱因、努力与竞争等可以提高生产力的关键要素，而非一般常听到的补贴、集体研发或短期保护政策等看似有效、实则降低生产力的做法。政府最适当的角色是，推动并挑战产业升级，而非提供使产业逃避进步的'协助'。"（波特，2001）

1. 强化最擅长的领域

博彩旅游业是澳门最擅长的领域，也是澳门经济中最具植根性、历史经营的积累和世界性声誉的产业。这个产业集聚了澳门大量的资源，在澳门的经济结构中占有十分突出的地位。随着美国两个世界博彩业顶级财团的进入经营，其资源的集聚与素质的提升将进一步加强。

从澳门博彩旅游业形成的区位优势的基础看，由于历史的沉淀，在澳门已经形成了这个产业的许多植根性因素，例如经营的经验、专业知识与专业人士、多种语言通行，以及行业中的管理惯例、交易习俗等，还有汇聚中国传统文化与南欧近现代文明的人文景观、饮食文化与民间风俗这些都成为澳门在大珠三角区域中形成其产业优势的基础。但是，澳门博彩旅游业的吸引力与最大优势是"赌"，这个优势是建立在澳门对"赌"的地域垄断之上的，而并非澳门内部发展形成、其他地区不能模仿的核心竞争力。因此，在"赌"的基础上，发展"赌"的特色，扩大"赌"的品种，提升"赌"的产品品质，可能是预防今后澳门的周边地区一旦开赌，打破澳门的地域垄断地位的情况出现，使澳门区位优势能够持续维持的重要竞争策略。这也是澳门在专业化基础上达到产业的"精"与"尖"的具体体现。为此，澳门特区政府的策略应当是鼓励博彩业的竞争，帮助博彩业吸收世界最新的发展资讯、科技手段，促进产业的升级和竞争力的提升。

在专业化的规模上实现范围经济，是澳门博彩旅游业的补强之道。旅游业是一个综合性产业，产品的品种范围十分广阔。在以"赌"为主的同时，逐步发展各种在澳门有发展前景的会展、主题公园、文化体育、娱乐休闲等产业，是澳门博彩旅游业实现其规模效益递增的途径，也是提升产业的竞争优势、提高其应对国际经济波动承受力的稳定器。

通过区域性合作，延伸澳门的优势，是扩张博彩旅游业规模递增效益潜力的一个重要举措。借助测量地区旅游吸引力的引力模型，可以判断目前澳门旅游业在大珠三角地区的相对吸引力。澳门与周边的珠江西岸地区相比，其吸引力指标无论在旅游娱乐设施、内外交通条件还是人均生产所得方面，均占有相对的优势。与隔海相望的香港相比，澳门虽然旅游娱乐设施指标与香港基本相等，但是其对外交通条件和人均生产所得却不能与之相比。预计在港珠澳大桥建成之后，澳门的对外交通环境会大大改善，同时香港与澳门的旅游吸引力也会得到提升。另外，从维持与提升澳门的相对吸引力出发，澳门与珠海目前正在商讨共同进行的横琴岛开发，会增加这个地区的旅游设施，从而提高这个地区的相对吸引力，延伸澳门的旅游优势。并且，一旦港珠澳大桥建成，珠江出海口的四个城市——港、澳、深、珠将连成一片，成为大珠三角区域中的 GDP 总量、人口与旅游娱乐设施、交通设施的密集区，相对吸引力势必大大提高。因此，澳门强化旅游产业的强势的区域策略应当是加快开发横琴岛，以及与对岸的港深旅游产业连接。

2. 抢占新兴的竞争性产业发展先机

澳门近年来兴起的具有区位优势和增值空间的产业，主要是以国际机场为主体的运输仓储业和通信产业，这两个产业也是为大珠三角区域提供服务的产业。从增值与利润空间来看，金融保险本来是最具有发展潜力的一个产业，但是，由于这个产业的客观进入障碍过高，如资本额、专业技术以及人才要求等，澳门的本地条件限制了其发展。数据显示，澳门的运输仓储产业是澳门近年来发展速度最快的产业，其基础条件首先是立足于澳门国际机场的建成与发展。澳门机场是珠江口西岸、粤西南地区唯一的国际机场，这个区域地位提供了产业发展的因素。以国际机场为中心，形成地区性的物流网络系统，是进一步推进产业集聚度，获取产业规模递增效益的一个区域性策略。以澳门机场在珠江口与粤西南的地位，发展面向这一地区的国际性航空物流，是建立澳门运输仓储业的区域性竞争体系的首选方案。一旦抢占先机，确立了这个产业在区域中的竞争体系，其他地区要花相当高的成本才能与之竞争。因此，澳门在这个产业上虽然面对珠海机场，以及港珠澳大桥建成后的香港机场的竞争，但在这个竞争中澳门占有时间上（珠海机场目前还是国内机场，香港机场面对面的竞争还有待大桥的建成）的优势。在长期的竞争中，往往是最早起步的地区，其产业的竞争优势发展的势头延续得越长。

澳门特区政府制定的区域发展战略中，提出了构筑"三个经贸平台"的思想。经贸平台作为地区的经贸与投资活动的中介，其基础应当是大量贸易公司、金融与投资顾问、咨询公司在本地的集聚，从而形成地区的产业聚集优势。可是在对澳门经济结构与产业进行区位分析时发现，现状并没有产生这些产业聚集的事实。事实反而是有关经贸平台组成的港口运输、金融服务与工业服务部分得到了发展，然而在这些方面澳门不具地区优势，其进口大于出口。为此，可以判断，澳门要构筑地区性的经贸平台需要花费相当长的时间与成本。根据澳门的现状，利用国际机场在粤西与粤西南地区，乃至跨越广东的中国西南部地区的优势，抢先发展以国际机场为中心的物流网络系统，作为澳门构筑粤西南的经贸平台的突破口，是一个可以考虑的选择。

构筑经贸平台，不能缺少金融保险服务产业，这个产业也是珠江口西岸与粤西南地区的产业缺口。澳门的金融保险业具有很大的增值与利润空间，这种状况在正常的市场竞争中会产生产业集聚的现象，从而在集聚中形成产业的竞争力。但是，澳门的资本、专业知识及人才条件极大地限制了这个产业的集聚与成长。从长远的发展来看，澳门政府可以采取一定的策略，鼓励对岸有优势的香港金融业进入澳门，打破本土市场发展条件的局限，逐步建立珠江口西岸及粤西南的地区性金融次中心。

澳门在区域中发展新兴的优势产业，关键在于抢占先机。在大珠三角区域中，澳门除博彩旅游业外，其他产业的发展均不具有很强的区域优势。因此，抢占发展的先机对建立产业的区位优势十分重要。

3. 制造业与零关税、跨境工业区

澳门现有的制造业是这个地区最不具区位优势与生产力的产业。这个产业的主体是劳动力密集的外向型纺织业，形成澳门货物贸易的基础。从20世纪90年代初期起，澳门的货物进出口就呈现逆差，并且差额日益扩大。2002年的逆差规模达到了60亿澳门元，占澳门整体贸易顺差的

24.3%，极大地侵蚀了澳门服务贸易所获取的顺差部分，也侵蚀了澳门GDP的增长幅度。因此，在区域一体化的发展中，现有制造业应当是澳门需要做出较大调整的产业。

从CEPA的零关税措施的实施效应看，澳门制造应当是一个全新的生产基础和技术基础的产业，而不是目前要淘汰的产业。澳门发展起这样一个新的制造业，取决于多种因素。虽然零关税有一定的吸引外资制造业进入的作用，但零关税不是主要的决定因素。在大珠三角区域一体化的条件下，CEPA的主要作用在于重新配置资源与分工，在于专业化的发展。因此，地区制造优势的状况决定了地区制造业的发展前景。从这个角度来看，澳门即使能够发展起一个全新的制造产业，也不可能在经济结构中占有很大的比重与规模，也不可能是一个完整的制造产业。极有可能出现的形态是澳门设计、开发，珠三角产业化生产的布局。这是由澳门与珠三角之间的区位优势，尤其是珠三角的制造优势决定的。以珠三角制造为中心的广东制造业，无论是资源性部分，还是低、中、高技术部分，在全国均占有绝对的优势，这是澳门不能与之相比的。在大珠三角区域中，面对珠三角这个具有强大制造业优势的地区，港澳都不是能够与之竞争的对手。

目前，澳门与珠海双方共同推进的珠澳跨境工业区已经于2003年12月奠基。2004年在澳门首次召开了联合招商会。澳门特区政府对这个工业区的设计目标为：优化澳门产业结构，促进澳门工业多元化，带动经济整体发展。

事实上，从澳门未来十到二十年的可持续发展出发，澳门目前博彩旅游业一业独大的经济类型，并不是本地的不可置换性要素，或是独有的竞争性因素。澳门未来十到二十年的发展十分需要解决一个战略性的重大问题，即寻找与形成一些具有巨大增值空间的产业功能和商业功能，补充或置换目前单一的旅游博彩功能。而从澳门的地理空间及在大珠三角中的地位看，澳门不可能在自己十分有限的空间中仅仅依托工业去取得可持续的发展，更不可能在区域中按照"中心地"的模式去吸纳和聚集广大腹地的资源，所以只能借助于某些特殊产业来支撑经济的成长，正如过去的博彩业。从澳门现在的情况来看，目前正是选择新产业、逐步改变产业结构向博彩业一极集中的时机。

澳门跨境工业区从地区的优势出发，不应当单纯以制造业为主体，而应当是建立制造业服务基地内容的"总部经济"，这对澳门经济具有十分重要的产业结构效应。可以说，总部经济正是澳门未来城市发展中最具增值空间的产业功能和商业功能。

作为一种全新的区域合作模式，从其功能定位和发展规划来看，珠澳跨境工业区正是顺应全球化时代区域竞争的趋势和潮流、按工业化区位要求发展的区域合作或大都市圈模式。这种模式应当在澳门园区和珠海园区之间，按照产业的不同价值链条以及两地之间的不同区位优势，形成园区间的功能分工。澳门园区应重点发展具有总部经济功能的设计、新产品研究与开发、营销和物流、展示等价值链条，而珠海园区则重点发展具区位竞争优势的制造环节，从而实现整个跨境工业区的腾飞和高速发展，使澳门和珠海的产业结构逐步走向优质化。

澳门跨境工业区中两个园区间的功能分工，是跨国公司的全球资源战略实施的客观规律。跨国公司的全球战略，不仅考虑生产成本，也考虑交易成本。交易成本是在流通过程中形成的，一个社会的现代服务业越发达，其交易成本也就越低。交易成本包括两个主要部分，一是贸易成本，二是物流成本。内地低廉的土地和劳动力成本是吸引跨国制造的优势；然而，其交易、贸易和物流的成本十分高昂。因此，跨国公司在进入内地并利用其低廉的生产成本的同时，必须在其周边地区寻找一个服务业发达、交易成本低廉的区位，使生产成本和交易成本的优势相结合，达到最大的增值效果。否则，生产成本的优势就会被交易成本的劣势抵消。珠澳跨境工业区的珠海园区和澳门园区正是这种生产成本优势与交易成本优势的结合点。澳门园区所具有的国际自由港、低税制、资金和货物自由流动、资本与人员自由进出、企业市场准入低门槛等，都为降低交易成本提供了十分有利的制度性因素。这些交易成本的优势是珠海所不具备的，也恰恰是其弱项。因此，珠澳跨境工业区中以澳门园区作为发展总部经济的区域，实现价值链中的服务功能；以珠海园区作为制造基地，是这个跨境工业区的最佳功能分工与布局。

参考文献：

[1] 香港 2022 基金会 . 连接珠三角——珠江三角洲的桥梁 [R]. 2003.

[2] 米高·恩莱特，等 . 香港与珠江三角洲：经济互动 [M]. 牛津：牛津大学出版社，2003.

[3] 迈克尔·波特 . 国家竞争优势 [M]. 台北：台湾天下文化出版股份有限公司，2001.

[4] 王辑慈 . 创新的空间——企业集群与区域发展 [M]. 北京：北京大学出版社，2001.

［5］杨小凯．经济学原理［M］．北京：中国社会科学出版社，1998.

［6］王建．到 2030 年中国空间结构问题研究［C］//2004 中国改革论坛论文集．中国经济体制改革研究会，2004.

（本文原载于《广东社会科学》2005 年第 1 期）

澳门博彩旅游业高增长预期下的经济失衡分析

　　从澳门博彩旅游业近年的发展趋势看，可以得出高增长的预期。但是，我们不能忽视高增长预期背后所掩盖的矛盾和问题。实际上，困扰澳门长期经济发展的深层次问题——澳门旅游经济以赌为主的单一结构，产业发展水平处于低级阶段等，并没有得到根本的解决。而高增长的经济走势、摆在眼前的增长高潮，往往最容易使人们重视眼前利益而忽视潜在的隐忧和矛盾。在这个关键时刻，审慎和冷静的思考、更具长远发展视角的分析越发显出重要性。

一、高增长下的经济失衡

　　从目前澳门的发展走势看，已经出现的和潜在的经济失衡有以下几种表现：

　　1. 供给与需求的失衡

　　2003 年起，由中国市场开放引致的澳门旅游需求的巨大升幅，随着澳门旅游设施的大量投资以及进出口的加速，并没有造成近年来总供给不能适应总体需求的矛盾。

　　从长期的发展趋势看，内地在 2003 年已经成为亚洲最大的客源市场。根据世界旅游组织的预期，2020 年，中国将成为世界第一旅游大国，其境外游的总人数将达到 1 亿以上，排名世界十大客源国的第四位，占全球境外游人数的 6.2%。这个发展趋势，会令内地作为澳门最大旅游客源市场的走势长期持续，从而使澳门的旅游需求进入一个稳步增长期。伴随着这个增长，供需之间的矛盾有可能成为影响旅游健康发展的障碍。这主要表现为：

　　（1）旅游服务需求变化对供给结构的挑战。

　　2007—2009 年将是澳门大型旅游设施，包括多家酒店等集娱乐、会议、展览、休闲等功能于一身的项目陆续建成期。这些大型项目的开业，会给澳门的旅游需求带来极大的变化，拉动整体经济向大旅游综合产业发展。

　　然而，目前澳门旅游供给的产业结构与产业链条，与正在开发和兴建的大型项目所带动的需求之间，存在着巨大的差距。旅游产业的多元化发展方面，例如文化、会展旅游的开发要求改变澳门的现有旅游供给体系；而从产业的链条看，目前澳门的交通运输、物流体系、商业环境以及城市规划与建设等，都与旅游全方位的开发存在着相当的差距。以旅游的饮食供应系统看，一旦大型的综合性旅游设施全部上马，大型的会议、赛事和娱乐表演等项目陆续出现，必然要求澳门的食品及餐饮供应系统从采购、生产及加工、配送到销售环节，即从上游到终端，实现系统化、大型化与标准化。而目前澳门饮食供应的分散、小型、不成系统是无法适应其要求的。因此，新兴产业的培育与产业链条的再造，将是应对长期需求变化的一个巨大挑战。

　　（2）旅游人力资源供给不足将成为长期的走势。

　　澳门走向大旅游经济的过程中，最大的挑战应当是人力资源供给的不足。这种不足不仅表现在供给的量的方面，更严重的是供给的质的方面。

　　自2003年澳门旅游增长高潮出现，旅游服务行业的就业迅速增长。其中以博彩业的增幅为最大，2005年第一季度比2002年第四季度上升了超过56%，成为全澳门产业中就业增长最快的行业，就业人数也从2000年的23 100人增加到36 200人。如果加上提供旅游服务的运输通信以及酒店、饮食行业的就业人数，总数则达到76 800人，为全部就业总量的37%。即便如此，旅游服务仍然是职位空缺最大的部分。2004年6—12月的数据显示，上述三个行业的职位空缺总数达到9 889人，其中仅博彩业就有7 104人。

　　人力资源供给的质的方面的短缺更为严重。如果说，目前在量的方面的短缺仅对现有产业的规模产生影响，而质的方面的短缺则会影响新兴产业的形成和发育，对长远发展产生巨大的负面效应。以目前急需发展的澳门文化遗产旅游看，澳门现有的导游所具备的历史文化知识水平，就与现实的发展要求有着极大的差距。

　　2. 旅游收入增长与实际所得的失衡

　　旅游总收入的急剧扩张是2004—2005年澳门旅游发展的一个显著特点。然而，这个扩张的主要内容表现为博彩收入的扩张，其他的旅游产出并没有实质性的扩大。目前在总体的旅游收入中，博彩收入两年来的比重已经增加到73%以上，而非博彩收入则下降为26%左右。

　　旅游产业内部产品单一化的局面，造成了澳门旅游收入虽然大幅增加，但真正留在澳门的实际所得，以及澳门居民的实际收入并没有同步增长的状况。主要表现为：

（1）进出口的漏出效应。

在主要依赖博彩收入扩张旅游收入，以及依赖国际资本扩张博彩业规模的情况下，由于本地资本缺乏参与，以及其他旅游产品严重缺乏，因此，旅游总收入的相当大部分就会通过澳门进出口流失，这种通过进出口对旅游总收入造成的侵蚀，称之为收入的漏出。具体的漏出效应有两个部分：

进口漏出：主要表现为进口旅游大型建设项目所需的建筑材料和设备，以及进口旅客所需的各类消费品，包括购物的商品、食品以及各种食品原料等。澳门近两年的进口出现逐年加速的走势，以当年价计，货物进口在2003年出现了十年来12.2%的两位数增长，而2004年更翻了一番，增长率达到了26.8%。如果对2001—2004年的进出口增长进行比较，澳门出口总额增长幅度为22.13%，而进口则在45.56%，进口增长势头是出口的两倍。进一步观察进口结构中增长的变化，我们可以发现，与旅客需求和旅游投资有关的消费、建筑材料和资本货物是支撑高增长幅度的主要因素（见表1）。

表1　澳门2001—2004年主要进口货物增长幅度

（单位：%）

项目	消费品	纺织材料	建筑材料	燃料及润滑油	资本货物
增长率	74.19	12.29	243.33	43.07	93.60

资料来源：澳门统计暨普查局《澳门主要统计指标》（2004年第四季度）。

出口漏出：主要表现为旅游设施的投资者的利润汇出，以及旅游的私人和管理部门在海外的促销费用。由于澳门的投资者均为国际资本，因此，利润汇出的漏出应为主要部分。从2004年金沙开业当年回收的状况看，博彩业利润汇出的漏出将大大超过一般旅游设施投资的漏出速度和规模。

在各国旅游业的发展过程中，漏出效应是客观存在的。因为没有一个国家可以生产旅游所需要的全部投资品和消费品；同时，各国旅游业中也都普遍存在外国的投资者。但是，漏出效应的大小不同主要取决于各个经济体的产业结构。国际经验显示，产业结构多元化、经济发达的经济体，漏出部分占旅游总收入的10%~20%；而产业结构单一的小型经济体，往往漏出部分占旅游总收入的40%~50%。以澳门的状况看，因产业结构的单一化比较严重，客观上无法使漏出部分处于较低水平。

（2）物价上涨效应。

国际旅游产业的实例提供的事实显示，当一个地区的入境旅客数字飞速上升并达到一定数量时，必然会拉动当地市场的需求，导致物价飙升，从而直接影响本地居民的生活成本。价格在此时起着利益再分配的作用，这种作用在经济学中称为物价上涨效应。

一般来说，物价上涨效应会反映在两个层面上，影响居民的收入水平的变化：一是本地主要消费品需求增加拉动的物价上涨；二是旅游设施的投资增大了对房地产市场的需求，使建筑成本和土地成本上升，也导致房地产价格的上涨，从而直接影响本地居民的基本生活水平。美国拉斯维加斯已经连续五年成为美国房地产涨价最高的十大城市之一就证明了这一点。

从目前澳门的消费物价指数的变化看，物价上涨效应并没有大规模地凸显，究其原因很可能是澳门的消费品供给主要来自境外。来自境外的消费品供给并不可能对当地物价产生推动的作用，所以，可以预期消费品市场价格的大面积攀升机会的可能性很小；但是，在以本地资源为主的房地产市场上，则出现了价格走强的端倪。2003年起，旅游进入兴旺高潮的同时，澳门房地产业也开始走出沉寂多年的格局，出现了价格连年上升的势头（见表2）。

表2　澳门 2002—2004 年住宅每平方米（实用面积）平均成交价

（单位：澳门元）

年份	2002	2003	2004
均价	6 261	6 377	7 984

资料来源：澳门统计暨普查局《澳门主要统计指标》（2004年第四季度）。

楼市价格飙升成为博彩旅游业发展中衍生的物价上涨效应的主要表现。它不仅大大加重了澳门本地居民的实际生活成本，也使居民的实际收入变相下降。不少人由于无法承担市场价格的负担，而转向经济房屋的竞投。2005年，澳门经济房屋的竞投人数达到30 000以上，其中不少是月收入水平高达10 000澳门元以上的赌场庄荷。他们的收入已经属于中产，然而在楼市飞升的情况下，也无力在市场中置业，普通的居民更是觉得不堪重负。

（3）收入分配效应。

澳门旅游收入的最大部分由占收入总量七成以上的博彩收入构成。博彩业是一个产业链条很短的行业，它的产业比重在经济结构中的急剧上升，以及产业的坐大虽然可以带动市场气氛，但在国民收入的初次分配中，真正波及本地居民收入的只有博彩产业的就业者。因此，博彩旅游业上升引致的居民收入上升的速度与旅游收入的上升幅度会出现较大的落差，这就造成许多民众并未分享经济景气和成长的成果。

2002 年第四季度起到 2005 年第一季度，澳门居民的月收入中位数开始出现持续上升的势头（除 2003 年第二、三季度"非典"造成的下跌外），累计上升幅度达到 17.11%。而上升集中在水电及气体生产供应业、建筑业、文娱博彩及其他服务业上，其他产业的升幅均低于总体升幅，有的甚至是负增长（见表3）。

表3　澳门2002年第四季度到2005年第一季度月收入中位数升幅

（单位:%）

总体升幅	制造业	水电及气体生产供应业	建筑业	批发及零售业	酒店及饮食业	运输仓储及通信业	金融业	不动产及工商服务业	公共行政及社保事务	文娱博彩及其他服务业
17.11	3.93	37.82	23.47	11.00	6.92	4.53	−8.00	−1.74	−0.14	32.35

资料来源：澳门统计暨普查局。

收入分配效应也体现在高成长的经济环境下，外来人力资源进入对本地员工收入增加的影响。由于博彩旅游业兴旺带动的人力资源需求的大幅上升，在澳门本地人力资源无论在总量还是结构上，都无法满足市场发展的情况下，外来人员的进入成为博彩业等服务行业近年来普遍存在的现象。在这些行业中，外地员工的工资水平一般高于本地员工，使得本地员工的收入增长空间被挤压。澳门统计暨普查局在 2004 年对主要行业的人力资源需求及薪酬进行的调查显示，除制造业和酒店及饮食业外，外地员工薪酬普遍高于本地员工（见表4）。

表4　2004年澳门主要行业本地员工及外地员工平均薪酬状况

（单位：澳门元）

行业	总体	本地员工	外地员工
博彩业*	10 730	9 870	20 174
批发及零售业#	5 811	5 754	12 918
运输、仓储及通信业#	9 806	9 520	11 929

（续上表）

行业	总体	本地员工	外地员工
制造业$^{\oplus}$	4 149	4 829	3 243
水电及气体生产供应业$^{\oplus}$	17 913	16 695	41 670
酒店及饮食业$^{\oplus}$	5 524	5 661	4 653
金融业$^{\oplus}$	12 773	12 586	27 383

注：＊为 2004 年 12 月数据；#为 2004 年 6 月数据；$\oplus$为 2004 年 9 月数据。
资料来源：澳门统计暨普查局。

3. 博彩业与其他产业发展的失衡

近年来博彩旅游业以赌为主的格局，不仅没有使过去澳门长期存在的深层次的经济问题得以解决，反而使旅游业与其他产业、博彩旅游业与其他旅游业的发展失衡加深。从整体经济结构的走势看，除了博彩业整体走高外，其他产业的比重则出现走低或基本维持的趋势（见表5）。

表 5　2000—2003 年澳门主要产业在本地生产总值中的比重变化

（单位:%；当年价）

年份	制造业	水电及气体生产供应业	建筑业	批发零售、维修、酒店、餐厅及酒楼	运输、仓储及通信业	金融保险、不动产租赁及商业服务	博彩业
2000	10.08	2.96	2.64	11.18	7.64	23.96	27.86
2001	8.32	3.14	2.28	11.83	6.91	23.64	30.20
2002	7.24	2.78	2.70	12.65	6.82	20.55	32.78
2003	6.33	2.68	4.03	12.04	5.52	19.56	35.78

资料来源：澳门统计暨普查局《本地生产总值（1982—2004）》。

博彩业持续扩张，也使澳门政府的财政收入日益倚重博彩业，造成政府财政收入结构的失衡。澳门产业结构的这个变化走势，从根本上是与澳门大旅游经济的综合产业发展方向背道而驰的。博彩产业的持续坐大，不仅会堵塞其他产业的发展路径，使整体经济日益失衡，而且会加大经济的不稳定性和风险性，并最终与澳门的新发展策略渐行渐远。

二、资源配置与长远发展方向的失衡

造成澳门经济结构在博彩旅游业高成长下的经济失衡，最根本的原因是澳门资源配置与经济长远发展方向的失衡。在资本、土地、人力资源等严重向博彩业倾斜以及集中的条件下，必然使得经济结构的产业单一化倾向得以强化。

1999 年澳门回归以后采取的新发展策略，确定了澳门以博彩旅游业为龙头，致力开发文化、休闲旅游资源和积极发展会展及奖励旅游，促使澳门成为国际会展及休闲中心的大旅游经济体的发展思路。几年来的发展使博彩旅游业重新回归其龙头地位，带动了整体经济的发展。但是，在这个过程中，大旅游战略的实施却进度缓慢，逐渐出现了"只有龙头、难见龙身"的状况。

目前出现的资源配置集中于博彩业的现状，其实是市场结构造成的利益格局下，市场机制作用的结果。而政府提供的博彩制度则对博彩市场的结构产生重要的影响。

1. 利益分配格局与资源配置的关系

在市场经济的条件下，市场是基本的资源配置机制。而主导这个机制有效运作的，是由市场结构形成的利益分配格局。大量资源向博彩业的集中，实质上是市场力量对博彩业暴利反映的结果。在正常的市场作用下，高额利润往往引致资本大量流入产业而加剧竞争，竞争的结果则是全部行业的利润率均等化，从而保证了资源在市场机制下的合理配置。在过去 40 多年澳门博彩市场垄断经营的条件下，专营权实际上通过阻挡资本的大量进入，保护了这个行业的垄断利润，从而使市场机制窒息。虽然政府通过专营权限的控制，截留了博彩收入的很大部分作为再分配的手段；但是，在垄断的条件下，垄断企业可以通过控制价格和供给等手段维持高额利润。过去的历史数据显示，博彩业的利润基本维持在博彩总收入的 30% 以上，反映了即使在政府对博彩收入实施再分配手段的情况下，博彩业的利润水平仍然居高不下的情况。

垄断虽然造成了高额利润和市场规模过小、增长停滞的状况；但是，由于限制了市场机制配置资源的基础性作用，即使出现高额利润，也不会出现大量资源向产业集中的现象。在一个垄断的市场条件下，即使社会资源再丰富，也不存在内部的动机使其丰富的资源转化为资本，更何况是在澳门这个经济资源十分稀缺的地区。因此，启动市场和竞争机制是根本。

2002 年澳门实施的博彩制度改革，实质是从垄断市场向寡头市场转化的第一步。开放市场确实启动了内外的资本和资源的流动，从而使新制度成为吸纳大量国际资本和集中大量资源的主要动力。

但是，寡头市场的竞争毕竟是一种有限竞争，不可能从根本上根除高额利润。因此，特区政府在新制度中对博彩产品采用了 40% 以上的高额税率，以此限制过高利润带来的不良后果。目前，澳门的博彩税率可能已是世界最高水平，澳门 2004 年的博彩税总额为 147 亿澳门元，占当年的博彩总收益 430 亿澳门元的 34.19%，远远高于拉斯维加斯 2003—2004 财政年度中（数据显示，克拉克县在 2003—2004 年的博彩税为 706 508 100 美元，而 2003 年拉斯维加斯的博彩总收入为 7 831 464 000 美元）博彩税占博彩总收益的 9.02% 的比例。即使如此，金沙在 2004 年开业的当年，利润率仍然高达 30%，并且实现了当年投入经营，当年回收投资的奇迹。

虽然目前博彩设施的急剧扩张已经出现了赌台利润被分薄的现象，2004 年因为赌台数字骤然增长了 1.5 倍，使得每张赌台的平均营业额从 2003 年的 6 512 万澳门元，下降为 3 622 万澳门元，减少幅度达到 44% 以上。可以预期，由于竞争的加剧，博彩利润会有一个下降的过程。

可是，目前仅是博彩市场出现竞争的初期阶段。从寡头市场的长期走势看，寡头竞争的结构必然导致瓜分市场的稳定利益格局，一旦这个格局形成，博彩业的投资高潮也就会结束，一业为主吸纳大量资源的局面就不会持续。当然，这个局面的最终形成估计还要相当长的时间。因此，可以预计在相当长的时间内，澳门市场主导的资源配置与澳门长远发展的方向之间，仍然存在失衡的状况。

2. 政府与企业博弈的分析

澳门博彩业的市场结构决定因素是特区政府的博彩制度改革。从 2002 年的制度性变迁走势看，澳门虽然力图发展成为拉斯维加斯的大旅游经济，但是在市场制度的提供上，实行了与拉斯维加斯不一样的制度。拉斯维加斯的博彩产品采取了市场化的模式，认为赌博仅是一般性的娱乐产品，并且具有一般商品的特征，因此运用的是开放市场和政府规制下的大量进入，依靠市场竞争机制充分发挥，来调节资源在整体经济的各个行业中的配置。在充分市场竞争机制下，拉斯维加斯的博彩业与其他行业一样，利润参与社会的平均化过程，且没有产生过高利润排挤其他产业发展的挤出效应，从而为会展旅游和其他旅游领域的发展提供了空间。以 2003 年拉斯维加斯的旅游总收入的构成看，博彩收入仅占 30%，而会展经济则占了 26%，二者的距离并不大。

澳门博彩制度产生的市场是寡头结构，而这个结构并不是由于市场竞争和企业规模的扩张或是特殊需求曲线特点自然产生的结果，而是政府通过少量进入方式的规制达到的。也就是说，这个市场结构是制度的产物。这样的一种制度安排显示了澳门政府并没有把博彩产品看成真正的市场商品，不是像拉斯维加斯的做法，通过企业之间的博弈，让市场发挥基础配置作用，去达到博彩业与其他产业发展的均衡，而是力图通过政府与企业间的博弈，去达到产业的均衡发展。

在博彩制度的安排中，特区政府通过发放经营许可的权利，规定了进入市场的企业必须承担发展会展经济的责任。这样的一种制度安排，实质上是把双方摆在博弈的格局中。同时，特区政府在国际资本大量进入博彩业的同时，积极参与投资与会展经济、文化旅游以及体育赛事有关的软件和硬件设施，并且加大对交通运输、教育培训、基金扶助等方面的扶持力度，推动经济的多元化发展。从投资总量的增长看，政府近年的投资金额也创造了历史的最高纪录。

通过特区政府的一系列制度安排和投资推进措施可以清楚地看到政府两个并行不悖的战略意图：一是引进国际资本改善投资环境，发展博彩业；二是通过发展博彩业为其他行业和经济的发展提供资金基础，使政府可以加大投资，推动文化、会展经济的发展，最终达到经济适度多元化的目标。

但是，从目前政府与企业博弈的过程和初步结果看，由于博彩利润过高而拉低了企业从事会展业务的意愿，发展会展经济可能会滞后推延。为了防止上述担心变为事实，政府运用什么机制参与和企业的博弈，并保证博弈的结果会按照事先的安排取得预期的效果，目前十分值得研究。

3. 人力资源的需求现状与长远发展的失衡

澳门近年来在博彩旅游业增长加快的情况下，出现了人力资源全面紧缺的情况。这个紧缺不仅表现在量的方面，也表现在质的方面。从澳门长远发展的需求看，人力资源质的提升关系到经济适度多元化发展战略的最终落实，因此也就更为重要。

可是，由于澳门博彩业一业独大的现象没有从根本上改变，而且在近期有所强化，因此，目前澳门人力资源的短期需求大部分集中于低层次的就业中。况且博彩业所需要人员的文化程度要求不高，但薪金水平较之其他行业为高的现实，更会造成社会上对教育的轻视，从而导致人力资源供给的素质呈现整体向下的趋势，其结果必然影响澳门长远的发展。

本文认为，澳门旅游业的飞速发展，尤其是博彩业独大的旅游产业格局，背后隐藏着的深层次矛盾和失衡不可忽视。同时，经济失衡也必然伴随着社会失衡的产生，引发社会矛盾和问题。例如居民收入分配差距的拉大，旅游设施发展对居民生活素质的影响，以及赌博引致的心理失衡和社会矛盾等，都必须引起社会足够的关注和重视。为了澳门经济的长远发展与社会和谐，着手解决这些问题已经刻不容缓。

参考文献：

［1］张广瑞，魏小安，刘德谦．2002—2004 年中国旅游发展：分析与预测（No.3）［M］．北京：社会科学文献出版社，2003．

［2］曾忠禄．澳门周边地区赌场发展现状研究报告［R］．澳门：澳门理工学院，2003．

［3］曾忠禄．澳门博彩产业的可持续发展研究［J］．澳门理工学报，2005（1）．

［4］全球旅游竞争力报告［R］．WTTC，2005．

［5］Macao Travel & Tourism：Sowing the seeds of growth［R］．WTTC，2004．

（本文原载于《广东社会科学》2006 年第 4 期）

澳门经济适度多元化的路径思考

——引入一个新的分析视角

2008 年是澳门进入全面实施经济适度多元化发展阶段的标志性年份。自 2002 年澳门博彩制度的变革起，以制度创新、开放竞争为主要路径，破解澳门经济发展困局的"壮大龙头"（创新发展博彩业）策略，从 2008 年开始，将全面向适度多元的"协同发展"策略过渡。这标志着澳门经济发展将进入一个更高的提升阶段。"壮大龙头"与"协同发展"将成为保持澳门国际竞争力的两个并行不悖的主要策略。

一、如何诠释适度多元化

2002 年澳门博彩制度的变革成了澳门经济发展史上的重要转折点。这一制度性的重大变迁，使得澳门经济的主体重新被确定为旅游博彩业这一龙头，澳门的城市经济也重新回归到世界性旅游城市这一定位。2003 年后，区域性的 CEPA 协议的签订及实施，内地居民自由行的开展及不断扩大地域，这些外部的制度性因素变迁，与澳门赌权开放的内部制度性变迁相结合，为澳门经济的"壮大龙头"策略奠定基础，造就了澳门近年来令人惊羡的经济奇迹。从 1999 年澳门回归到 2006 年，在博彩旅游业的带动下，澳门经济走上了历史上不曾有过的高速增长轨道，七年间本地人均GDP 增长超过 100%，目前已位居亚洲首位；而博彩收入则大幅度超过美国的拉斯维加斯，成为世界首屈一指的赌城。事实表明，澳门博彩旅游业以制度性创新（包括内部与外部两个方面）走上创造竞争优势之路，并开始了澳门经济发展周期的一个崭新阶段。

开放市场竞争，引进国际资本，壮大博彩旅游业龙头，使得博彩旅游业在澳门经济中的比重直线上升。以 2007 年数据看，博彩旅游业已经约占澳门本地 GDP 的 35%，就业的 19.5%，本地财政收入的 76% 以上，真正成为澳门经济中的龙头产业。从目前澳门的经济结构看，博彩旅游业已呈一业独大或产业极化状态。由此，不少学者和社会人士认为，这是促使澳门从"壮大龙头"策略向适度多元的"协同发展"策略转移的主要原因。

更有人认为，一业独大与适度多元不足的矛盾，就是澳门多年的"深层次问题"。

对于这一看法，笔者认为值得推敲。在笔者看来，上述看法虽然抓住了问题所在，但没有抓住问题的实质。

事实上，放眼全球，一业独大或称为专业化经济的小型或微型经济体比比皆是。从 21 世纪初期到今天为止，世界经济论坛每年提交的《全球竞争力报告》中，排列全球竞争力前十位的，大多是经济专业化突出的小型经济体，其中不乏经济结构中呈一业独大的。例如，近年来一直占据全球竞争力第一位的北欧国家芬兰，实际上就是一个手机王国，是一个把专业化生产发展到极致的国家，或者可以说是"一企独大"的经济体。因为这个国家的一个知名跨国企业——NOKIA 是世界第一大手机品牌制造商，2002 年 NOKIA 的股票市值就占了赫尔辛基股市总交易量的 1/3。这个企业与该国的 400 多家下游厂商每年提供该国 GDP 增长率一半的增长，占芬兰GDP 总额的 1/4。芬兰的一业独大或产业的专业化，并没有出现或产生适度多元的矛盾，反倒是因而一直名列世界竞争力的前茅。通过一业独大，在世界经济中占领一席之地，往往是小型经济体获取全球竞争力的成功之道。

全球竞争的事实已经告诉我们，专注于一个特定产业或称专业化经济，之所以成为小型经济体获取国际竞争力的补强之道，主要在于小型经济体的客观局限，即由经济规模、市场局限和资源缺乏等决定的。在这些局限下，小型经济体要在全球经济版图中占有重要地位，不可能追求多元完整的经济结构，并在全局经济中取得规模经济；而只能通过参与国际分工，把资源集中在最有生产力的某一特定产业上，以专业化的生产去达致规模经济，从而争夺世界市场。因此，在当今全球化的大趋势中，通过开放市场，参与国际分工，在分工中形成专业化的经济，往往是小型经济体的成功之道。小型经济体的竞争力正是源于将本土的某个企业或产业培育为世界级企业或产业，而不是面面俱到，事事领先。

另外，小型经济体的单一化或专业化也是区域经济一体化的结果与产物。统一市场的形成，资源在区域间的自由流动，是区域经济一体化的主要作用机理。在这种机理之下，资源会按照各个地区的比较优势进行重新配置，形成各个地区之间的分工与专业化，并通过专业化达到规模效益递增，从而增强地区整体的竞争力。由此可见，由区域经济一体化推进的地区分工与专业化，是形成各个地区竞争力的基础。而小型或微型经济体的产业单一化或专业化，是有其存在的经济合理性的。

澳门属于微型经济体，无论是传统博彩业垄断专营的过去，还是现代博彩业出现新格局的今天，在澳门的产业版图中，只有博彩业能够在一百多年间保持地区比较优势和具备世界性地位。这个产业的发展和演进，是市场的选择，也是澳门在这个区域中比较优势的体现。今天澳门在全球取得世界级博彩之都的地位，正是博彩业一业独大的结果，也是微型或小型经济体能够在全球竞争中突围而出、反复证实的规律表现。

　　因此，澳门目前一业独大出现的矛盾和问题，不在一业独大本身，而在于一业独大的特殊产业——博彩业的特点。世界具全球竞争力的小型经济体中一业独大的特定产业，如芬兰的手机、瑞士的钟表和金融、瑞典的汽车和林木产业、丹麦的设计等，均是创造巨大财富的尖端制造业或服务业。这些龙头产业具有的上下游链条，使得其一业独大本身就带有适度多元的内涵，能够带动本土其他产业链条的发展。例如，一个NOKIA在其本土的下游厂家就有400多家。同时，这些龙头产业虽然是世界级的产业，但植根于本土的各类资产与资源，尤其是本土的创造性资产。因此，在产业创造财富的价值链条不断升级以及竞争的压力下，本土的人力资本和科技活动也将随之不断提升，结果是整体经济的科技与技术创新持续出现。这就为世人解释了芬兰这些小型经济体往往也是全球科技竞争力最强的经济体的原因。归根到底，类似芬兰的小型经济体中龙头产业竞争力的维持，依靠的不是本土的自然资源和资产，而是本土的"创造性资产"——不断提升的人力资源和科技创新。龙头产业的提升与本土经济是紧密结合、协同发展的，其结果是整体社会的和谐发展和人民生活水平的不断提升。

　　而博彩业则是一种特殊产业，其本质上属于财富再分配性质的活动。博彩业的产业链条短、财富再分配、所需人力资本素质不高以及产业本身存在社会负面影响等特点，必然在其一业独大的过程中，产生对其他产业资源极其严重的"虹吸"现象，以至于挤占其他产业的发展空间，严重的还会使其他产业的发展窒息，由此衍生出社会财富分配严重失衡、人力资本提升缓慢、社会风气受到影响等一系列的矛盾。从根本上看，澳门博彩业维持的基础并非本土的自然资源和内生资产，而是一种特殊的制度安排。更何况，目前澳门龙头产业——博彩业的资本，均是国际资本，而非植根性的澳门本土资本。当一个经济体中龙头产业的发展与本土内生的经济因素没有联系，缺乏植根性的产业一业独大必然衍生出以下问题：一业独大不仅会导致一系列矛盾的产生，更致命的是，这个龙头产业的发展会压抑本土自主、内生的经济因素成长，使之难以激励和孕育本土的创造性资产，阻碍可持续的经济发展动力的形成。这就是笔者理解的澳门"深层次"问题所在，以及澳门必须推行经济适度多元"协同发展"策略的关键所在。由此，澳门的"壮大龙头"与适度多元的"协同发展"策略，是澳门经济发展不能偏废、缺一不可的两个并行策略。澳门微型经济体的规模限制，决定了其在全球经济版图中地位的维持，必须实施"壮大龙头"（扩张博彩业）策略；同时，为孕育和扶植澳门本土的内生、自主的经济发展动力，创造本土长期可持续增长的竞争性基础——创造性资产，必须实施适度多元化，鼓励本土经济因素与龙头产业"协同发展"策略。只有二者的结合，才能从根本上创新澳门的经济发展模式。

由此可见，2002年博彩业的制度性变迁所开始的澳门经济发展新格局，到现在为止，仅仅是迈出了第一步。如果澳门不能在未来的发展中彻底改变过去一百多年来缺乏内部自主增长的动力和随波逐流的特点，则不可能开创出全新的经济发展阶段。

二、引入一个新的分析视角

对于如何实现澳门经济的适度多元化，近年来，学术界已经积累了相当的文献，其中不乏十分精到的观点和可行的建议。鉴于澳门微型经济体的特点，大部分的观点认为，澳门经济的多元化不可能面面俱到，只能"适度"。但是如何适度，则出现了不同的看法。有的学者认为，适度多元意味着围绕博彩旅游业的发展，实行旅游产业内部的多元。即从博彩业推进到综合旅游业、会议展览业（MICE），进而航空物流业，这被称为垂直（纵向）多元。垂直多元为大多学者所赞同。更有学者运用产业价值链的分析方法，去论述垂直多元的合理性。而有的学者则倡导，以垂直多元为主，水平（横向）多元为辅，适度发展制造业，并把制造业推向高附加值和高技术产业。而在2008年澳门特区政府的施政报告中，对适度多元则表述为："配合国家'十一五'规划的精神及其提供的机遇，根据澳门发展的实际需要，透过推进综合旅游、优化经贸平台、发展相关服务行业、推动传统制造业的转型和升级几个层次，加大适度多元化的推进力度。"显然，澳门特区政府的看法涵盖了垂直多元与水平多元。

笔者认为，既然适度多元的主要目的在于培育本土内生的经济因素，促进这些因素与龙头产业"协同发展"，从而形成澳门"新的复合竞争力"，则适度多元是垂直还是水平就不是问题的关键，重要的是本土所产生与成长的产业或行业，能够与龙头产业产生互动、协同发展。即适度多元必须与"壮大龙头"相联系，达到"协同发展"的目的，也即达致"1+1>2"的复合竞争力。从这个角度出发，笔者认为，探索一个能够结合与涵盖"壮大龙头"策略和适度多元的"协同发展"策略，又能充分体现澳门经济定位的分析视角，作为澳门全局性的经济发展思路，将会更有利于澳门经济未来的发展。

在此，本文尝试引入世界旅游组织（UNWTO）近年提倡主导的"大旅游经济"思路。

大旅游经济的概念是由世界旅游组织在20世纪90年代末期提出的。据世界旅游组织的研究，世界旅游业步入了一个关键的转折时期，即全球旅游业将主要通过"系统经济"而非"规模经济"来获得持续发展。所谓的"系统经济"实际上是一种新的旅游发展模式，它建立在重新认识旅游业的基本概念之上。当旅游业发展到今天这样的高度发展水平之时，就不再是一个简单的、高度独立的行业，而是一个由若干性质截然不同的行业组合而成的综合性产业，这时旅游业的发展要牵涉广泛的社会经济架构，旅游经济效益的最终实现在很大程度上依赖系统经济的良性运转。这种系统经济模式的中心内涵是交叉联合，而交叉联合与过去旅游业的横向或纵向联合不同，指的是旅游产业同其他相关部门的协调增长。这就是大旅游经济的内涵。

由此可见，系统经济是大旅游观念的核心。大旅游经济观念要求从社会经济各部门协同发展的高度出发，依照整体最优原则，制定旅游业发展的规划和政策；关注旅游业与全体产业的交叉联合，发展工业旅游、农业旅游、文化旅游、生态旅游等新兴旅游产品；强调社会经济的均衡发展，妥善处理旅游业与土地利用、城市发展、社会文化进步、环境保护之间的关系，最大限度地减少旅游业的脆弱性、波动性，进而充分发挥其关联作用。

树立大旅游经济的观念，推行大旅游经济的发展战略，已经成为国际旅游业发展的方向。秉承大旅游经济观念的内容，世界旅游组织与世界旅游及旅行理事会（WTTC）分别提出了旅游卫星账户（TSA）的统计方式，实质上就是把旅游业置于一个系统经济的范围内进行考察，不是孤立地计算旅游业的产出，而是综合计算人们的旅游需求引致的社会全部产业产出增长，以及造成的就业影响。因此，在旅游卫星账户中，旅游业对国民经济的影响被分为两个部分，即直接影响（旅游产业增加值）和间接影响（旅游经济增加值）。依据世界旅游组织的推荐，2003年世界旅游及旅行理事会与中国社会科学院旅游研究中心合作，并得到香港理工大学旅游管理学院的协助，发表了题为"旅游及旅行业对就业和国民经济的影响"的报告，开发了内地与香港的两个旅游卫星账户。2004 年 WTTC 发表了题为"播种成长的种子——2005 年澳门旅游及旅行业研究"的报告，建立了澳门旅游卫星账户。

根据世界旅游及旅行理事会的数据，澳门在全球经济中属于极高旅游密集度经济体，2005 年其旅游产业与旅游经济的 GDP 占澳门本地 GDP 的比重排名全球第四位。无论是旅游产业还是旅游经济的产值、就业、投资和旅游出口等指标在经济总量中所占的比例，澳门均位于世界旅游前十位。

笔者认为，在全球经济版图中，凡是以旅游业作为发展龙头和经济定位的经济体，以"大旅游经济"为总体的发展战略是最为适宜的。因为这个战略不仅体现了其经济定位，还能通过系统经济的推行，解决旅游业与其他产业，旅游业与本土社会、环境、城市开发、居民生活之间的"协同发展"。

澳门经济的实质是一个旅游经济体，这个定位既是澳门多年历史发展累积的比较优势，也是澳门这个微型经济体在全球经济一体化和专业化分工中，创造竞争优势的必然结果。作为一个旅游经济体，澳门的长期发展策略应当实施大旅游经济发展模式。大旅游经济内涵的系统经济、协同发展，即通过产业间、经济部门之间以及经济与社会、文化、生态和环境保护等的协调发展，达到旅游效益的最大化和整体社会的和谐。它既涵盖澳门经济结构中各个产业的分工和配合，其中包括制造业与各类服务业的配合；也包含城市各类经济功能的发展，其中包括商贸功能的扩展。它有经济的含义，更不乏社会和文化以及城市规划的内容。因此，澳门经济的壮大龙头与适度多元化，澳门经贸平台的形成，制造业的提升等，都应当是澳门大旅游经济中的应有之义。

由此可见，树立大旅游经济的观念，以大旅游经济作为澳门总体的发展战略，不仅意味着顺应世界旅游发展的进步和潮流，更对澳门整体经济的提升，解决博彩业"一业独大"衍生的各种矛盾，化解澳门的深层次问题，促进经济结构向高级化发展的转型，进而从地区的比较优势走向竞争优势，把澳门真正建成世界一流的旅游经济体，有着极其重要的意义。

三、大旅游经济的实施思路

（一）树立大旅游经济的发展观

1. 制订大旅游经济的发展规划

大旅游经济的发展规划不是一个限定于旅游业自身、游离于其他产业的规划，而是依据旅游需求的发展，与旅游需求有着不同关联的行业组合而成的综合性产业规划，甚至可以说是澳门整体经济的规划。澳门本身就是一个旅游经济体，澳门的城市定位也是国际性的旅游城市。因此，制订旅游发展规划实质关系到澳门整体经济的长远发展，从这个意义上看，大旅游经济的发展规划，也就是澳门城市的长远可持续发展规划。

2. 鼓励产业的交叉联合发展

产业的交叉联合是目前旅游业发展的必然规律。旅游业在发展的初期，主要依赖自然禀赋和历史文化遗产，旅游经济相对于整个社会经济而言有相当的游离性。随着旅游业进入更高发展阶段，旅游产业的领域不断扩展，结构也日益扩大。旅游业是一个综合性产业就成为当今一个最重要的特征。

澳门作为一个国际旅游经济体，其产业发展的重点应当是以旅游业为中心，并向其他产业领域全面扩展。例如过去澳门的制造业一直是为国外厂商提供加工服务，不仅市场需求来自国外，而且加工利润极低。而本地主要的旅客市场需求却依靠进口解决，这是一个高达 2 000 万人的需求市场。因此，澳门旅游收入的漏出效应很高。从入境旅客量的增长和旅客需求不断向高质化发展的趋势看，澳门制造业因本地的旅游市场而存在着极大的商机，如食品与饮料的生产和物流配套服务，健康保健用品的开发和研制等。目前进入澳门跨境工业区的几十个项目中，制药、健康食品以及博彩用品占了相当的比重就是证明。由此可见，产业的交叉联合实际上是提高旅游收益的一个重要途径。利用产业的交叉联合，围绕澳门的旅游业发展可以创造出新的产业形态，不仅是制造业，还有为休闲旅游服务的保健业，为培养旅游人才的旅游教育业等。

3. 建立大旅游的管理体制

大旅游经济的实施，将使旅游管理有更加广泛的内涵，也能扩展旅游管理部门的业务范围。过去局限于旅游业内部的条块式管理已经不再适用。因此，旅游管理部门的重新定位，以及新的管理体制的建立十分重要。

（二）向全新的发展模式转变

大旅游经济的发展模式以系统经济而非规模经济来获得旅游业的持续增长。因此，发展模式的转变是澳门实现大旅游经济的关键。

澳门旅游业发展模式的转变是历史的必然。2002—2007 年，是澳门旅游产业规模急速扩张期。目前旅游产业已基本完成规模扩张的历史任务。

从经济学的角度看，产业的庞大、结构的复杂以及博彩市场向"市场竞争型"的转变，必然使得进入旅游市场的投资门槛提高，发展难度增大和增长速度减慢，以规模求发展的模式也就会走到尽头。持续地在如此狭小的地域上进行大型开发，结果将是从集聚经济走向不经济。加上数量庞大的旅游人口的持续增长，也会对澳门的本地居住人口的生活、社会负担以及自然环境造成巨大的负面影响。

由此可见，无论是从经济发展阶段，还是从澳门本身的资源限制方面看，持续的规模扩张不具可持续性。从长远的发展来看，澳门的旅游产业不能靠规模、靠不断增长的境外旅游者人数来获取经济的成长。2007年澳门的入境旅客已经突破2 700万人次的历史性纪录。澳门的交通不畅、景点人潮拥挤，以及居民生活环境质量下降的问题开始出现。因此，未来的发展动力应当向高端的产品和市场转变，向高增值的方向发展。

（三）进一步厘定博彩业的市场制度

实施大旅游的发展策略，转变发展模式，开发新兴的产品和市场等，都必须在目前澳门主流市场——博彩市场上起步。因此，博彩制度对大旅游经济的最终实现，具有极其重要的作用。博彩旅游与博彩产品具有不同于一般旅游和旅游产品的特征，它不是建立在自然风光和历史文化遗产上的传统产品，也非由社会性资源产生的现代产品（例如会展产品）；它产生的基础是一种特殊的制度性安排——地区的赌博制度。而以内地为主要目标市场的中国周边国家与地区的开放赌博的趋势，对澳门博彩业的可持续发展形成了挑战。

在这个挑战下，澳门博彩业一方面要通过内部的竞争，创新产品和服务，保持和巩固其市场份额和地位；另一方面，从长远的发展看，旅游市场和产品的多元化，更是旅游产业和旅游城市不断提升的重要战略。而这两个方面的努力，均需要依靠博彩制度的不断完善来实现。

在世界范围内，由赌城发展成为综合性旅游城市的成功例子就是美国的拉斯维加斯，而拉斯维加斯的博彩制度是一种政府规制下的大量进入方式，其市场结构是充满竞争的。也就是说，拉斯维加斯是通过博彩业参与利润的社会平均化过程，使其他产业与博彩业共同发展的。

而目前澳门的博彩制度则是通过政府制定的博彩高税率，以及政府与博彩寡头的双方协议来实现多元化发展的。从博彩的高税制看，它并不具有发展产业多元化的功能。税收是集中在政府手里的，而产业的发展靠的是企业选择。政府仅能为企业进入新的产业和产业的发育提供外部的条件与资金的资助，是否进入新的产业最终取决于企业的意愿和决策，而企业的决策取决于市场。

由此可见，为了推动大旅游发展策略，以长远视角检讨与考虑澳门博彩制度的最终走向，建立一个既能壮大博彩业，又能吸引本土企业从事新产业开发的市场条件，是十分重要的。

（四）塑造旅游新形象，提升国际竞争力

澳门虽然是世界上旅游密集度十分高的经济体，但是在世界旅游市场上的地位与影响仍然很小。尤其是旅游形象过于单一，至今为止一直给人留下的仅仅是世界赌城的印象。

1. 重新确定澳门旅游的市场定位

从 20 世纪 90 年代起，澳门所处的亚太地区就成为世界旅游的主要增长点，而澳门至今为止仍然没能成为其主要市场或主要目的地。澳门目前仍然没被列入亚太区万事达卡旅游指数。这个指数每六个月会对亚太区的 12 个市场（澳大利亚、中国内地、中国香港、印度尼西亚、日本、韩国、马来西亚、新西兰、菲律宾、新加坡、中国台湾、泰国）进行一次出境旅行预测，并对该地区城市中产阶级商务和个人旅行趋势进行调查。调查显示，亚太区最受旅客欢迎的个人旅游地点是新加坡，紧接着是泰国和中国香港。

由此可见，澳门的旅游发展必须面对周边地区的强大对手，尤其是过去澳门的赌博独占优势，已经被周边地区和国家的不断开赌打破。在巨大的竞争压力下，重新寻找自己的市场定位，以此塑造全新的旅游形象，确立澳门的旅游核心竞争力是十分重要的。

一般来说，地区竞争优势的建立，尤其是核心竞争力来源于地区独特的、难以被对手模仿的优势。目前澳门所具有的最具独特魅力、周边地区最不能模仿的竞争优势，是澳门过去多年来被自己忽视的世界文化遗产品牌。事实上，澳门的这个优势既是周边的主要竞争对手香港、新加坡所无法祈望的，也与世界历史文化遗产数量排列全球第三位的内地形成区别。内地历史文化遗产的主要特点是以本土文化作为积淀，而澳门历史城区则是以中国历史文化和南欧历史文化的融合为特征。

澳门世界遗产所蕴含的文化底蕴更是同样称之为世界赌城的拉斯维加斯所不能企及的。因此，把澳门定位于亚洲的拉斯维加斯也是不准确的。世界文化遗产的历史城区、世界级的赌城以及区域性的休闲娱乐和会展旅游城市，这个多样性的旅游新形象，应该是澳门在全球全力争取和推广的。

2. 不断创新澳门旅游的国际竞争力

20 世纪 90 年代中期，世界旅游业逐步认可了有关学者对旅游目的地竞争力的五个因素，就是：主要旅游产品的质量；辅助旅游产品的质量，即饭店、餐馆与展览馆等的质量；目的地的旅游形象；外部的可进入性，即进入旅游城市的外部交通网络；内部的通达性，即旅游者在城市内、旅游点之间漫游的便利性。这五个因素都可以通过政府与企业的投入及努力不断加以完善。因此，旅游的国际竞争力既是一个综合性的，也是一个动态性的概念。每一个国家或地区，都不可能凭借某一个因素在某个特定时期的表现而获得旅游的持续发展，不断根据竞争态势的变化全面地创新竞争因素是必需的。

（五）实施长期的人力资本创新战略

从澳门大旅游战略的长远与整体发展来看，澳门的竞争力提升主要表现为人力资源素质的提升。人力资本是澳门所有资本中最为奇缺，也最为关键的资本，是澳门经济发展的主要"瓶颈"，可以说是澳门最重要的"创造性资产"和战略性资本。

人力资本与其他物质资本所不同的是具有创造性。这个创造性表现在两个方面：其一，人力资本是通过大量的投资创造的，教育和培训就是这个投资的过程。而教育投资必须是长期的，它不可能在短期内奏效。其二，人力资本是最具创造力的，也是最具经济效益的。它一旦形成，就会使整体经济和社会的发展建立在可持续的基础之上。

因此，尽快地制定并实施澳门长期的人力资本创新战略具有重大意义。为了缓解当前人力资本的缺口，引进人才和培育人才是不可或缺的两个策略。

（六）产业空间布局的重整与城市规划

澳门作为一个微型城市经济体，城市就是旅游产业的载体。在大旅游发展策略和澳门城市功能定位于旅游城市的情况下，澳门旅游产业的空间布局与城市规划必然紧密地结合在一起，城市规划的主体就应当是旅游产业空间布局规划。然而，目前澳门旅游和城市规划尚处于无序状态，在缺乏长远和统一的城市规划下，旅游产业的空间布局杂乱无章，大型的博彩娱乐设施在居民区中见缝插针，更有甚者，澳门的主要高等院校门口或附近均有大型的赌场存在。

鉴于此，澳门的整体城市规划必须尽早出台。因为在缺乏整体城市规划的情况下，不仅会加重过去形成的杂乱无章的空间格局，严重影响居民的生活和营业，恶化澳门的旅游环境，更会造成破坏极其珍贵的世界文化遗产的不良后果。这对澳门的影响不仅涉及旅游业，更涉及澳门对人类文明的认识和态度的整体形象，其产生的后果不堪设想。

各国利用世界文化遗产发展旅游的正反经验和教训已经告诉人们，世界遗产的利用和保护必须同时推动。在城市的建设过程中，保护是利用的前提。世界历史文化遗产最多的欧洲是城市历史建筑风貌保持得最好的，原因就在于其建立了国家规划师制度。城市的规划和所有的建设项目，必须先经派驻的国家规划师签字同意，再上报市长批准后才可以动工建设。欧洲国家的城市，尽管遭受了多次战火的蹂躏，但现在还能清晰地看到几百年前甚至是一千年前的建筑。这就在于当地的政府、规划师们为他们的子孙后代留下了不可估量的、不断增值的、不可再生的资源。从城市的发展历史看，世界文化历史遗产将越来越值钱，成为城市不可估量的宝贵资产，也成为许多国家和城市赖以生存和发展的主要资源。事实上，其他资源都会枯竭或贬值，唯独城市独特的风貌、历史古建筑、历史街区等资源，将随着全球旅游业的兴起，世世代代地增值下去。

参考文献：

[1] 陈昱. 抓紧解决新问题，化解深层次矛盾是澳门当务之急 [N]. 新华澳报，2008 – 04 – 16.

[2] 左连村，徐久香，蔡双. 澳门博彩业发展的若干思考 [J]. 经济前沿，2008（2）.

[3] 张广瑞，魏小安，刘德谦. 2002—2004 年中国旅游发展：分析与预测（No. 3）[M]. 北京：社会科学文献出版社，2003.

[4] 曾忠禄. 澳门博彩产业的可持续发展研究 [J]. 澳门理工学报，2005（1）.

（本文原载于《广东社会科学》2008 年第 6 期）

回归后澳门经济适度多元化实践的回顾与反思

从多个视角去考察澳门经济适度多元化这一概念，可以推断出澳门经济发展的常态是适度多元化，而非一业独大。适度多元化并非一业独大下的辅助链条，而是澳门经济发展的主轴。

事实上，这个论断不仅仅是概念之推理，更在澳门历史与现实的进程中得到证实。

一、历史的本来面目

回顾历史，澳门作为相对独立的经济体存在至今，适度多元化一直为其经济常态。在不同的历史阶段，由外部经济环境变化而主导的澳门经济结构，出现了不同的龙头产业。例如，400多年前开埠时一直持续至19世纪末期的贸易主导；19世纪末期起步的博彩主导；二十世纪六七十年代起至90年代的制造业主导；以及21世纪初期至今的博彩主导。也只有在最近十年间，博彩业才从龙头产业急速地走向一业独大，然而好景不长，其增长趋势从去年开始大幅下滑。

实事求是地说，产业结构、经济适度多元化是现代经济的概念。而澳门进入现代社会和具有现代产业，即建立起第一代的产业结构，起步于20世纪60年代。如果从那时开始观察澳门现代经济结构的变化和演进，更证实了一业独大并非澳门经济发展进程的主旋律，适度多元化则是长期存在的现实。这是澳门历史的本来面目。然而，博彩业近年来在极其短暂的时间内，扭曲增长为一业独大，或一赌独大的极致。由博彩业扩张所带来的财富急速膨胀与繁荣的景象，使得适度多元化发展反而成为距离遥远、可望而不可即之目标。更有论调认为，澳门以赌城著称，以赌立命，博彩坐大应当是市场的选择。澳门要推行经济适度多元化，不仅十分艰难，而且违背了市场的规律。然而，澳门历史与市场选择写就的事实，并非如此。

（一）现代经济体系的建立：适度多元化结构的形成

澳门现代经济体系的建立，起源于20世纪60年代。经济适度多元化正是这个经济体系的最为重要的特征，而主导和拉动这个经济体系发育成长的产业，就是以加工贸易为主的制造业。那是澳门本土现代企业的创业高潮期，大量中小微企业异军突起，本土经济充满活力，且迅速推动澳门的现代化进程。

以制造业带动的经济高速发展，不仅使澳门经济总量持续扩张，人民生活水平明显改善，更由制造业的产业关联效应，带动了其他产业的扩张与发展。由此，形成了四大支柱产业的经济结构。20 世纪 80 年代中期，澳门制造业发展达到顶峰，成为澳门第一大支柱产业（见表 1）。

表 1　20 世纪 80 年代上半期澳门主要经济行业比例构成

（单位：%）

	1981	1982	1983	1984	1985
制造业	28.1	32.9	35.4	35.9	34.9
旅游业	21.9	24.7	23.4	23.6	23.6
建筑地产业	15.6	7.7	7.1	7.3	7.8
金融业	5.0	5.0	5.0	5.0	5.2

资料来源：杨允中《论澳门产业转型》。

从博彩占旅游业七成比例（当时统计还未把博彩业从旅游业中专门列出）可以估算出，博彩业在整体澳门经济中所占的比例，20 世纪 80 年代一直维系在 20% 以下，并未因市场的选择而出现博彩旅游业坐大的事实。澳门现代产业体系的第一次建立，就凸显了经济适度多元化的特点。

80 年代下半期以后，澳门加工贸易制造业所依赖的市场形势发生了巨变。内地改革开放的潮流，使得澳门制造业面临挑战，从而开始了制造业向内地的迁移。澳门与香港一起，与内地形成了"前店后厂"的区域合作模式。与此同时，港澳两地共同进入了制造业在本土持续下降的模式。由制造业提供的增长动力开始弱化，澳门随之进入经济转型期。

制造业动力的减幅与产业转移，使制造业失去了主导产业的地位，澳门经济结构中的主导产业转换，不是走向工业化的高端环节，或类似香港的现代服务业升级，通过在本土集聚生产性服务业，形成全球供应链的管理中心，而是原有的博彩旅游业的复归。

制造业在澳门整体经济中所占比重，从顶峰的 1984 年开始，持续下滑了 20 多年。但是，直至博彩制度改革的 2003 年，仍然维持着四大支柱产业的格局，制造业仍然位于澳门的四大支柱产业之列（见表 2）。也就是说，在 2003 年澳门经济增长的动力已经转换为博彩业主导的情况下，房地产业、制造业与金融业，仍然是博彩业之外的动力源。

表 2   1995—2003 年澳门四大支柱产业的比例结构

（单位：%）

	1995	1999	2003
博彩业	27.17	22.30	31.92
房地产业	18.38	13.11	8.10
制造业	7.59	9.32	6.22
金融业	6.49	9.92	9.45

资料来源：澳门统计暨普查局《本地生产总值主要修订 1982—2010 年》。

然而，毋庸置疑的是，由于制造业比重的大幅萎缩，四大支柱产业的组合拉动力明显下降。四大支柱产业从 1984 年占据经济体的 71.8%，下降到 2003 年的 55.69%。而博彩业之外的产业提供的组合动力已经低于博彩业。

（二）特点与启示

澳门第一次适度多元化的实践，可以得出以下四点启示：

第一，适度多元化是澳门建立现代经济体系的主要路径。澳门建立现代产业体系的突破口不是博彩旅游业，而是制造业，尽管博彩旅游业一直被认为是澳门的最大的比较优势。

第二，澳门建立的以制造业为主导的适度多元化体系，与当时的国际经济走势、世界市场变化，以及澳门周边地区的经济因素和制度变迁密切相关。澳门当时低廉的土地、劳力，以及香港逐步丧失的普惠制及纺织品配额，形成了资本流入澳门制造业的洼地；而内地的改革开放，又是促使澳门与内地形成"前店后厂"分工格局、纳入全球生产网络的原因。制造业主导的适度多元化，是由外生变量与澳门自身的资源禀赋相结合的产物。由此可见，比较优势是动态的。把澳门的比较优势仅仅归于博彩业，是十分武断的，也不符合历史的本来面目。

第三，以制造业带动的适度多元化，建基于澳门本土企业。也就是说，适度多元化经济体系的企业主体是本土企业，尤其是中小型企业。从而启动了澳门本土现代企业的发育与成长，也为澳门逐步形成内部自主发展的能力奠定了微观基础。迄今为止，澳门本土的优秀中小企业大都发源于这个时期；而制造业的急剧扩张，通过产业关联效应，带动了其他产业的发展，并没有产生对其他产业的挤压作用。

第四，当澳门制造业的比较优势因外生经济因素变化而丧失，澳门经济面临转型之时，因内生性的自主增长与创新能力缺乏，转型陷入困境而无法创造新的比较优势，其仅存的比较优势就是博彩业。博彩业是在不需要任何资源、要素禀赋的地区赌博制度的安排下所形成的比较优势。澳门第一次经济转型的困境，充分反映其内部自主增长能力之"缺口"，在经历了1994—1999年负增长的陷阱泥潭之后，澳门的主导产业又一次复归为博彩业。这可以说是澳门能力"缺口"下的无奈选择，而非很多学者所说的是澳门回归祖国后，区域经济合作的大势所趋。

二、回归后博彩业主导的第二次适度多元化

1999年的回归祖国，为陷入经济转型困境、持续几年负增长的澳门经济注入了新的活力。"澳人治澳"更为从根本上摆脱高度依附的经济增长路径，孕育与培育澳门经济内生的自主增长能力以及创新机制，重建新的地区比较优势奠定了基础。由此，澳门进入了第二次经济适度多元化的实践期。

（一）龙头产业与适度多元化

如果说澳门第一次的经济适度多元化，是由制造业的现代化起步，主导澳门建立了现代的产业结构，那么第二次适度多元化则是由对传统的博彩业实行现代化、国际化经营，以及开放市场的制度改革，突出博彩旅游业的龙头地位起步的。

事实上，澳门在2002年打破长期实施的博彩专营垄断，实行博彩牌照的国际招标，引进国际资本与新的经营方式，既是澳门博彩业走向现代化、市场化与国际化的一次制度性创新，又是澳门"壮大龙头"的主要对策。这个制度创新果然具有立竿见影的龙头拉动效应，配合内地"自由行"政策的叠加效应，不仅使澳门摆脱了经济增长的颓势，更创造了澳门经济发展过程中前所未有的超高速增长奇迹。

龙头产业的壮大提升，是澳门经济适度多元化的内容之一，但并非这个战略的全部。在2002年特区行政长官施政报告中，就明确指出澳门的经

济发展"以旅游博彩业为龙头，以服务业为主体，带动各行业平衡发展"①。显然，构筑新的经济适度多元化体系，是壮大龙头产业的目标。

2007 年底，当澳门博彩龙头已然全面显现的情况下，特区行政长官在 2008 年的施政报告中提出了 2008 年澳门政府施政的重中之重，就是"配合国家'十一五'规划的精神及其提供的机遇"，全力促进经济适度多元化。② 更将适度多元化表述为："根据澳门发展的实际需要，透过推进综合旅游、优化经贸平台、发展相关服务行业、推动传统制造业的转型和升级几个层次，加大适度多元化的推进力度。"③ 2008 年 4 月，澳门特区政府更是宣布了停止增设博彩牌照、控制赌场数量等一系列调控博彩业的举措。

澳门经济适度多元化的发展，引起了中央政府的关注，并把此作为影响澳门长期可持续发展的一个深层次问题。有趣的是，在国家"十一五"规划和"十二五"规划中，对澳门的提法从未提及或涉及博彩业，而是更为强调经济适度多元化，并且提出了适度多元发展的具体产业。在"十一五"规划中提出"支持澳门发展旅游等服务业，促进澳门经济适度多元发展"。而在"十二五"规划中，则更明确地指出"支持澳门推动经济适度多元化，加快发展休闲旅游、会展商务、中医药、教育服务、文化创意等产业"，并把澳门定义为世界级的休闲旅游中心，葡语国家与中国联结的商贸平台。

由此可见，澳门此次经济适度多元化的推进，不仅是澳门政府的施政重点，更包含了国家的全力支持与政策配合（如在澳门设立中葡商贸平台，协助澳门获得世界历史文化遗产，对澳门高校进行人力支持等），以及内地周边地区的实际付出。例如粤澳合作的国家战略平台横琴开发区、中山翠亨新区。其区域发展规划均包含帮助澳门经济适度多元化的政策与措施，有的区域更把其作为设区主旨。

（二）对美国大型博彩企业的期盼

实际上，如果我们探究澳门政府对"壮大龙头"的一系列博彩体制开放改革的初衷，可以发现，当年策略选择的考虑，就包含了通过博彩企业发展带动经济适度多元化的意图。这很明显地反映在 2001 年赌权公开竞投的第 217 号批示《澳门特别行政区娱乐场幸运博彩经营》中，对竞标企业

---

① 2001 年 11 月《中华人民共和国澳门特别行政区政府 2002 年财政年度施政报告》。
② 2007 年 11 月《中华人民共和国澳门特别行政区政府 2008 年财政年度施政报告》。
③ 2007 年 11 月《中华人民共和国澳门特别行政区政府 2008 年财政年度施政报告》。

的考虑需要"有利于使所提供的旅游产品多元化"。

从澳门政府对博彩牌照竞标者的最终选择看，显示了两个强烈的偏向：一是十分关注竞标企业的经营资源和业务中的非博彩因素，例如"威尼斯人"具备的全球会展资源，永利财团的多样化娱乐设施和表演；二是偏向于在美国赌城拉斯维加斯的现代化、国际化的综合性企业中做出选择。

不难看出，澳门此次经济适度多元化的发展，是以拉斯维加斯为模本进行的复制。为使复制高度模拟，中标的两家国际性企业均为拉斯维加斯的综合性博彩企业。这种选择集中反映了澳门对美国大型博彩企业的期望：即通过这类企业的多样化经营，改变澳门旅游业单一依靠博彩因素的状况，使澳门成为集博彩、娱乐、休闲、会展商务等为一体的、多功能的综合性旅游中心。

由此可见，澳门此次适度多元化的实施主力，是澳门本土之外的国际性大型博彩企业。这种选择的内在合理性推论如下：首先，只有大型企业才能具备突出主业、多样化经营，成为综合性企业的能力；其次，拉斯维加斯的综合性企业正是经历了以博彩为主，多业并举的发展路径，促使拉斯维加斯经济由博彩一业独大转变为适度多元化的经济体系。因此，适度多元化由博彩企业突破，这是拉斯维加斯已经成功的经验。澳门的选择反映了其对于美国大型博彩综合型企业的极高期望。

前有行者，更何况已经把前行者引入，不仅作为向导，更作为主力。这已经不是模仿，而是拉斯维加斯经济适度多元化的澳门制造，复制更应当是水到渠成。这就是当年澳门设计的主导构思。

（三）一个中心、一个平台、区域合作的路径选择

从澳门政府多年来坚持的策略看，澳门经济适度多元化包括三个实现路径，即"一个中心"——世界级休闲旅游中心，"一个平台"——中葡商贸平台，"区域合作"——深化与珠三角地区的合作，重点是横琴开发区、中山翠亨新区的合作，以开拓发展空间。

"一个中心"内涵的行业十分清晰，可以说涵盖了休闲旅游的所有因素，即文化娱乐、艺术表演、会议展览、体育赛事、购物美食等，可以归结为旅游业的垂直多元化。目前有所进展的是商务会展业，而与文化娱乐相联系的文创产业则在起步阶段。

"一个平台"则起步于澳门回归前夕，中央政府把中国与欧盟国家每两年一次科技交流的"尤里卡"会议地点设于澳门；2003 年，中国更把

"中国—葡语国家经贸合作论坛"设于澳门,并委托澳门定期举办论坛。目前中葡经贸论坛已经举办多次,且取得了一定的成果。"一个平台"的思路,是发挥澳门在中国对外经贸体系中的独特经贸地位,以及相对优势潜能,形成与扩展澳门经济的新因素和新动力,推进适度多元化的主要内容。但是,商贸平台的最终落地是区域性总部中心的形成,也就是说,总部集聚是经贸平台搭建的基础。迄今为止,澳门作为区域性总部的落脚点,仍然缺乏水到渠成的条件。故而,这个路径仍然没有得以突破。

"区域合作"是澳门微型经济体突破空间限制、扩张经济功能和取得发展新动力的补强之道。从根本上说,澳门产业成长、发展以及扩张的市场空间,主要在境外而非本土。内地,尤其是澳门周边的珠三角地区,一直是澳门经济发展的最大市场。澳门积极参与 CEPA 推动的大珠三角地区区域合作,以及广东的三个粤港澳合作国家战略平台的开发,推进中山粤澳合作示范区的发展,对澳门在区域合作中建立新的地区竞争优势,培育本土的创新产业发展,形成多元化的产业新格局,是一个很重要的路径。在粤澳的横琴开发区中,中医药产业开始起步,中山翠亨新区的产业也在规划之中。

三、复制的成败:博彩业坐大与适度多元化失效

由大型外资博彩企业,尤其是本身具有多样化经营经验,且推进了本土地区经济适度多元发展的综合性企业,作为澳门经济适度多元发展的主力,通过复制拉斯维加斯模式,使澳门走上产业多元发展道路,减低整体经济对博彩业的依赖性,这就是本次经济适度多元化的主要特点。

然而,历经十多年的实践,澳门所做的拉斯维加斯之梦,是否能变为现实呢?

(一)七个拉斯维加斯:博彩业的极致

让澳门人和世人始料未及的是,赌权放宽的制度性激励,数十倍甚至百倍地放大了博彩业的市场供给,内地"自由行"政策更打开了博彩市场巨大的需求空间。在这两个因素的叠加影响下,澳门博彩业开始了十多年爆炸式的增长,不仅创造了 21 世纪前十年令世人咋舌的经济成长奇迹,更把博彩业做到了极致,一个小小的澳门竟然成就了一个巨大的世界级产业。这是澳门过去从未企求与达到的世界地位和辉煌。

澳门博彩业从 2006 年首次超过全球第一的拉斯维加斯起,就展示了一

次又一次地创造数个拉斯维加斯的历史。2013 年澳门博彩总收入达到 3 600 多亿澳门元的顶峰，其数额已经是七个拉斯维加斯收入之和。徒弟一次次地超越师傅，从这个角度看，澳门的复制应当是极其成功的。澳门今天已经是傲视全球的第一大赌城，世界上所有的赌城都只能望其项背。

（二）一赌独大：适度多元化的失效

如果说，澳门博彩业一次次超越拉斯维加斯，显示了复制成功的一面，那么与这个成功如影随形的，则是博彩业的一业独大，预示着十多年复制无效的另一面：适度多元化的失效。

以数据来看，2013—2014 年，博彩毛收入占 GDP 比重，从 2002 年赌权开放前的 40%，提升到 90% 以上；而博彩税占政府财政收入的比例，从 64% 攀高至 80% 以上，甚至高达 90%；2013 年澳门产业结构中博彩业占 GDP 比例，也从 2002 年的 29%，上升至 46.1%，接近五成，为历史最高位（见下图）。澳门经济在整体上从未像现在这样近乎绝对地依赖于博彩业。①

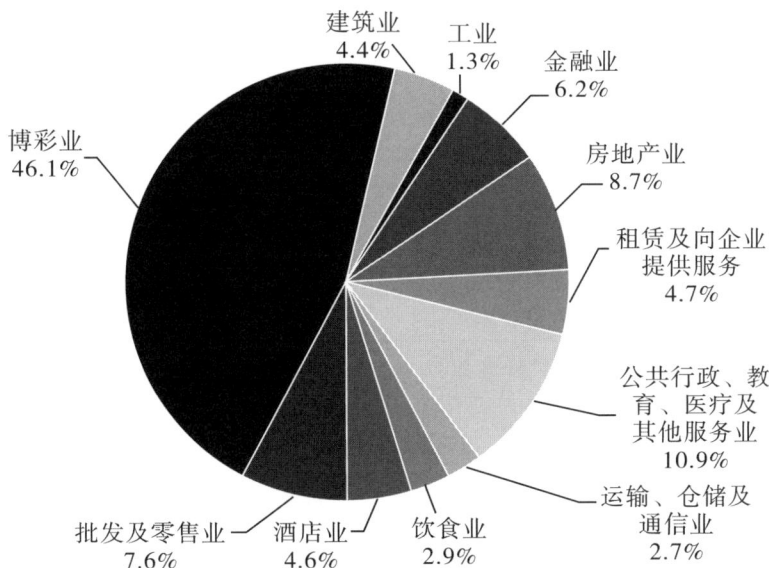

澳门 2013 年产业结构图

资料来源：澳门统计暨普查局《产业结构 2013 年》。

---

① 王五一 . "赌权开放" 与澳门博彩业发展 [J] . 广东社会科学，2011（2）.

澳门博彩一业独大，即一赌独大，其凸显的"独"，或称之为单一性，已经达到极致。具体表现为：

产业单一性：博彩业近年来在产业结构中几乎呈几何式增长，挤占其他产业从而占据绝对地位。尤其是自2009年以后，博彩业在产业结构中开始跨越40%，2013年更逼近50%的比重。一般来说，一个经济体产业结构中占50%的前几个大产业可称为支柱产业。澳门接近50%比重的仅有一个产业，是最为极致的产业极化，即典型的一业独大。

以2009年与2013年产业结构中各行业比重变化走势看，一业独大必然是其他产业的缩减（见表3）。

表3　2009年与2013年主要行业比重变化及年均增长率

（单位：%）

	2009	2013	变化	年均增长率
制造业	1.48	0.60	-0.88	-1.2
建筑业	8.27	4.40	-3.87	5.5
批发及零售业	6.10	7.60	1.50	31.3
酒店业	4.35	4.60	0.25	25.7
饮食业	3.48	2.90	-0.58	18.2
运输、仓储及通信业	3.70	2.70	-1.00	15.1
金融业	7.28	6.20	-1.08	16.7
房地产业	9.00	8.70	-0.30	22.5
租赁及向企业提供服务	6.44	4.70	-1.74	14.3
博彩业	32.26	46.10	13.84	35.0

资料来源：根据澳门统计暨普查局《产业结构2009年》《产业结构2013年》数据计算。

由表可见，2009—2013年，仅制造业呈负增长走势，其他行业均有不俗的增长表现，且大部分维持着两位数的年均增长。即便如此，都没有阻碍各个行业在经济结构中收缩的势头。整体结构中仅有三个行业的比重呈上升态势，即批发及零售业、酒店业、博彩业。其中博彩业大幅扩张了接近14%，而其他两个行业均是与博彩相关度很高的行业。

博彩业、批发及零售业、酒店业在经济结构中变动为正的直接原因，是这三个行业的年均增长率高达25%以上，其中博彩业为35%的最高位。因此，从数据可以判断：在过去十多年中，除制造业外的各个产业无一例外的高速增长，以绝对值看均经历了数量的大幅扩张；但是，如果产业增长不能达到年均25%以上的增长率，则根本无法阻挡其产业在经济结构中下降的趋势。由此，我们不能仅以非博彩业的大幅增长，而否定博彩业一业独大的事实。产业独大与否，是相对数而非绝对数。2013年与2009年相比，非博彩业收入增长一倍，博彩业则增长三倍。此时并非龙身大了，而是龙头更大，龙身更小，就是这个道理。

同样，从2009年与2013年经济结构中最大的四个产业的变化来看（见表4），也可以得出如下结论：澳门经济结构正迅速向博彩业，以及与博彩业相关联的行业扩张，经济增长五成动力来自博彩业，其他三个行业的动力总和不到博彩业的一半；与此同时，其他行业的集中度（所占比例）均趋向变低，而博彩业的集中度则迅速提高，凸显经济结构的绝对单一性。

表4　2009年与2013年最大的4个产业比重

（单位：%）

2009 年		2013 年	
博彩业	32. 26	博彩业	46. 10
房地产业	9. 00	房地产业	8. 70
建筑业	8. 27	批发及零售业	7. 60
金融业	7. 28	金融业	6. 20

资料来源：澳门统计暨普查局《产业结构2009年》《产业结构2013年》。

博彩企业经营的单一性：博彩业的一业独大，其主要根源在于澳门大型外资博彩企业并未如预期般，作为适度多元化的企业主体，通过业务多元化，达致博彩旅游产业的适度多元发展。反倒是突出博彩业务成为所有企业的偏好，而同步地展开适度多元化长期未见很大突破。2012年数据显示，澳门6家博彩持牌企业的整体收入中，非博彩收入占企业总收入的比例不到10%。其中，"威尼斯人"为10%，"永利"在6%左右，"银河"则为3.5%，"米高梅"稳定在1.1%，而"澳博"与"新濠博亚"则低于1%。① 虽然来自拉斯维加斯的两家博彩综合型企业，具有较高的非博彩收入比例，但是，与它们在拉斯维加斯的经营相比，其多元化程度差距很大，显示了拉斯维加斯企业的"澳门制造"完全异于"本土制造"。

---

① 纪春礼. 基于博彩企业视角的澳门产业多元化分析［J］. 当代港澳研究，2014（2）.

博彩市场结构的单一性：博彩业近年来的爆炸式增长，七成动力来自贵宾厅。大量资源向贵宾厅的集中，使得过去澳门传统的博彩产品，如赛马、赛狗等活动大幅萎缩。这类产品因收入剧减，更造成了其生存空间缩小，难以继续立足澳门的状况。由此可见，博彩业一业独大不仅挤压了其他产业的发展空间，更在博彩业内部产生幸运博彩挤压其他博彩产品、贵宾厅业务挤压中场业务的"独大"趋向，使整体博彩产业发展的动力也单一化。如果说，澳门经济近乎绝对地依赖博彩业，而博彩业又绝对地依赖贵宾厅业务，则澳门经济发展的单一性更呈极化趋势，这种状况必然隐藏着极其巨大的风险。

财政收入来源的单一性：澳门特殊的博彩制度，使得博彩税在历史上一直为澳门的主要税源，其在财政收入中所占比例高达60%以上。近年来博彩税所占比重大幅攀升，维系在80%～90%，甚至90%以上。博彩税的大幅增长，在财政收入中已经占据独一无二的绝对比重，更凸显澳门财富来源的单一性，以及适度多元化并无取得实质性的突破和成效。一业独大更使得澳门经济从对博彩业的依赖性发展到绝对依赖的程度。

四、适度多元化失效之反思

澳门抱有极大期待的美国大型博彩企业，并没有在澳门实行博彩业为主，适度多元的综合性经营。拉斯维加斯企业的"澳门制造"与"本土制造"，结出了不同的果实。印证了中国的一句古话：江南为橘，江北为枳。

历史与现实告诉我们，一个成功模式的复制与移植，绝不能忽视本土特定经济因素、历史传统和背景，以及各利益相关方的行为和诉求；否则，复制和移植均不会取得预期的效果。同理，企业的跨国投资与经营，在不同地区的不同经济环境和条件下，必然会制定并实施不同的经营方式与战略去应对。由此，影响复制的"澳门制造"结果的，必然是澳门的本土因素。

（一）复制中的变异：澳门博彩制度之缺

一业独大的产生，源于大量资源向博彩业的集中。这实质是市场力量对博彩业暴利追逐的结果。在正常的市场作用下，高额利润往往引致资本大量流入产业而加剧竞争，竞争的结果则是全部行业的利润率均等化，从而保证资源在市场机制下的合理配置，纠正经济失衡的发生。

而在垄断性的市场结构中，竞争不能充分展开，资本在产业间的流动受阻，垄断产业的高额利润就不会参与利润均等化过程，则资源分配就会向垄断产业极度集中。由此可见，一业独大与经济失衡，最终是由市场结构，即竞争机制的力度大小决定的。

观察澳门复制拉斯维加斯模式的过程，就不难发现，澳门复制过程中产生的制度性变异、市场结构变异，是导致复制结果最终变异的根本原因。

拉斯维加斯赌业实行的是大众性博彩，其从业者的准入是规范条件下的市场进入，即市场登记制。只要符合规范即可进入，并不存在对准入者的数量之限制。这就是今天仅有澳门1/7博彩总收入的拉斯维加斯，拥有300多家赌场的原因。

实际上，拉斯维加斯实施的是完全开放性的博彩市场体制，造就的是一个自由竞争的市场结构。竞争态势使博彩纯利润率维持在3%~4%的水平，并非暴利。这种状况正是拉斯维加斯能够保持博彩业的适度扩张，实现经济适度多元的基础。

澳门在博彩制度上所采用的，是在保留原有博彩专营制基础上的政府批出经营权，即由政府招标选定企业，然后与中标企业签订承批合约，批出经营权。2002年的制度变迁，其含义仅是从博彩的独家专营，变为六家专营，且向国际招标。这种"一变六"并未真正改变市场结构的性质，有限进入的市场开放使得过去的垄断格局走向寡头垄断市场及利益格局，垄断性便意味着巨大的商业利益。根据澳门统计暨普查局的博彩业调查资料做出计算，2009年博彩业的博彩毛收入收益率（增加值与毛收入之比）高达47.8%，而这个数据在2013年则攀升到57.8%的水平。虽然澳门政府对博彩业实施高额征税，但博彩企业的利润仍然处于高位。以"威尼斯人"2004年开业的金沙赌场为例，当年投入经营，当年回收投资，利润率高达30%（税后）。这就回答了澳门仅有拉斯维加斯1/10的赌场数量（澳门赌场30多家），却赚了七个拉斯维加斯收入的巨额博彩毛收入的原因。

少量进入的制度安排最终会导致竞争不充分条件下的相对高额利润，寡头市场的高额利益结构一旦出现且固化，在一个体积很小的微型经济体中，一方面会出现大量社会资源向其集中，而使其他行业失去发展的基础；另一方面会使寡头市场的内部创新动力减弱，阻碍其通过产品和服务创新向多元化方向发展。寡头市场的两个结果，已经在今天的澳门博彩业中充分显现。

（二）政府监管角色的混乱

澳门博彩业寡头市场结构并不是由于企业规模的扩张或是特殊需求曲

线特点自然产生的结果，而是政府通过少量进入方式的规制造成的。也就是说，政府以行政手段限制竞争，造成中标企业处于寡头垄断地位，阻碍整个产业的利润参与社会的平均化过程。由于政府批出的牌照数量极其有限，牌照必然成为市场上最为稀缺与最为昂贵的资产。政府作为这种资产的拥有者和批出者，也就是资产的最大股东身份，通过与博彩企业签订的专营合约，参与博彩业的高额利润分配。在政府以行政手段造出一个不参与利润平均化的寡头市场结构的同时，政府则以大股东的身份，通过征税代表澳门参与博彩利润的分配。一方面用所得收入去投资澳门经济的未来发展、社会与民生；另一方面则限制牌照企业获取过高利润。

这样的一种制度安排与拉斯维加斯的区别在于：拉斯维加斯是通过博彩业参与利润的社会平均化过程，使其他产业与博彩业共同发展。在这个过程中，政府仅扮演市场之外的服务与监管角色。而目前澳门的博彩制度则是通过政府制定的博彩高税率，以及政府与博彩寡头的双方协议来推动多元化发展。

因此，在目前澳门的博彩制度下，政府具有双重身份：第一种身份是大股东，通过收取博彩税体现；第二种身份是政府，要对企业的活动，尤其是博彩企业的活动进行监管。

从政府身份看，对不具有"经济自控制力"[①] 的博彩企业，如果不实施有效、严格的监管，甚至某种程度的人为控制，则无法保障博彩业的健康发展，会导致博彩业无限坐大，挤压其他产业的发展空间；而从大股东身份看，政府作为"经济人"，利益最大化是其内在冲动，有效监管与适度抑制博彩业，均会损害大股东的利益。这种因身份而导致的行为指导之混乱，必然使政府陷入两难境地。客观地看，利益的冲动往往是行为的最强诱因。作为"经济人"与"市场监管人"的政府，在权衡产业的均衡发展之时，很难避免偏向天平的哪一边，其道理不言自明。

政府角色的定位混乱与监管不力，是近年来澳门博彩业出现非规范性的因素，拉动博彩业非常规的超高速增长，凸显一业独大产生的原因之一。本文并不认同此次博彩业中非常规因素拉起的超高速，缘于政府的调节功能不强。[②] 事实上，政府角色在"经济人"的大股东与"市场监管人"之间相互摇摆，无关能力，是制度使然。从澳门全面禁烟一事就可以看出，赌场成为最后的实施场所，成为禁烟之后相当时间的"法外之地"，政府对博彩业的偏倚可见一斑。

---

① 王五一. 2015，澳门赌业想什么 [J] . 当代港澳研究，2014 (2).

② 蔡赤萌. 澳门经济增长方式：从超常增长走向新常态 [J] . 澳门理工学报，2015 (1).

综上所述，澳门的复制移植之路，与其复制的模式存在巨大的制度性变异，是其最终无法结出适度多元化之果的根本原因。

五、经济适度多元化的重新起步

澳门自 20 世纪 60 年代建立现代产业以来，一直维持着适度多元的经济体系。尽管是在制造业因转移内地，博彩业成为主导产业之后，但适度多元仍然为经济体系的特征。直至 2002 年，博彩业也无坐大至形成一业独大的经济体系（见表5）。

表5　1995—2013 年博彩业比重变化

（单位:%）

年份	1995	1996	1997	1998	1999	2000	2001	2002	2003	2004
比重	27.1	26.4	26.2	22.6	22.3	26.0	27.5	29.1	31.9	34.2
年份	2005	2006	2007	2008	2009	2010	2011	2012	2013	
比重	31.0	27.8	30.1	29.6	32.3	40.9	44.7	45.9	46.1	

资料来源：澳门统计暨普查局《产业结构》。

2002 年以后，澳门实施博彩制度的开放，以从赌场成功地发展成为适度多元化的综合性旅游城市拉斯维加斯为版本，开始了复制与移植的过程。然而，这个过程历经十多年，并没有达到预期的结果，反而造就了博彩一业独大的经济体系。博彩业占 GDP 之比，从 2002 年的不到 30%，大幅飙升至 2013 年的 46%，直逼 50%。由表5可见，博彩坐大其实主要发生在 2009 年以后极其短暂的 4 年间。

实际上，拉斯维加斯的博彩业也经历过一业独大的时期。这源于拉斯维加斯本来是沙漠地区，没有任何资源，更遑论产业。在一无所有的基础上起步，开放赌业也就成为当时的唯一选择。因此，博彩业是当时这个地区最早发展的产业，从博彩业的发展中，衍生出其他产业，是其发展所经历的主要历程。

一业独大在拉斯维加斯经济起步时应当是必然现象，且在其他产业处于发育或从属地位时，这种现象也会维持。而打破一业独大局面的因素之一，是来自 20 世纪 90 年代以后的两个因素：一是当时美国其他地区以及世界开放博彩业带来的巨大的竞争压力；二是当时美国人对出外度假、出外会议的需求旺盛，且呈多样化发展。故而 90 年代拉斯维加斯的博彩企业开始从一业经营向多样化过渡，逐步从博彩业中延伸发展了商务会展、度假休闲、娱乐表演、主题公园、婚礼服务等一系列产业，演变形成今天的适度多元化。

制约着拉斯维加斯博彩业在 GDP 中所占比重的另一个重要因素，是其消费主体的美国人的博彩消费偏好。他们偏向角子机，而非赌桌，更遑论贵宾厅。因此，拉斯维加斯博彩以大众化赌博为其主要特征，角子机与赌桌一直维持在 7∶3 之比，制约着博彩收入的无限扩张，从而非博彩与博彩收入也呈 7∶3 的比例。

拉斯维加斯是从一业独大走向适度多元，以拉斯维加斯为复制蓝本的澳门，虽然引入的是拉斯维加斯最为知名的多元化企业，但是，其结果相反，由适度多元走向一业独大。其原因固然与上述提及的复制中制度性变异，即复制没有到位相关，也与澳门的产业历史、周边地区的竞争压力，以及客源地消费者的偏好有极大关系。

此次的 2014—2015 年博彩业出现大规模下滑的经济调整，正是博彩业挤出非规范因素产生的增长泡沫，走向规范、健康的产业发展的表现；也是澳门总结过去适度多元化发展的历史经验，反思本轮适度多元化进程中出现偏差的原因，在此基础上，建立适度多元化重新出发的新起点。

［本文原载于《澳门中小微企白皮书（2015 年度）》］

粤港澳合作篇

粤港澳区域经济一体化前景展望

20 世纪 80 年代中国实行的改革与对外开放的方针，促成了港澳厂商大规模地把劳动力密集的轻型加工业向华南地区，尤其是向广东地区迁移，从而形成了三地间"前店后厂"的产业一体化体系，并在这个基础上，展开了全面的经济合作关系。三地经济合作的发展，带动了这个地区持续十多年的经济高速成长，起到了 20 世纪 80 年代中国经济迅速增长的"火车头"的作用。"九七"以后，粤港澳三地区域经济一体化的发展，将对这个区域在 21 世纪中竞争地位的维持，产生极其重要的意义。

一、经济一体化与一体化组织及其发展

在谈到粤港澳区域的经济合作时，有一种观点认为，不能用区域经济一体化去定义这一区域的经济合作。其理由有二：一是区域经济一体化指的是关税同盟、货币同盟、经济同盟那样的国家间组织，如 EU、NAFTA、APEC 等，粤港澳之间并无这类组织；二是"九七"之后，粤港澳三地是一个国家之中三个不同社会制度的地区，不可能结成国家间的一体化组织，因而也形成不了经济一体化关系。

上述观点在不少文章中屡被提及，但笔者认为，这类观点存在值得商榷的地方。首先，区域经济一体化与一体化组织应当是两个既有联系又有区别的概念。区域经济一体化指的是区域内不同国家与地区之间，在生产国际化与资本国际化的基础上，逐步发生内在联系而结成整体的过程，这是一种客观的经济现象。而一体化组织则是在区域经济一体化发展的基础上，通过国家或政府之间的调节与协商建立起来的一种经济组织。它为区域内一体化的发展提供了一种框架与组织形式，从而促进了区域经济一体化的发展。一般来说，区域经济一体化是一体化组织建立的基础，而一体化组织的建立则推进了区域经济一体化的发展。但是，并非有了一体化组织就能提高经济的一体化水平；没有一体化组织，区域经济一体化就不能发展。拉美、非洲从 20 世纪 60 年代开始就建立了很多一体化组织，然而，到今天为止，上述地区的经济一体化程度仍远远落后于一体化组织较少的

亚洲地区。在亚洲，区域内的实际经济合作与联系的关系要大大地高于拉美与非洲。粤港澳区域虽然没有有形的一体化组织，但是，从 20 世纪 80 年代以来，广东的先行对外开放与对外资进入的优惠政策，使得大量的港澳资本转移至广东，因这种资本在区域间的流动，带动了商品、生产要素、技术以及信息在三地间的重新组合与配置，形成了以港澳为购销、管理、指挥中心，广东为加工制造基地的产业一体化的跨地区分工格局。今天，粤港澳三地的经济已经成为一个整体，离开了广东这个后方加工制造基地，港澳的对外贸易、金融服务等一系列活动便无法存在；而没有了港澳的存在，广东的出口导向加工业也就无法维持。经济一体化即"整体化"，粤港澳已经成为一个不可分割的经济整体，其经济的结合程度已经高于许多存在一体化组织的地区。在这个结合过程中所产生的贸易创造与贸易转移效应也有目共睹。正是在这一意义上，即使并不存在三地政府的协议与契约，不存在有形的一体化组织，三地的合作也可以称为区域的经济一体化发展，但不可以称为一体化组织。

粤港澳区域经济一体化的发展先于"一国两制"的实现，它为香港顺利回归祖国奠定了坚实的基础。先推动区域经济的一体化发展，然后促进港澳的回归，是粤港澳三地在经济合作过程中提供的经验。推而广之，内地与港澳台地区的经济一体化的发展，也将最终有利于促进祖国的和平统一。

二、粤港澳区域经济一体化正面临挑战

从历史的观点分析，粤港澳三地现存经济合作格局的形成，是有其政策基础与产业基础的。从政策方面来看，广东的先行对外开放与对外资的优惠措施，是三地合作形成的重要政策基础；而港澳劳动力密集产业的迁移与广东工业化初期的资源、产业发展状况，是三地经济合作的主要产业基础。进入 20 世纪 90 年代，由于三地工业化的进展与经济转型的加速，已使上述的两个基础条件有了很大的变化。事实业已证明，80 年代粤港澳经济合作模式的形成基础，是带有极强的时效性的。

首先，对外开放、与世界经济接轨，是中国的一项长期的基本国策。然而，这个政策的实施是在中国逐步推进的，即从 20 世纪 80 年代开始，走过了由广东、福建到其他沿海省市，再由其他沿海省市到内地铺开的过程。广东的先行一步，仅是这个政策实施初期阶段的带有试验性质的一种地区战略，当这种政策取得成功之后，或迟或早都会向全国铺开。另外，

对外资的优惠措施在每一个国家都不可能是长期不变的政策，优惠将随着对外开放的进一步扩大而走向"国民待遇"的实施。从根本上看，优惠政策较有利于中小资本的投资，易于诱发投资的短期性倾向；实施"国民待遇"则有利于吸引大型资本的进入与长期投资，有利于中国的长远经济发展。90 年代以后，中国对外开放的全面铺开和外资政策的不断完善与健全，充分说明了广东的先行对外开放与对外资的优惠政策所具有的时效性。这一政策性的改变，一方面使港澳厂商的投资区域有了更大的选择范围与更加开放的市场；另一方面，又使惯于依赖优惠政策的港澳厂商（大部分为中小资本）面临着经营的困难。尤其是目前中国的产业政策鼓励向基础产业、重化工业与高科技产业投资，这些领域恰好正是港澳厂商的弱项。因此，港澳厂商调整投资策略已是必然的发展趋向。

其次，粤港澳经济合作的产业是劳动力密集的轻型加工业，这是由于港澳厂商的产业转移是以广东的低廉土地和劳力为条件的。一方面，随着资本的大量投入与时间的推移，地价与工资的水平会不断趋高，从而使过去低廉的土地与劳力资源优势弱化，经济就会出现结构性的调整。另一方面，从国际投资的撤退规律看，以廉价资源和劳力获取为动机的外来投资（效率性投资），其撤退的发生率是较高的。这是因为，一旦资源与劳力的价格上升，则诱发这种投资的动机不复存在，撤退也就是合理的了。就现状来看，广东与港澳目前均出现了把低成本的加工装配往内地进一步转移，以提升本地的产业结构的意愿，正反映了这种以劳动力密集产业为合作基础的时效性。

上述分析说明，粤港澳三地的合作正面临挑战，必须在新的基础上推进三地的经济发展与重构三地区域经济合作的格局。

三、今后推进粤港区域经济一体化发展的思路

港澳回归后，粤港澳区域将成为"一国两制"下的三个不同社会制度的地区，虽然三地将在一个国家的管辖之下，但是，按照香港基本法的规定以及中央政府的承诺，内地与港澳地区的经贸关系仍将遵照国际经贸关系与国际惯例的准则来处理。港澳作为独立的关税区，具有高度的自治管理权。在这种情况下，粤港澳三地的经济一体化将变为"一国两制"下的经济一体化，亦即中国境内的两个独立的实行资本主义制度的关税区与中国境内实行社会主义制度的一个省的经济关系。这既是一个国家中的不同地区的经济联合，也是一个国家中不同制度的经济联合。

为了推进粤港澳区域经济一体化向纵深发展，粤港澳三地应当在"一国两制"的条件下，重新构筑合作的政策基础、产业基础与协调基础。

1. 坚持以市场为导向的改革，扩大广东对港澳的开放度，是新时期粤港澳区域经济一体化发展的政策基础

十几年来粤港澳区域经济一体化的发展经验证明，阻碍三地经济合作的困难主要不是来自社会制度的不同，而是经济体系运行机制的差别与不衔接。港澳是实行市场经济的地区，资本、资源、人才、信息等是由市场进行调节；而广东是处于经济体制转轨期的地区，市场经济还很不完善、不发达，许多市场经济运行的手段、方法、机制有待建立，市场经济的法规、法律有待完善。这种状况表明，三地要在更高的阶段上更紧密地合作，依赖于三地的市场经济运行体制差异的逐步消除。因此，广东坚持不懈地进行以市场为导向的改革，努力建立完善的、发达的市场经济体制，是发展三地合作的一个重要基础。诺贝尔经济学奖获得者、美国知名学者莱斯特·瑟罗就曾经指出：香港的经济前途，全视内地能否大力推动市场经济而定。若能如此，香港及周边地区，就可以发展成为全球最具经济活力的地区。由此可见，广东能否坚持走市场经济的道路，是消除三地经济一体化发展障碍的关键。

广东对港澳的开放度，将决定粤港澳区域经济一体化发展程度的高低。港澳是世界经济体系中开放度最高的自由港，对资本、货物、人员、信息等实行自由流动的政策。广东如果不能继续扩大对港澳的开放度，就难以使上述的生产要素与港澳地区在更高层次上重新配置与组合，使区域经济合作深化。例如金融、科技等的合作与发展，就不单纯是低廉土地和劳力与资本的结合过程，它需要资金运动、信息与科技人才等方面的配合，不放松对上述流量的过多管制，区域内的合作就将是一句空话。

2. 用高新技术建立新时期粤港澳区域经济一体化发展的产业基础

在以劳动力密集产业为基础的粤港澳区域经济一体化发展面临严峻挑战之际，科技的发展，将是这一区域经济的重要增长点与推动力。这是因为，三地的工业化与经济发展已经完成了"要素推进"的阶段，开始进入"投资推进"与"创新推进"的竞争时期。也就是说，过去那种靠大量投入资源、劳力等要素来推进经济发展，提高竞争能力的做法，已不适应当前持续发展的需要。成功地由劳动力密集产业转向资金、技术密集产业，是保持经济持续增长与竞争力的关键。在这一转变的过程中，技术进步是唯一的基础。

粤港澳三地的科技基础、科技资源、科技结构与科技产业的发展条件

等总体条件，与其他地区相比，并无相对优势，科技发展是三地的弱项。然而，三地在这一区域中各自又有不同方面的相对优势。这种相对优势可以通过三地的合作，互补所短，发挥所长，推进技术的进步，形成新的竞争优势。从这一角度出发，三地合作既是推进技术进步的有效途径，又为新时期的粤港澳区域经济一体化提供了新的产业基础。正是在这一意义上，我们可以说，科技合作将成为区域经济合作的主旋律。

3. 发展多元化的协调机制，建立新时期粤港澳区域经济一体化的协调基础

粤港澳三地过去的合作，尤其是产业一体化的形成，是在微观的企业层面上，由市场机制推进的。这种由市场力量自发地根据三地的区位优势，对资源的流向实施的有效配置，是多年来粤港澳区域经济一体化发展的主要协调机制。但是，随着三地的经济联系日益密切，经济一体化日益向纵深发展，三地已经逐渐地认识到，仅靠微观的市场机制自发地协调一体化的行为是不行的。在一体化的发展过程中，形成市场的、民间的、半官方的以及官方的、多元化的协调机制，将成为新时期粤港澳区域经济一体化的基础。这种多元化的协调机制是三地经济合作走向整体性、结构性的保证。

为了多元化的协调机制的尽快形成，广东应尽早健全与港澳半官方机构相对应的半官方组织，如香港的贸发局、生产力促进中心等；建立民间的三地合作机构，如粤港科协、粤港澳旅游推介机构等。在此基础上，更进一步推进三地合作机构政策方面的协调。港澳回归后，三地是在一个主权国家之内，这就为政府之间的协调提供了有利的条件，尤其是在发展关系三地长远利益的重大合作之时，政府在政策方面的协调更加重要。

（本文原载于《特区与港澳经济》1997 年第 7 期）

回归后的粤港合作发展之反思

香港在 1997 年 7 月 1 日能够顺利回归祖国，是与香港和内地的全面经济合作密切相关的。可以说，起源于 1978 年以后的香港与内地的经济关系的突飞猛进的发展，正是香港渐进的经济回归祖国的过程，为香港的主权回归奠定了坚实的基础。这种经济回归早于政权回归，并促进政权回归的客观现实，使人们热切地祈望着政权顺利回归对经济合作的促进作用，并认为这是理所当然的结果。现实是否真会如人所愿，我们只要回顾这一年多的实践就会发现，事实的发展并没有完全实现人们的期望。从两地经济关系最密切的粤港经济合作来看，现实正面临着许多的困扰。

一、合作陷入僵局

粤港的经济合作历经十数年的发展，已使这一区域成为中国经济成长最快的地区，这主要得益于"前店后厂"的跨境一体化生产贸易体系的形成，以及围绕这一体系而发生的两地之间的资本、商品、信息、人员流动网络以及立体化的交通运输网络。由两地形成的这种高效益的加工出口制造业，是两地多年来的重要经济增长因素。20 世纪 90 年代中期，两地经济增长速度的逐渐回落，已经显示了现有的合作格局对经济增长刺激的乏力，提升与升级已摆上了议事日程。

粤港两地的政府在 1997 年以后，已经朝着这个方向在努力。香港特别行政区行政长官董建华先生在 1997 年 10 月的首份施政报告中就明确指出，香港回归祖国后，粤港两地的经贸合作要从过去民间的、自发的来往，向官方参与的全面合作发展。1998 年 3 月，粤港两地在广州成立了粤港合作联席会议，对此，广东省卢瑞华省长亲自撰文指出，粤港合作联席会议的成立，为两地合作注入了新的动力，意味着两地合作进入一个新的阶段。合作将出现三个转变：从香港回归前两地民间的有限合作向"一国两制"前提下由政府推动的全方位合作转变；从自发、分散和完全由市场决定的合作向以市场导向为主，市场推动和政府协调相结合转变；从以香港劳动密集型制造业转移为基础的"前店后厂"式格局向以科技创新和资源优化配置为核心的分工合作转变 ［参阅《人民日报》（华南新闻版），1998 年 6 月 1 日］。此后，粤港联席会议按计划已召开了第二次，并准备于 1999 年 3 月召开第三次。然而，在粤港联席会议成立并历经将近一年的时间里，虽然粤港在合作的广度方面有所进展，例如两地之间口岸的衔接、旅游业的拓展、环境保护的协调等，但是在两地合作的中心内容——粤港区域间的跨境加工贸易体系方面，人们并没有发现合作僵局有实质性的突破，也就是说，以主权回归促进经济合作的愿望并没有取得实质性的进展。

就在粤港经济合作陷入僵局之际，在不断追求本省产业升级，改进投资环境以及积累资本与生产力的同时，广东的加工贸易开始出现了新的突破。与香港最为接近的深圳和东莞在 1998 年极其困难的经济环境中，形成了新一代高新技术加工贸易体系的雏形。外贸出口与外向型经济在全国与亚洲的出口低迷中逆势而上，大幅增长，其中东莞的外贸出口增长超过了 20％。在上述两个地区，加工贸易与外向型经济的主要支柱已不是过去由港商转移的劳动密集的轻工业产品，而是以电脑、信息产品为主体的加工装配及零部件的生产产业。目前，深圳、东莞已经成为亚洲区中一个颇具规模的电子产品装配中心区。如果说，香港厂商的产业迁移是广东外向型经济起飞的第一波，那么，深圳与东莞外向型发展的第二波，则是国际知名跨国公司与台湾厂商的产业迁移所引发的。在深圳崛起的高新技术产业中，电脑、通信产品占了绝大的比重，世界上不少著名企业已经进入深圳开始生产。而在东莞，数千家台资企业星罗棋布，电子零部件的生产配套成网，使东莞成了台湾电子产品的重要加工基地。深圳与东莞外向型经济第二波咄咄逼人的发展态势，一方面，使广东正逐步从传统工业产品的出口大省向高新产品的出口大省过渡（目前广东高新产品的出口占了全国此类产品出口的五成），高新产品的加工贸易已经成为广东持续外向经济发展的新的增长点；另一方面，更使粤港两地的以传统制造业为主的加工贸易合作面临挑战：合作是到此为止，画上句号，还是翻开新的一页？这有待于僵局的打破。

二、现实中的困扰

为什么在香港回归后，"一国两制"下由政府推动的全面合作并没有取得预期的效果？这是困扰两地的一个问题。事实上，在提升两地合作层次方面，确实存在不少困难，但是，如果我们把探讨集中于 1997 年以后事态的发展上，就不难发现现实中存在的两大困扰。

首先，1997年后粤港的合作是建立在"一国两制"前提下的。香港的回归，使"一国两制"从构想成为具体的实践过程。1997年以后，香港的定位，香港与内地的关系，均取决于"一国两制"的具体规定。但是，人们过去对"一国两制"的探讨，主要集中于政治方面，目光集中于"一国两制"可能对社会与政治所产生的影响，而往往忽略"一国两制"对经济以及经济关系带来的震动与改变。这就极其容易造成在处理香港与内地关系问题上的种种误解。事实上，"一国"并非单纯地理解为主权的统一，"两制"也并不仅仅指香港的高度自治。其应当体现的是香港与祖国内地在各个方面的统一与对立的关系。在经济上，既不能以统一为借口而把香港完全融入中国的体系，抹杀两种社会制度的根本区别，忽视香港特有的经济国际性与在全球中的独特的经济地位；也不能以"两制"为口实，完全割断香港与内地固有的经济联系。1997年以后，粤港两地均有这样一种感受，即内地与香港的经济交往被卡紧，合作推进十分困难。这种经济交往受到控制的状况甚至连外国人都有同感。日本国际经济评论家长谷川庆太郎近来在谈及香港的经济前景时就指出："香港主权归还后，其作为内地经济与世界市场的窗口作用已不如前。它与广东之间的人、物、资金信息交流，均受到明显限制，双方隔绝的情况较以前严重，经济发展严重受阻。"可以想见，粤港之间经济资源的流动在这种比1997年前还要收紧的管制之下，其合作的推进与提升只能停留在人们的愿望之中。这也就不难解释为什么即使在两地政府的积极参与和推动下，合作的僵局也无法打破。事实已经证明，一年来，在处理回归后香港与内地的经济关系的实践中，我们还没有真正掌握好"一国"与"两制"之间的辩证关系，在两者之间取得一个适度或最佳的平衡，使之既能保持香港经济的国际性与独立的经济地位，又能促进香港与内地的经济合作与关系持续发展。由此可见，在实践中能否正确地贯彻"一国两制"方针，处理"一国"与"两制"的关系，是现实中推进粤港合作的最大困扰。粤港合作发展出现的僵局，已经凸显了此问题的极端重要性。

　　其次，1997年爆发的亚洲金融危机，对亚洲地区的"出口导向"的发展战略造成巨大的冲击。从根本上分析，欧美国家在过去的30年中，一方面，通过向亚洲国家转移国内的传统产品、产业，并且为亚洲的"出口导向"的传统产品提供市场，从而刺激了亚洲的外向型经济的发展；另一方面，欧美的跨国公司通过实施全球化战略，使亚洲成为其全球纵向与横向一体化网络中的低成本重要加工基地，从而极大地提高了企业的经济规模与效益。当亚洲各国的"出口导向"生产日益发展，而产品和产业结构仍停留于原地，不断扩大的传统产品的生产规模会极大地超越欧美国家稳步发展的国内传统产品市场，其结果必然导致生产过剩与经济危机。亚洲金融危机的经济背景，正是亚洲国家在同一传统制造业结构上的生产过剩与出口过剩的反映。在亚洲地区，除了中国台湾与韩国比较成功地进行了出口产业从传统制造业向科技产业的转换以外，其他地区的"出口导向"的产业结构转换严重滞后的矛盾一直没有很好地得以解决。香港与广东之间形成的这种"前店后厂"的加工出口体系的发展停滞，正是上述矛盾冲突的表现。此次的金融危机，充分暴露了多年来香港在急剧的经济转型过程中，仅有产业转移，缺乏产业升级的矛盾。本来经济结构转型的意义在于降低经济运行的成本与提升生产率，这是一个过程的两个方面。产业的转移仅能降低成本，而且这种成本仅是原有产业的经营成本而非本土的运行成本，这一点已为香港和工业发达国家的多次产业转移的历史所证实；只有产业的升级，才能提升生产率，而产业的生产率可以说是一切经济体系竞争力的基础。由于香港厂商一直以产业的转移来摆脱成本的压力，不仅本土的产业没有得到提升，转移到广东的产业结构转换也严重滞后，这不能不导致香港与广东的"前店后厂"的传统产品的加工出口增长下滑。有关资料显示，广东近年来不少传统产品的出口不仅在全国的出口总额中比重下降，而且其出口的绝对额也在下滑。金融危机的冲击更加重了这一趋势。调整与提升粤港的产业结构与出口产品结构已是刻不容缓。但是，粤港合作的加工出口体系在其最兴旺、边际利润最高的20世纪90年代前期，港商尚缺乏转换产业，提升技术的气魄；今天，在香港遭受金融风暴冲击，百业凋零，厂商边际利润急剧下滑之际，即使有了提升产业的要求与气魄，也是有心无力而已。港商目前面临的这种雪上加霜的状况，是1997年以后粤港两地合作陷入僵局的又一重要原因。

三、"制度互助"——突破僵局之关键

今天香港正面临金融危机冲击，经济严重衰退之时，在香港大众媒介中出现一种说法，认为香港经济出现今天这样的困境，是与内地的经济联系过于密切有一定的关系。香港应当努力发挥其国际性、外向性的优势，而不应当着力发展与内地的经济联系。对此，如果是指香港不应当完全融入内地的经济体系，笔者认为是完全正确的。但是如果是指香港应当有意识地疏远或停止与内地的经济合作，笔者则有一些不同的看法。

历史是不能重演的，我们谁也不能猜测出，如果20世纪80年代香港

厂商不把生产线转移到内地，香港本土今天的产业结构将会是什么面貌。但是，我们可以肯定地知道，当年决定港商这一行为的是经济本身的规律，而非人为主观因素。没有一个国家的政府能够抵抗市场的力量，阻挠在本土已经失去竞争力的陈旧产业的转移。虽然欧美国家存在大量关于产业空洞化的议论，但仍没能挡住企业向海外转移产业的浪潮。这是因为，产业从发达程度高的地区向低发展地区的顺次转移，是市场机制在全球配置资源的体现。政府所能做到的只能是顺应市场指示的方向，激励企业在转移旧产业之时，建立新的、具有竞争优势的产业。汰旧振新，这也是经济发展的规律。美国的跨国公司在实施全球一体化战略的过程中，并没有造成美国产业的空洞化，关键就在于产业的不断提升与发展。产业的不断创新，是一个地区经济不断繁荣的基础。因此，造成今天香港经济结构性问题的，并不是当年的产业转移与内地经济关系的推进，而是当年经济结构转型过程中没有进行产业升级。内地对世界的全面开放是大势所趋，假如当年没有香港，内地今天也会发展为跨国公司转移传统制造业的一个重要基地，这是内地在国际市场与国际分工中的相对优势使然。假如当年的香港没有把产业转移到内地，那么可能这种产业衰败的时日将更快，也可能是将其转移到第三国以延长寿命。然而产业转移与产业升级是两个不同的事情，没有产业转移的空间并不等于产业必然会升级，这取决于产业创新所必需的社会环境、政府政策、法制与制度、企业家精神，人力与教育基础以及各类机制是否配套与完备。由此可知，在历史已经走过之后再去做无谓的猜测，是没有多少意义的。

但是我们不可否认的事实是，这十多年来，正是因为香港与内地的联系，香港不仅通过产业转移保持了其出口制造业的国际竞争力，而且作为内地与世界经济接轨的重要通道与桥梁，香港在全球中的国际地位才日益提升。十几年来，跨国公司大批进入香港，国际资本大量流入香港，为香港带来了巨大的经济效益，跨国公司与国际资本所看中的，并不单纯是香港的本土因素，而是内地的经济前景。与内地的联系，正是香港的优势与国际吸引力。"香港的服务型经济、效益高的加工制造业网络以及与内地经济的特殊关系成为香港取得竞争优势的三大原因。"① 如果割断与内地的经济联系，就没有香港今天在国际经济中的地位。因此，现在的问题不在于停止香港与内地的经济合作，而在于如何在"一国两制"条件下提升这个合作，使双方持续保持"双赢"的局面。在此，突破目前粤港两地经济

---

① 冯久玲. 亚洲的新路 ［M］. 北京：经济日报出版社，1998：120.

合作中的僵局状况，十分必要。笔者有以下十分不成熟的看法。

事实已经告诉我们，合作的僵局，对"一国两制"条件下香港与内地经济交流的"一刀切"的从紧控制，以及香港应当停缓发展与内地经济发展的议论，均起源于对"一国两制"的一些模糊认识。笔者同意这样一种提法："一国两制"下的香港与内地，并不是要制造两个完全自主独立的体系，而应当是两个制度互助互补，走向双赢。后一种认识可能更符合邓小平构想的原义。这种制度的互助，正是在"一国"之中允许"两制"存在的基础。

笔者更进一步认为，制度互助的含义可能有以下三个层面：首先，从中国的整体与长远经济发展战略来看，香港与内地在"一国"之下保持两种不同的社会制度，其意义并不仅仅在于继续保持香港地区的稳定繁荣，更为重要的意义在于，在经济全球化的今天，中国的经济与全球经济的融合已是大势所趋，但是，中国的开放只能是一个渐进的过程，也是一个适应的过程。目前，中国需要香港这样一个实施自由资本主义的地区作为缓冲地带，与不同制度的西方经济逐步开展各种经济交往，认识与掌握全球经济发展的趋向与规律，从而正确地制定中国经济全球化发展的战略策略。让中国经济走向全球，这是中国的利益所在。对西方资本来说，尽管在今后，中国实施完全的对外开放，但是，由于社会制度的根本不同，资本流入中国存在着客观制度的风险。西方资本也需要香港这样一个缓冲地区，借以对冲资本风险，这是西方资本的利益所在。由此可见，中国希望西方资本的进入，希望中国的经济、资本走向世界，保持资本主义制度的香港就是中国实现这一发展战略格局中不可或缺的一部分。中国正是以"一国"之中保持"两制"来取得发展的机遇，而香港则以此维持自己持续的稳定和繁荣。内地与香港制度上的互不干预，正是制度互助含义的第一个层面。

其次，香港能充当中国经济与世界联系的重要通道，原因在于香港以其自由开放的资本主义制度成为多方力量、多方资本、多方经济因素的汇集点，这个特点正是香港在经济上的独一无二之处。由此，香港才可以既成为中国走向世界的缓冲地带，也成为西方资本进入中国的缓冲地带。因此，香港与内地的制度差别以及其高度的自治，并不表示其经济要与内地完全割断。事实上，即使不同的制度也存在共同点，存在着经济的互惠互利。香港经济渗入内地，内地经济参与香港，使香港成为中国认识当代资本主义经济，掌握国际经济运行规律的重要场所，而香港则从内地经济中强化自己的经济实力。如香港只允许西方资本的进入，而在经济上与内地隔离，香港就不成其为香港。香港与内地在制度互不干预基础上的经济相互渗入，是制度互助含义的第二个层面。

最后，从香港与内地在亚洲及中国区域的相对优势与国际分工的布局来看，香港以其亚洲的服务业都市称强，而内地以其低廉的制造成本见长。"香港在亚洲独一无二，因为它提供一系列的专职服务：金融、设计、工程、咨询、市场、交通和保险。这些服务使得香港成为亚洲其他地区的智力源泉。"[①] 内地可以充分发挥自己的既有优势，利用香港的服务业，带动经济的全面增长，香港则能充分施展自己的服务专长，为内地的经济发展提供各类服务。在粤港以及华南地区已经形成的对外加工制造网络中，香港以其之长，通过不断地提升自己的服务水平，强化服务业的国际竞争力，可以持续地保持作为这个网络的"头脑"部分；而内地则通过不断提高自己的技术层次，成为加工制造的"身体"部分。香港与内地形成互惠互利的区域性分工合作，是两地保持持续的国际竞争力，共同走向国际市场的重要基础。这是制度互助含义的第三个层面，也是最为具体的层面。

由上可见，制度互助应当是"一国两制"的核心内涵，而"一国两制"所规定的香港与内地的经济关系，是一种既对立又统一的关系。在什么情况下应强调"一国"，强调统一；在何种条件下要着重"两制"，着重对立，其关键在于最大限度地实现制度的互助。只有以此为核心，认真地探讨与掌握二者关系的实质，才能顺利地推进粤港经济合作的持续发展，这就是突破两地合作僵局的关键。现实已经提出了问题，而解决问题需要更多的实践，"一国两制"实践的道路仍然十分漫长而艰辛。

（本文原载于《管理世界》1999 年第 3 期）

---

① 冯久玲. 亚洲的新路［M］. 北京：经济日报出版社，1998：119.

中国入世与新世纪粤港澳关系的思考

在迈向 21 世纪的门槛之际，中国以加入世界贸易组织翻开了积极参与 21 世纪全球经济竞争的一页。在目前中国进入了历史性转折关头——经济面临持续增长的瓶颈、体制改革举步维艰的情况下，加入 WTO，以开放促改革，表明中国将以外部力量来推进国内现代市场体制与经济的建立，以国际市场经济运行与活动的规则来规范和培育国内经济的内生因素与活力。这不仅标志着中国经济将从此真正进入起飞阶段，也预示着中国将在 21 世纪成长为世界的贸易与经济大国。为此，作为改革开放前沿地带的广东，如何重新并全面地审视本地区在中国经济发展中的战略地位，以及与周边地区的经济互动和利益关系的协调，未雨绸缪，谋定而动，在改革与开放的浪潮中建立地区的综合创新体系与竞争优势，成为经济全球化进程中一个组成部分。这是中国入世后，广东将面临的一个重大挑战。

中国加入世贸组织，台湾地区也将步其后成为世贸组织中的非主权关税区，香港、澳门已经回归祖国，这一切使中国在 21 世纪的贸易与经济竞争中占有十分有利的地位。大中华经济在世界贸易组织中是一国四席，这不仅在世贸组织中提高了中国发言的声音，而且对加强发展中国家在世贸组织中的发言权，增大发展中国家的力量，通过世贸组织建立有利于发展中国家的世界贸易与经济新秩序，具有十分积极的意义。尤其是中国周边的亚洲国家与地区，十分希望有一个强大的中国能改变世界经济秩序与规则制定力量不对称的状况，这就要求中国在加入世贸组织之后，重新认识与检讨自己在亚洲的地位与根本的战略利益，全局性地考虑与发展中国家的经济关系，并做出战略性调整。而完成这个调整的前提之一，是一国四席间的经贸关系与经贸发展战略的互动和整合。一个发展战略相互冲突、利益关系不能协调的一国四席，是不能作为一个声音来说话的。由此，在经贸发展中毗邻港澳台的广东的地位与作用更为重要。

中国加入世贸组织，为粤港澳三地进一步的经济互动与资源整合，提供了更为规范和开放的政策环境与制度性安排。过去，粤港澳三地的经济合作是在国家鼓励出口导向的政策基础上，对广东等地实行特殊的关税安排上发展起来的，尤其是加工贸易原材料的零关税政策。但是，这毕竟不是一种长期与规范的市场环境。因此，以"前店后厂"为特征的粤港澳合作，常常陷入为了反走私而"一抓就死"，为了减低成本、扩大加工贸易而"一放就乱"的矛盾之中。入世后的大幅降低关税，尤其是一些关键性原材料与部件的零关税，不仅会大大推进粤港澳间现有加工贸易的发展，还为粤港澳台科技产品的加工贸易开拓了更为广阔的前景，从而可以一方面提升加工贸易的技术层次，另一方面使粤港澳台地区通过加工贸易成为跨国公司全球化生产与贸易的一个组成部分，与全球化网络中的一个重要的增值链。

目前的粤港澳合作，以产业的跨境生产、经营为主，属于初级生产要素的重组与配合。港澳回归之后，加快三地全方位的合作已刻不容缓。但是，对外资和境外资金进入的各种限制，以及服务贸易的不开放，使得以服务业见长的港澳厂商不能在内地一展所长，全面合作流于形式，合作模式长期不能突破产业的"前店后厂"阶段。也就是说，粤港澳三地的经济资源的大部分，因制度性因素导致的市场门槛限制以及交易成本过高，基本上处于相互之间流动受阻的状况。加入世贸组织之后，中国将实施全方位开放，这就使粤港澳三地的全部经济资源能够在更为开放与宽松的条件下，真正按照市场指导的方向，进行有效的流动与重组，尤其是最具战略性意义的资源———信息、技术、人才与知识专利、管理技术诀窍等。在这个意义上，粤港澳三地的合作才能真正成为全方位的合作。

目前粤港澳三地都制定了迈向21世纪的经济发展战略。尤其是香港，在1999年的10—11月，特区政府与香港工商界达成共识，即香港在21世纪的发展定位应是类似伦敦与纽约的世界级大都市。而广东则提出了在全国率先实现现代化的目标。无论是港澳还是广东，其发展战略目标的实现均离不开三地的互动与配合，因此，三地发展战略的整合与合作实有必要。从根本上说，香港的发展战略比广东更为具体，广东则包括了社会发展的目标，涉及面比香港广阔。然而，广东的现代化基础是经济的现代化。过去的二十多年来，广东的现代化与工业化离不开与港澳经济的互相推动，而21世纪的现代化，也是与国际化同步发展的，这是广东经济发展过程中形成的最大优势；同理，经济的国际化也就离不开港澳的作用。但是，至今为止，面对港澳在广东的现代化过程中将起的作用，以及广东应当如何利用其作用乘势发展等一系列问题，广东仍未做出通盘考虑，做出抉择。

与此相比，香港在为21世纪做出定位之时，就比广东先行一着。至今为止，世界级国际大都会仅有欧洲的伦敦与北美洲的纽约。在亚洲区内，尚没有一个城市称得上国际大都会。因此，不少国家与地区都在竞争，力图使自己的城市成为国际大都会。但是，如果我们仅从静态出发去考察伦敦与纽约国际大都会，就不能不看到，在亚洲能够崛起而成为国际大都会的城市，在21世纪的前十到二十年，只能有一个。虽然香港面临激烈竞争，且有不少弱点，但是，它毫不示弱地提出了发展为世界级国际大都会的方向，努力达到具有集结跨国公司集团总部与地区分部，调配全球资源以及全球一体化的重要枢纽功能，汇集知识产业与人才精英的经济中心。围绕着这个方向，背靠正在崛起并必将在全球经济中占有举足轻重地位的内地，协调发展珠江三角洲就成为其经济发展战略的重要一环。也就是说，如果香港仅作为一个单独的经济体系，或是作为地区经济的一个部分，香港就绝不会成为世界级国际大都市。据估算，到2015年，中国的国民生产总值将与美国看齐，届时包括港澳台经济在内的大中华经济体的实力，将能够支撑起一个世界级国际大都会。这个大都会将很可能产生于上海、北京或香港中的某一个。香港是以全球的金融中心、"一国两制"、经济的国际性以及与全国最大的出口导向的生产、出口基地——广东的经济联系作为其优势的。

由此可见，香港要成为世界级国际大都会，必须与珠三角形成共同发展的都市延伸区，以数倍放大的经济实力，与其他城市竞争。香港这一经济的发展战略，与广东的经济发展有着十分密切的关联，会产生重大的影响。从根本上看，香港如果能够成为世界级国际大都市，对广东向现代化、国际性城市化方向发展是有百利而无一害的。通过香港这一国际化大都市延伸发展的珠三角城市群，可以极大地带动广东经济的发展，加速其现代化的实现。为此，广东就需要做出一种战略抉择，即积极推进珠江三角洲与香港共同发展，尽可能地利用加入WTO所取得的扩大开放的机遇，以国际市场为导向，推动各类资源在粤港澳间的自由流动，依照经济规律形成有效的资源配置。另外，在珠三角城市群中，要按照市场的需要与不同的资源分布，通过经济的力量，整合并形成城市间的分工与合作，与香港组成有机联系的城市功能的分工网络体系。

一个以香港——世界级国际大都市为枢纽的珠三角都市延伸区的形成，不仅有利于中国经济的长远发展，而且将推进港澳与广东在21世纪经济竞争中的"双赢"。在中国即将加入世贸组织，香港已经制定了21世纪的发展方向之时，广东需要尽快做出抉择。

（本文原载于《开放导报》2000年第4期）

粤港合作发展创新科技产业的再探索

20 世纪 80 年代末 90 年代初期，广东高新技术产业开始起步。在其发展过程中，广东一直希望利用香港的信息、资金与商业化的优势，合作推进两地的创新科技的发展。然而，当时的香港经济正处于房地产与股市泡沫的高峰期，推进科技发展尚未形成风气，两地合作发展科技产业的构想并不具备现实条件。金融风暴后，香港痛定思痛，特区政府积极推广创新科技，目前已经得到了社会的普遍认同。在香港创新科技委员会的报告与建立"三港"的方案中，依靠内地的科技力量发展香港的创新科技已成为共识，这就使两地的科技合作如箭在弦。因势利导，强化两地的全面科技合作已经具备了现实的条件与基础。

一、推进粤港合作发展创新科技产业的总体思路

1. 实现粤港经济合作战略重点的历史性转移

改革开放以来，粤港两地的经济合作历经十数年的发展，曾经使这一区域成为中国经济成长最快的地区，这主要得益于"前店后厂"跨境一体化生产贸易体系的形成，以及围绕这一体系而发生的两地之间的资本、商品、信息、人员流动网络和立体化的交通运输网络。因此，两地形成的这种劳动力密集型的加工出口制造业，是两地经济多年来的重要推进力。

然而，进入 20 世纪 90 年代中期，两地经济环境的变化，尤其是广东工业化的高速成长，使得现有的停留在劳动力密集产业基础之上的两地合作格局，已不再适应经济持续发展的要求，事实凸显了这一合作格局对经济增长的刺激乏力，而市场的力量也通过港商边际利润不断受到侵蚀，以及广东加工贸易的成本不断上升，指示了产业创新与技术升级的方向，两地合作的战略重点的转移已刻不容缓。

香港与广东在此时不约而同地提出发展创新科技与科技兴粤的发展方针，积极培育科技产业作为今后经济持续发展的新的增长点，不仅催化着两地的科技合作，也预示了今后合作的战略重点应当从劳力密集型的加工出口产业，转向创新科技产业上来。开创粤港科技合作的新局面，是构筑

粤港经济合作的新格局的关键所在。

粤港合作战略重点的转移，并不意味着完全放弃过去的合作。而是通过科技的合作，推进原有产业的技术升级，继续保持粤港产业一体化的动态竞争力。这是两地科技合作的主要任务。从根本上说，两地的科技合作，正是粤港区域经济具有长期的、动态的竞争优势的基础。

2. 在合作与竞争中取得两地创新科技的"双赢"结果

过去，粤港两地的经济合作主要表现为两地生产要素与初级资源的简单组合，同时以香港向广东的单向式流动展开，即香港的资本、初级技术等向广东流动，广东呈被动态势。在这种合作中，两地属资源互补形态，而不存在相互的竞争。哪一方掌控着战略性资源，则呈主动态势。

但是，广东在20世纪90年代初期率先推进科技产业的发展，历经数年艰苦卓绝的努力，已经成长为中国高新技术产业大省，高新产品产值与出口值均占全国第一位。广东后来居上已经根本性地改变了与香港在科技实力和产业基础上的力量对比。因此，在这种力量对比之上产生的科技合作，首先就是一种双向式的合作，主要以对等的形式展开。科技资源、资本、信息、人员的流动是一种双向的流动，并从过去产业的跨境垂直分工为主，发展为垂直分工与水平分工并存的态势。

另外，粤港间的科技合作并非过去初级生产要素的重组。目前两地的创新科技仍处于发展初期，因此，两地要通过合作去创建新的竞争优势，同时培育高级的关键生产要素，由此两地的合作就不能排斥竞争。科技的发展机制主要源于竞争，无论是美国的硅谷，还是中国台湾的新竹和广东的深圳，技术的每一个发明，产业的每一项创新，都是由竞争推进的，科技的区域合作也不例外。只有竞争，才能使科技资源在区域间合理流动，并得到最合理的配置，获取区域的最佳总体效益。由此可见，粤港两地的科技合作，除了采用资源互补的方式之外，主要的推进机制应当是竞争。只有合作与竞争齐头并进，才能达到粤港"双赢"。

3. 创建由企业、科研机构与政府三方组成的综合创新系统

创新科技产业的发展不仅仅是科技本身的单兵独进，还是一个科技、研究、产业、市场、机制与制度等因素的全面创新的过程。以企业为主体的技术创新体系，以高等院校与研究机构为主体的研究创新体系，以及以政府为主体的制度创新体系，由上述的几方相互配合而成的综合创新系统的建构，是创新科技产业顺利发展的基础。通过粤港的科技合作，推进两地综合创新系统的形成，是粤港科技合作的重要任务之一。

目前，无论是香港还是广东，都在通过市场导向和市场化来逐步建立

企业的技术创新、高等院校与科研机构的创新体系。这对两地根据市场的发展，促进科技的商品化、产业化，形成各自的科技优势，有效配置科技资源，构筑新的科技产业的分工与合作是十分重要的。但是，我们不能忽视科技产业发展过程中，政府在营造有利产业创新环境中所发挥的重要作用。以政府为主体的制度创新体系的建构，包括了市场环境、人才培育、资讯提供、政策鼓励、沟通产业与研究机构、基础设施与知识产权保护法令等。这其中，尤以资讯网络的建立为关键。广东已在这方面起步，香港则正为实施科技创新提供一系列的条件。然而，要形成有竞争优势的综合创新系统，仍需要两地不断地努力与配合发展。

4. 努力参与跨国公司的全球一体化网络，使粤港两地成为跨国公司发明创新活动的重要地区

科技的研究开发从传统定义来看，是从最上游的基础研究开始的。先进的工业园就是由基础技术的突破而至产业的形成。但是，对于发展中的国家与地区来说，发展科技产业，通过引进外资达到引进技术，是其主要的追赶途径。广东与香港两地在全球科技发展的布局中，属于发展中地区，是后进者。因此，在科技创新的过程中，引进外资，尤其是引进占世界技术市场80%比重的跨国公司的投资，以此使自己成为跨国公司全球一体化网络中的一个链条，从而最大限度地利用全球的科技资源，是达到发展自己、壮大自己的目的的一个重要途径。

在利用外国资本推进技术产业发展的过程中，目前粤港两地的技术产业大部分仍属于加工性质，是整个高科技产品生产过程中的最后组装阶段，也是附加值最小的阶段。两地技术产品的附加值与人均生产率的数字凸显了这一点。从两地产业的技术优势来看，两地均具有的技术研发大部分仅停留于产品的外观设计、实用新型的阶段，发明专利部分比例很小。尤其是香港，其技术优势主要表现在更新设备与采用新技术工艺方面，实行技术的"拿来主义"，自主开发部分几乎微不足道，两地的技术发展停留于制造技术最末端的现实，充分显示了目前跨国公司仍然把这一区域作为科技产品加工地的事实。

现在，两地合作提升产业科技层次与提高附加值的重要目标，是把两地建成跨国公司进行发明创新活动的重要区位，这不仅需要两地在基础设施建设、知识产权保护与营商环境方面做出努力，更重要的是要极大地提升本地人力资源的整体素质，以及加强两地与世界知名科技基地的信息与人才交流，为跨国公司在本地区进行研究发明活动提供基础性条件。

二、粤港合作发展创新科技产业的主要领域与主要途径

粤港两地合作发展创新科技产业的领域涉及主要产业、研究开发系统、社会技术与企业技术网络以及科技基础建设等各个方面。根据两地不同产业的发展阶段与状况，合作既可以发生于研究开发、产业创新与生产制造、商业推广的任何一个链条与环节，也可以产生在两地的企业之间、企业与研究机构之间以及政府与企业、研究机构之间的合作开发上。这包括了资源、信息、技术、资本、人才等跨境的整合与重组。据此，两地合作的主要领域与主要途径可概括如下：

1. 合作的主要产业

从合作的主要产业来看，根据香港创新科技委员会所规定的创新科技发展的主要领域，以及已经提出并正在兴建的数码港、硅港与中药港的方案，与广东重点发展的四大高新技术产业有相同之处。尤其是香港发展的"三港"，正是广东高新技术产业发展的重中之重，也是近年来广东发展最为迅猛，且正在国内建立竞争优势的产业。因此，粤港两地合作发展创新科技产业，主要应当围绕电子信息产业（与数码港相对应）、电子信息产业中的关键零部件——半导体产业（与硅港相对应）、生物技术产业中的中成药物与中药材（与中药港相对应）来进行。上述产业的发展既有着巨大的国际市场需求，也是两地产业技术升级的关键，应当大力鼓励其合作发展。除此之外，两地环保产业的合作与发展，既是科技产业的一个部分，也与两地的生产、生活环境和生存质量相关联，这也直接影响到两地如何创造一流的条件，引进高科技的跨国大公司与世界一流的科技人才。环保产业的发展本身就是突破两地的管理区域，必须合作才能发展的产业。与此同时，两地也不应当排除与其他的科技产业或传统产业的合作，尤其是两地的轻型加工业，一直以来是粤港十分具有国际竞争力的产业，如何促进其产业升级，推进产业和产品创新强化与保持持续的竞争优势，对两地均有十分重要的意义。

2. 以香港应用科技研究院为中介，整合两地的创新科技研究开发体系

从两地的研究开发体系来看，广东与内地相近，其上游的基础性研究相对较强，高科技发展研究计划（"863计划"）、"火炬计划"等，均取得了重大突破。但是，上述大多数的研究成果仅有极少部分得以商品化。据官方估计，内地研究成果能够转为商品化的比例仅有10%。如此低的比例说明了广东的研究开发体系缺乏中游与下游（包括应用研究、技术发展与

商品化）的配合；香港的研究开发体系的优势在于下游商品化，而缺乏中游的应用研究是香港在科技产业发展方面的巨大缺口。两地均没有完整的研究开发体系，产学研之间缺乏结合的链条与机制。如果将两地的研发体系整合起来，则呈现出两头大（广东与内地的上游，香港的下游具相对优势）、中间小（两地均缺乏中游）的状况。为了填补中游的缺口，香港创新科技委员会已经提出在港建立应用科技研究院，推进香港创新科技的发展。广东如果能抓住这一契机，充分利用香港应用科技研究院这一机构作为自己研究开发体系的中游，加上香港下游的商业化优势，就能补充自身不足，提高研究成果商品化的比例。香港也会通过引进广东的研究成果，补充上游发展的不足。两地由此而使研究开发的各个链条得以配合与完善。更具体地，在两地建立有内地以及海外机构参与的产学研基地，重组与合理配置两地的研发资源，是完善两地创新科技研究开发体系的有效途径。

3. 根据香港与广东不同的科技定位，整合两地的创新科技产业链

香港创新科技委员会规定，香港要发展成为具有七个功能定位的亚太地区与华南地区的创新科技中心。这个定位符合香港作为一个国际化城市的功能。从城市型经济的发展方向来看，今后的城市将日益以科技发展、知识产权、销售通道与信息网络等为核心，制造将不再是强项。正如美国的硅谷，主要从事的是发明创造等研究开发领域的工作，大批量的生产与科技的产业化则根据全球分工的概念，将生产基地建立在具有增值能力的地区。香港的定位主要在于创新科技的开发，并非产业化的生产基地。港商在开发出新产品之后，大批量的生产势必建立于加工成本低廉的区位。

广东发展科技产业的目标一直以来就十分明确。在全国，广东并不具备大力发展基础性研究的优势，多年来，内地与海外的大量研究成果与应用技术进入广东，在此地进行生产开发，是广东科技产业在全国后来居上的主要原因。广东作为科技产业化的生产基地，是其发展科技的定位，也是广东在全国建立的优势所在。粤港之间对科技发展的不同定位，正好整合成两地创新科技的产业链，即香港作为创新科技的发展地，而广东则是创新科技的产地。

4. 粤港区共同构建全球性的技术网络，创建两地的科技竞争优势

创新科技的发展关键是人才与技术。培育本土人才、厚植技术基础虽然是解决这一关键的根本途径，但是，这一途径所需周期很长。实际上，在经济全球化的今天，世界上没有一个国家的科技是完全依赖本土的科技人才与技术发展起来的。技术与人才的引进是创建本土科技产业的重要

途径。

香港与广东在人才与技术资源方面各自均无自己的优势，只有两地合作，通过广东联结内地，尤其是内地的科技基地的技术网络；通过香港联结海外，尤其是硅谷等知名科技基地的技术网络，两地就可以合作创建自己的竞争优势。在今天，技术网络的创立与联结技术网络的能力，已经成为经济发展中重要竞争优势的来源。粤港两地要以后进追先进，科技产业要以小博大，在世界市场与先进工业国竞争，创立与联结技术网络是不可或缺的组织能力。台湾半导体与资讯电子业的成功与"台湾—旧金山湾"之间技术、人才交流的"两湾"模式有绝大的关系。透过硅谷技术与人才源源不断的交流，造就了台湾半导体与资讯电子业的蓬勃发展。从台湾经验可见，各类不同的科技产业有针对性地把科技创新与全球最知名的科研基地相联结，建立人才与技术交流的网络，是建立自己的竞争优势与取得成功的关键。

5. 建立两地开放式的以民间企业为主体的研究开发的策略性联盟，合作攻克创新科技发展的关键性技术难关

企业的策略性联盟是当今全球科技开发中所经常采用的一种重要的合作方式。尤其是在科技开发难度日益增加，研发费用十分庞大的情况之下，单个企业无论在科研人力还是费用方面均无力承担的项目，往往用此种合作方式进行。粤港两地目前正处于科技发展的初期，企业规模以中小型为主，以小博大，就必须进行合作，选取产业发展的关键性技术，组建研发的策略性联盟。

开放式研发的策略性联盟意味着涉及的企业不仅仅局限于两地，既可以是两地企业与内地企业的联盟，也可以是与海外企业的联盟。在两地的创新科技的起步阶段，这种策略性联盟不仅主要在企业间采用，也可在两地的科研机构间建立，甚至两地的政府也可以通过政府采购、技术招标等形式介入其中。

三、粤港合作发展创新科技产业的对策与政策性建议

粤港合作发展创新科技产业是一项极其艰巨、长期的社会系统工程，其牵涉面广，时间跨度大，不可能毕其功于一役，需要粤港两地不懈努力与奋斗。除了企业界、科技界、教育界与社会各界的积极推进之外，政府的引导与扶植也是十分重要的因素。

在政府制定推进粤港科技合作的对策与政策的过程中，粤港两地政府

均要面临两种不同社会制度、不同管理模式、不同运作方式以及不同法律体系等一系列问题所带来的矛盾。为此，两地的长期合作应该在"一国两制"的基础之上，遵循"互利互补，共同发展"的原则来推进。

根据上述推进合作的总体思路，建议两地政府，尤其是广东省政府采取以下对策与政策：

（1）授予已有的粤港高层协调机构作为两地政府间的科技发展协调机构，加强政府层面的组织协调。

（2）在该机构之下，可考虑组建一个半官方性质的粤港创新技术合作协调委员会，并成立常设办事机构。该机构的主要职能是：制订中长期的粤港创新科技合作整体规划，组织与协调跨区域的大型研究开发合作项目，为政府制定政策提供咨询与建议，组织各种科技交流、信息发布和科研成果的推广与转化服务。

（3）以香港和广州为基地，分别由政府牵头组建技术信息网络。把内地的科技、人才信息与海外的科技、人才信息以及两地的科技研发发展汇集，构成一个总的技术交流网络，提供给两地的企业与科研机构。

（4）制定配套的科技产业政策，加大对创新科技的扶植力度。目前，广东与香港两地分别都有各自的扶植创新科技发展的政策与优惠措施，但针对粤港两地合作推进的政策较少。为此，建议两地政府在发展关系两地创新科技的关键性技术方面，加强合作，对此类的投资与开发给予政策性的倾斜和鼓励。尤其是两地的合作项目，应有相应的政策扶植，例如对于广东的民间科技企业在香港的第二板市场上市，两地应持积极的态度。

（5）把广东的六个国家级高级技术开发区和珠三角高新科技产业带，香港的"数码港""硅港"与"中药港"，作为粤港合作发展创新科技产业的重要基地。在上述基地，鼓励相互投资、科技开发、市场推广、合办企业等一系列的活动，并在其中扶植培育出一批比较大规模、由粤港合资合作的高科技龙头企业。

（6）粤港两地的政府均应改革科技研究与高等教育体制，加强科研与教育，适应科技发展、市场需求的弹性，根本转变科研、教育脱离生产的状况，鼓励两地科研与教育机构的交流，积极培育科技创新的风气。

（7）广东省政府应通过合作，借鉴香港的模式，不断建立与完善自己的现代市场体系，政府要有步骤地退出市场，积极发展民间投资，鼓励民间科技企业的发展，释放科研机构与民间企业的经济活力，让民间企业成为发展科技产业的主力军，参与粤港科技合作的重要组成部分。

（8）努力降低粤港科技合作与经济交流的交易成本，是推进合作的一

粤港澳合作篇

个重要方面。粤港两地因两种制度的不同而属于不同的关税区域,这就决定了两地之间的合作与交流必须通过边境的管治与不同法规制度的限制,由此将带来合作的交易成本。为适应科技合作的人才、信息与技术的双向流动,应当对此类的交流制定特定的政策。广东要在这方面争取中央的支持与配合,淡化两地间的经济意义上的边境,鼓励资金、人员、信息、科技、商品的自由流动,减少流动中产生的各类成本。这包括更快速方便、手续简化的人员流动,更开放的信息交流,对香港高科技产品更为宽松的市场准入政策,更自由的资本流入流出管理,更少的科技企业的进出境限制等。

(本文原载于《特区经济》2000 年第 3 期)

WTO 框架下粤港经济合作的主要对策思考

21 世纪初的香港与广东以及粤港之间的经济合作面临着历史性的转折：历经多年无增长的香港经济在第二届香港新政府的领导下，开始了新一轮艰苦的结构转型历程；广东在二十年工业化的基础上，开始了基本实现现代化的努力；两地经济处于重大转变中的粤港经济合作则亟待突破近年来一直停滞的闷局。在这历史性的转折关头，如何正确地制定两地经济合作的对策，其重大意义不言自明。

一、我国"入世"头五年粤港经济合作面临的变化与前景

1. 我国"入世"头五年的经济走势

我国"入世"头五年的主要任务是开放市场、统一规则。其中服务业的开放是中国经济全面开放的关键一环（因为服务业的开放整体和程度均晚于、低于制造业和其他产业），也是中国市场经济制度最终建立与完善的主要步骤。

在全球经济中的服务业已取得主导地位的情况下，我国服务业发展的落后现状引人注目。与目前服务业产出在全球经济中占 61% 的比重相比，2000 年我国服务业的这一比重仅为 33%，且大大低于人均 GDP 与我国相近的国家（见表 1）。

表 1　2000 年我国服务业在经济中所占比重与若干发展中国家的比较

（单位：美元;%）

国家	人均 GDP 购买力评价	服务业比重	国家	人均 GDP 购买力评价	服务业比重
印度	2 060	46	乌克兰	3 130	51
印度尼西亚	2 407	35	摩洛哥	3 188	51
约旦	2 615	71	牙买加	3 344	58
阿尔巴尼亚	2 864	21	菲律宾	3 725	51
斯里兰卡	2 945	51	中国	3 291	33

资料来源：世界银行《2000 年世界发展指标》的表 4 - 2 "产业结构"。

行制与垄断造成的市场化程度低与对外开放程度低是我国服务业落后的根本原因，扭曲的产业结构是扭曲的市场状况的必然产物。2000年我国服务贸易的开放度仅为6.2%，而西方国家则超过10%；服务业对外资开放度更低至0.82%。1997年全国服务业的总投资中，外资仅占2.7%，远远低于第二产业投资总额中外资占11.8%的比例。当我国的制造业在市场化与对外开放的竞争中不断发展壮大之时，服务业的严重滞后导致了服务产品在市场上的短缺状况，在WTO规范的140多种服务产品中，我国至今仅能提供40多种。正因为我国目前开放程度低的领域基本上集中于服务业，因此，服务业的开放是我国经济全面开放的关键，也是我国制造业与其他行业多年开放后，经济发展的必然要求。

表2　1995—2000年我国服务业的贸易开放度与货物贸易开放度的比较

（单位:%）

年份	服务贸易开放度	货物贸易开放度	年份	服务贸易开放度	货物贸易开放度
1995	6.1	33.5	1998	5.5	33.5
1996	5.1	33.9	1999	5.6	35.6
1997	5.9	34.8	2000	6.2	42.9

资料来源：根据《中国统计年鉴（2001）》计算得出。

服务业的开放不仅是我国经济全面开放的关键，也是我国建立现代市场经济体系的重要步骤。市场是组织交易的场所，作为交易工具的市场中介（如金融、批发零售、会计、广告等）是现代市场经济能够正常运转的经济齿轮。这些经济齿轮越发达、越高级，现代市场经济的交易效率就越高，经济越发达。因此，分工越发展，市场交易就越增加，则减少交易成本、提高交易效率的市场中介组织就越发达，而服务业在经济生活中的比重就越高。由于中介服务系统是现代市场经济中起关键作用的子系统，因此，服务业发展水平是现代市场经济发展水平的重要判断依据。我国服务业发展的滞后，其实质就是市场发展水平的滞后。

由此我们可以判断，"入世"将是我国服务业进入大发展的一个历史时期。由于服务业开放的滞后，以及目前是我国唯一的短缺产业，服务业在我国的巨大市场需求（包括现实的与潜在的需求），决定了"入世"后的服务业较农业与制造业有更大的发展潜力。服务业将成为我国经济增长的一个重要动力。同时，正如我国货物市场的开放将为世界贸易伙伴提供

1.5万亿美元的市场机会，服务贸易的开放也将为世界各国的投资者提供新的、巨大的发展领域。由于服务产品是社会产品而非一般的技术产品，服务业的生存依赖一定的社会土壤，包括文化、社会传统等因素。因此，在全球服务贸易中排名第十、亚洲排名第二的香港服务业就可以利用其地缘、人文优势，捷足先登，获取发展先机。

2. 在香港经济转型与广东工业化提升的条件下，深化粤港两地经济合作的主要领域与内容在于服务业，服务业的合作是突破两地合作闷局的切入口

我国服务业市场的开放将为香港这个国际性服务都市提供巨大的发展空间，但是，香港服务业主要服务的腹地是广东。从历史上看，任何服务中心的形成总是伴随着制造基地与制造中心而存在的。香港实质就是广东这个国际性加工制造基地的国际性服务中心。随着广东这个国际性加工制造基地的不断发展，香港的服务中心功能必须向服务腹地辐射与扩散，形成围绕香港服务中心的次中心与副中心，从而提升粤港两地经济在国际竞争中的地位。因此，两地之间在服务业方面的合作是提升两地经济竞争力的关键环节。

香港与广东均有在服务领域加强合作的愿望与客观要求，尤其是广东在经历了工业化的发展之后，其经济发展水平与经济结构的提升已经形成了巨大的服务需求市场，成为广东21世纪经济的重要增长点。粤港在制造业合作的基础上进行服务领域的合作将有十分广阔的发展前景。

服务业的合作是两地"前店后厂"合作的必然发展。"前店后厂"是由香港厂商向广东大规模转移制造业带动的。但是，一旦香港制造业向广东的转移基本完成，而且广东制造业不断提升，粤港合作的空间就相应缩小，香港对广东经济的带动动力则开始弱化，合作的相对平衡就会被打破。因此，就需要在新的地区比较优势的基础上进行新的合作并拓展新的合作领域。从目前两地的比较优势分析，香港在取得了"店"的专业化分工地位之后，已经形成了服务型的经济体，其服务的效率与竞争力在全球首屈一指；广东的"厂"的专业化，则带动了地区工业化的提升与发展。"前店后厂"造就了广东低成本的制造能力与香港高效率的服务水平，不可否认，这是两地继续"前店后厂"合作的基础。但是，我们不能忽视的是，广东工业化的发展已经进入了一个服务业起飞的新时期，在这个新时期，香港服务业的强势将对广东服务业的发展形成新的动力。两地合作的新的互补关系已经形成，在合作中新的地区分工与专业化将对两地的经济发展产生极大的促进作用。

目前，广东的经济发展数据已经显示了广东正处于一个新的发展转折点——开始进入工业化的中期阶段。其中，珠三角更进入了工业化的成熟期，有两个重要的转折点特征开始凸显：一是国民经济中服务业的增长将快于其他产业的增长。近两年广东服务业的快速增长，以及进入21世纪的第一年广东第三产业摆脱了多年在国民经济比重中徘徊不前的局面，达到了40%，就是一个征兆。二是广东的人均GDP水平（1 500美元）已经从过去单一的外资流入，进入资本流入与流出同时并存的阶段。尤其是珠江三角洲的人均GDP（4 000美元）水平已经达到了资本流出大于流入、出现对外投资净额的阶段。这种状况就预示了广东经济的进一步发展，将给香港服务业带来巨大的商机，而且广东也需要在扩大开放中通过投资香港而进入全球市场，而目前香港的比较优势使得广东投资香港的主要产业是服务业。因此，入世后，服务业将成为粤港两地经济合作的新领域。

香港的服务业强势，在粤港经济合作中更具制度创新的意义。广东通过引进香港高效、发达的服务中介体系，可以率先在全国建立起现代市场经济运转的支持系统，完善市场经济制度。由此，广东就能够在21世纪的竞争中，在全国继续保持制度领先的优势。

二、目前制约粤港经济合作的主要制度性因素

1. 服务业市场的开放与否、开放程度是粤港经济合作的主要制约因素

粤港经济合作在20世纪90年代中期之后进入停滞，其合作模式一直停留于"前店后厂"阶段而不能向前发展，根本原因就在于当香港制造业的转移完成以后，随着香港服务业的强势的形成和广东工业化的自然进程，两地的合作自然要向服务业拓展。但是我国内地服务市场的开放程度低下，成为粤港经济进一步合作的制度性障碍。因此，两地的全面性经济合作在相当的一段时期内只能停留于口头之上。

由于"一国两制"与香港独立关税区的地位，粤港经济合作在现实中存在着不同制度与由其引发的交易成本。香港虽然是广东加工制造业的国际性服务中心，但是，它辐射广东并非完全遵循经济规律（如纽约、伦敦与东京对其经济腹地的辐射）。粤港之间的经济交流必须经过不同的行政管理与边境展开。因此，内地市场的开放与否、开放程度这类制度性因素，就成为两地经济在什么程度上合作、合作的交易成本高低的关键。我国"入世"前，香港作为广东的国际性服务中心，其作用主要限制在贸易的转口与转运方面，而金融、服务中介等其他关键服务业，因不能进入内

地而只能在香港向港商提供。这大大限制了香港服务中心作用的发挥。由于大部分服务产品在交易时具有空间上不可转移的特点（不像物质产品的贸易），向外地的客户提供服务的企业必须先在外地设立机构。因此，服务贸易往往同时伴随着服务机构在当地的投资。外资能否进入当地市场成为能否提供服务的关键。因此，粤港两地的经济合作在我国"入世"前基本停滞，根本原因就在于我国服务业市场的不开放。

但是，尽管如此，广东作为一个先行开放的地区，尤其是经济特区，具有先行先试的权利，以及粤港两地的地缘、亲缘关系，致使广东的服务业比其他省份更具开放的特征。也就是说，广东的服务业市场与内地其他地区相比更为开放（见表3）。

表3　2000年全国与广东服务业外资开放度比较

（单位：%）

项目	全国	广东	项目	全国	广东
服务业整体	0.82	2.77	社会服务业	0.20	0.51
交通运输仓储业	0.09	0.23	科研综合技术服务业		0.01
批发零售餐饮业	0.08	0.20	卫生体育社会福利业	0.01	0.07
金融业		0.02	教育文化广播电视业	0.01	0.01
房地产业	0.43	1.72			

资料来源：据《中国统计年鉴（2001）》《广东年鉴（2001）》数据计算。

表3仅反映了官方认可与统计的外资进入，然而事实上粤港两地服务业的相互渗透远不止上述的数据，没有被官方认可的外资进入很有可能大大超过官方的统计。虽然这种服务业的进入在当时的历史条件下，具有非市场规范和非市场因素的特点，然而，这从一个侧面反映了市场力量试图冲破行政管制的企图与客观要求。因此，粤港两地的服务业的相互投资在"入世"以前就已经存在，尤其是港商进入广东服务业市场的投资。但是，在不开放的条件下，外资的进入有相当一部分往往采用非规范的变通或间接的方法，从而导致了十分高昂的交易成本（一般情况下，国内服务业在行政管制下获得的垄断利润减去正常利润的部分，即为外资进入的交易成本），成为两地服务业合作的主要障碍，形形色色的"挂靠费""管理费""使用费"等构成了变通进入方法的极高的交易成本。即使如此，港商采用较高成本的变通方法进入广东的服务业市场，仍然获利丰厚。广东也由此获得了服务业不少行业（例如印刷业、旅游业、房地产业等）在全国占

171
粤港澳合作篇

领先地位的竞争优势，不少原来没有的服务产业也开始萌芽发展（如中介代理、市场调查与咨询等），并且在全国具有相当的优势。

我国"入世"以后，服务业市场的开放为粤港两地的服务业合作提供了规则统一的市场条件，以往的非市场因素将迅速淡化。在此基础上，外资（包括港资）进入服务业的高额交易成本将大大减少，过去的制度性障碍将会逐步消失，而过去暗中进行的粤港两地服务业的交流也将"浮上水面"。粤港两地的服务业合作将会真正展开。

2. 我国"入世"头五年的承诺与粤港经济合作

我国"入世"意味着服务业市场的整体开放，然而，这有一个五年的逐步开放的过渡期。之所以保留五年的过渡期，其重要意义就在于在开放国内市场之前，希望国内产业通过这个时期的国内充分的市场竞争，提高相关产业的国际竞争力，然后完全开放国内市场，即"先改革，后开放"，"对外开放之前首先对内开放"。这个思路对全国全局性的对外开放和提高国内产业的竞争力是十分必要与必需的。但是，作为全国先行开放的地区，广东的发展思路与实践则一直以来都是先开放、后改革，以开放促改革，在开放中提高产业的竞争力。广东的经济市场化程度与开放度均大大高于全国水平，尤其是在服务业市场整体开放以前，相当数量的港商已经以国内企业的身份进入了广东服务业市场展开经营与竞争。可以说，当时港商的存在是作为国内的竞争因素而与广东本地的服务业进行竞争的，这种状况不仅没有摧毁本地的服务业，反而带动了本地产业尤其是民营服务产业的发展与成长，对强化广东服务业的竞争力起了十分积极的作用。不少服务行业的外资（主要是港资）进入，事实上已经超越了我国"入世"头五年的承诺。因此，用我国"入世"头五年的承诺去逐步开放广东的市场，在实践中不是前进，而是倒退。

鉴于上述事实，我们可以做出如下判断：广东的服务业开放在整体上看已经超越了我国"入世"头五年的时间表，一些行业甚至在"入世"以前就已经"入世"。目前广东的服务业开放并不是如何遵循"入世"头五年的过渡性安排，而是如何在现有的基础上加快开放的步伐，直接以WTO的规则规范服务业市场，完善市场的中介环节，加大与香港服务业的合作步伐，从而在全球经济中建立粤港经济合作体的竞争优势。

我国"入世"后市场主要的开放领域与重点是服务业，我国今后的外来投资也将大量集中于这一领域。在广东服务业已经先行开放和香港服务业已经先行进入的情况下，如果要求香港服务业进入广东市场与我国"入世"头五年的时间表一致，将是十分不现实的。而广东作为一个先行开放的地区，客观上存在着先行开放的要求。粤港两地的服务贸易自由化的进程应快于时间表的安排。由于地区市场的开放程度属于地区经济发展的制度性因素，而制度性因素的主要供给者是政府，因此，两地政府在服务业方面先行开放的制度性与政策性安排，将是决定粤港经济合作能否深化的关键。

三、粤港两地政府制定跨越我国"入世"头五年过渡性安排的扩大服务业开放的政策与协调机制，是推进粤港经济合作的主要对策

事实上，束缚于我国"入世"头五年的过渡性安排，对广东服务业的市场不是开放而是后退，对粤港的经济合作也是一种制度性的障碍。为此，利用粤港更紧密的经贸关系安排，跨越我国"入世"头五年的过渡性承诺，率先实现两地服务贸易的自由化，是深化两地经济合作的关键。因此，粤港两地政府就两地服务业的发展设计出更开放与自由的制度性环境，提供深化两地经济合作的制度性安排，是"入世"头五年粤港经济合作的主要对策。

我国内地与香港之间更加紧密的经贸关系的安排是关系香港经济长远发展的一种安排。但是，这种安排的设计与起步是一个循序渐进的过程，不可能一蹴而就。目前，广东与香港经济合作的现状要求加快开放的步伐，而积极争取率先在粤港之间试点过渡是一个可行的方案。因此，根据先易后难的安排原则，地区间就某一产业发展的制度性安排更能解决现实的问题。由于粤港两地关于服务业开放的制度性安排的主要内容是跨越我国"入世"头五年的过渡性措施，即提前在粤港地区实施我国"入世"协议中的开放承诺。而 WTO 框架中并不因多边安排而否认双边更为开放的区域性协定，只要这种协定并不影响协议双方各自履行对其他国家的承诺（例如欧盟、北美自由贸易区等）。因此，在中央政府已经就我国内地与香港更紧密的经贸关系进行协商之际，粤港两地跨越"入世"头五年的这种安排与 WTO 的多边框架并不冲突；加快开放反而是 WTO 所鼓励的。

粤港两地提前实施我国"入世"的开放服务业的安排，将为两地的经济合作提供一个开放、规范、平等竞争且具透明性的市场环境。根据我国"入世"的承诺，五年过渡期结束后，我国全部市场准入的承诺的平均数为 57.4%，显著高于其他国家，包括发达国家（其比例为 45%）的市场准入的承诺。届时，我国经济的开放程度将远远超过世界上的许多国家。

从五年的过渡性安排进入这样一种开放的程度，作为一个发展十分不平衡的大国，我国仍然需要地区的先行试验以减少社会的震荡。尤其是在面对世界大型的服务业跨国公司的大规模进入之前，我国更需要通过先向香港开放服务业，并通过香港"走出去"的先行竞争以取得经验的实践。为此，粤港两地先行开放服务业的政策性与制度性安排对我国服务业的开放具有试验性的启示。

广东对香港服务业的先行开放，按照 WTO 的规则规范两地的服务业市场，是建立在两个思路之上的。其一，由于市场的先行开放，广东完全具备了在充分竞争基础上加大开放、加大竞争强度的承受力。事实上，过去港商进入广东的服务业市场时有相当的数量是以当地企业名义进入的，他们的进入起到了强化广东的市场竞争的正面作用。其二，在目前的情况下，可以将对香港先行开放的服务业市场作为促进广东服务业充分竞争的因素来考虑，这一考虑的意义与我国"入世"保留五年的过渡期的意义是一致的。

我们深信，粤港两地在加快开放服务业基础上的合作，尤其是在两地政府有关服务业制度性安排基础上的合作，将突破过去两地功能性合作的局限，逐步向功能性与制度性相结合的高层次合作迈进。

参考文献：

[1] 加入 WTO 后的中国——2002 中国发展高层论坛主报告 [EB/OL]．国研网．

[2] 彭志龙．从国际比较看我国第三产业比重 [J]．统计研究，2001 (3)．

[3] 张蕴如．中国服务业的开放度与竞争力分析 [J]．国际经济合作，2002 (4)．

[4] 国务院发展研究中心．加入世贸组织：中国服务业发展的挑战和对策 [EB/OL]．(2002 - 05 - 09)．http://www.drc.gov.cn/zjsd/20020509/4 - 4 - 2863600.htm.

[5] 封小云．入世：外资进入广东服务业的现状与研究 [C]．//广东省人民政府发展研究中心．广东经济蓝皮书 2002 年．广州：广东人民出版社，2002.

（本文原载于《提升珠江三角洲竞争力——社会、经济与基础设施发展研讨会论文集》）

WTO 框架下粤港澳经济合作的新格局

粤港澳三地在 20 世纪最后的 20 年间共同构筑了"前店后厂"的合作格局，而且初步形成了包括港澳在内的大珠三角都市连绵区（又称大都市带）的雏形。但是，在 20 世纪末的 90 年代中后期，因港澳制造业的大规模向内迁移已经完成，而内地的市场开放，尤其是服务业市场的开放仍未有实质性的突破，三地的经济合作在制度性障碍的制约下，因缺乏新的投资动力而陷于基本停滞的状态。也就是说，三地的经济合作一直维持在"前店后厂"的格局而无法得以提升。进入 21 世纪，在知识经济与经济全球化两大潮流的主导下，中国以加入 WTO 来推进经济市场化的改革，并最终建立中国的市场经济体系。中国经济现代化的这一关键步骤，将会给世界经济的发展带来巨大的、不可估量的影响。同样，在 WTO 的框架下，粤港澳三地的经济合作也有望出现格局上的创新与突破。

一、新世纪影响粤港澳经济合作走势的两个基本因素

中国在 21 世纪加入 WTO，并不是一个孤立的事件。它与中国的经济改革进程和经济发展阶段紧密联系，可以说是中国经济与社会现代化进程的一个必然结果。21 世纪的到来，出现了许多影响中国经济，也影响粤港澳经济合作走势的因素。在这些因素中，有两个基本因素将对粤港澳的经济合作产生决定性的影响，也就是说，粤港澳经济合作将因下面两个基本因素的产生而出现新的走势。

（1）中国经济市场化的进程已经从量的扩展进入决定性的质的提升期。建立与规范市场经济的秩序——即市场竞争的主体秩序、交易秩序、法制秩序与道德秩序就是这一进程的主要标志。加入 WTO，把世界市场经济的秩序与规则引入国内，实质上就是这一进程的重要内容。因此，21 世纪的前十年将是中国经济体制与政策发生根本性变革的时期，也是中国最终确立市场经济体系的重要时期。

从粤港澳经济合作来看，加入 WTO，为中国成为世界性的制造业中心提供了条件，这有利于已经成为国际性出口加工基地的粤港澳区域的经济

合作的发展。更为重要的是，WTO 的基本框架是一个市场经济的规则与规范的框架。中国的"一国四席"在 WTO 的框架中，必须实施国际市场经济的统一的规则与规范，这就为"一国两制"下的粤港澳区域合作提供了一个"体制接近、规则统一"的制度性基础。可以预见，在 WTO 的框架下以及中国经济市场化的推进下，内地与港澳台地区在经济体制方面的制度性差异将逐步缩小以至于倾向趋同。由此推及，在 WTO 框架中的"一国四席"，将最终会通过接近的体制与统一的规则，使"一国两制"中的制度的差异仅具有政治上的意义。

（2）中国的经济增长已经从量的快速扩张模式，开始向结构优化、产业升级的新的增长模式转变。作为一种追赶型经济，内地经济有很大的增长空间。人口形成的市场潜力使得内需成为今后经济稳定增长的巨大动力（广东也不例外），这就决定了内地经济仍会保持持续稳定的快速增长，而持续增长的主要动力来自国内市场。加入 WTO 不仅意味着今后中国经济的发展要在市场经济的统一规则下进行，也意味着中国市场的全方位开放。中国具有巨大潜力的国内市场的开放，受益的不仅仅是自身的经济，还将为世界的经济增长提供极大的动力。不言而喻，这个动力同时也会影响粤港澳经济合作的走势与变化。

港澳的经济目前也处于转型期。与内地的经济转型不同的是，港澳的经济转型是成熟经济向知识经济的转变，这个转变不仅难度很大（美国为此花费了整整十年，而日本至今没有转变成功），而且最为关键的是，港澳缺乏新一轮经济转型所需要的战略性资源——科技、人才与市场。由此可见，港澳的经济转型离不开内地的市场、科技、人才与高技术产业的发展。这就需要粤港澳三地高层次的合作与战略性资源的整合。可以说，粤港澳全方位的经济合作，对港澳从传统的服务业中心向高技术含量、高增值的服务业中心转型具有十分重要的意义。因此，不论广东还是港澳，都要从中国的内部需求中寻求进一步增长的动力。

可以预见，在加入 WTO 之后，按照其规则，各类资源在三地间的自由流动、内地服务业市场的开放和内外销政策的统一等，将会根本性地改变过去粤港澳之间"前店后厂"的加工贸易合作格局所存在的与内地市场规模、科技人才以及上下游产业的关联度低，向广阔的内地扩展的动力不足的局面（上述存在问题与内地一直实行的加工贸易政策以及市场开放程度低等有关），而合作的内容将由制造业转向服务业和高技术领域。

由上可见，21 世纪的粤港澳合作在 WTO 的框架下，其合作的制度性基础与内容将有根本性的变化。

二、两个经济循环系统互动并存的合作新格局

在上述两个基本因素的影响下，尤其是中国加入 WTO 后，内外市场的开放与统一，将形成继 20 世纪 80 年代港澳制造业资本大规模迁移广东的高潮以后，港澳服务业资本向广东转移的又一个投资高潮。由于市场力量的主导和粤港澳三地政府的相互配合，粤港澳极有可能通过市场机制对区域间资源的重组与配置，在推进大珠三角都市连绵区的发展进程中，由过去粤港澳合作形成的"前店后厂"的外向性的单一的经济循环系统，提升为外向与内向两个经济循环系统互动并存的合作格局，把现在的以香港市场为中心的生产性服务与专业服务网络扩大为香港、内地两大市场，实现香港中介地位的"创新"与广东现代化先行示范的"创新"。

回顾 20 世纪最后 20 年来形成的粤港澳"前店后厂"的合作格局，虽然在当时的历史条件下创造了"三赢"的局面，但是，由于内部市场的不开放（尤其是内销市场的限制与服务业的外资进入的限制）、不规范和多变的加工贸易政策，造成了"前店后厂"的跨境生产体系形成一种单一的经济循环，与当地的经济成长因素（本地市场、人才素质、上下游产业发展等）之间的关联度低；本地物流不能成型导致产业链条无法延伸，本土的经济创造力与国际竞争力更无法形成。由此可见，制度性的限制是 20 世纪 90 年代中后期粤港澳经济合作陷入僵局的根本性原因，也是包括港澳在内的大珠三角都市连绵区不能长足发展的关键。

在 WTO 的框架下，粤港澳经济合作存在的制度性障碍才能最终得以突破，造就创新的合作新格局。这个新格局可以有以下的内容：

（1）目前"前店后厂"的"两头在外"的加工贸易的外向性循环系统，在中国"入世"的条件下，随着全球采购、全球生产、全球销售的必然发展趋势，可以逐步提升为跨国式的国际加工贸易体系。香港是最具有发展全球营运能力（包括生产指挥、市场拓展与营销、获取信息与融通资金、综合物流等）的国际性大都市，是珠三角这一国际性加工基地的生产与经营的指挥中心和物流中心。香港的全球营运能力的增强与珠三角的技术加工和配套能力的不断提升，将会使粤港澳三地成为最具国际竞争力的全球性的贸易加工基地，如此才能形成以香港为营运中心的大珠三角都市连绵区的外向性经济循环体系。

（2）随着内地的市场开放，尤其是内销政策的解禁和加工贸易政策与 WTO 规则的统一，通过港澳服务业向珠三角地区的转移，粤港澳在大珠三

角都市连绵区中有可能也有必要发展出一个地区性的营运和物流中心，形成向内地市场扩张的内向性循环系统。内外市场的开放与统一一旦出现，尤其是对内销的开放一经产生，珠三角形成的外资生产体系就有了在本地采购、本地销售的需求，从而引发关联产业与上下游产业的发展，形成本地的物流系统（过去的加工贸易政策阻碍了本地物流的发展），因而产生对生产性服务与专业性服务的巨大需求。港澳服务业，尤其是香港服务业，在生产指挥与经营组织、开拓市场形成营销网络、发展资本市场融通资金以及现代物流业务等方面具有十分明显的优势。因此，大量服务业向广东的转移，为珠三角制造业的内向性营运中心的形成提供了重要的资源与条件。

从服务业投资的流向与效益规律考虑，服务业的投资往往倾向于向大城市聚集。因此，粤港澳合作形成的大珠三角都市连绵区中的第二个营运中心极有可能是广州。20 世纪后 20 年逐步成型的包括港澳在内的大珠三角都市连绵区是以单一的外向性的经济循环为主体的，而 21 世纪新兴的粤港澳大珠三角都市连绵区则是以外向性与内向性两个经济循环互动并存作为发展动力的。这种状况一经出现，将不仅意味着粤港澳经济合作的创新与升级，而且标志着大珠三角都市连绵区在世界经济竞争态势中地位的最终确立。

可以预见，以香港为外向性经济循环的营运中心和以广州（通过港澳服务业资本与无形资产的大量进入）为内向性经济循环的营运中心共同组成的大珠三角都市连绵区，是我国加入 WTO 以后，在 WTO 的框架下粤港澳经济合作的发展前景。事实上，两个经济循环系统不是各自孤立运行的，而是相互联系、相互促进的。它们都是大珠三角都市连绵区的组成部分。而内向与外向的经济循环的划分也仅具抽象与理论上的意义。事实上，同一种产品或同一个生产过程既可以是内销的，又可以是供应国际市场的。同理，外向性的生产既可以从国际市场上获取原材料与中间产品，也可以在当地进行采购，形成产业的上游链条。此外，这两个经济循环系统的运行又决定了大珠三角都市连绵区中各个子系统（各都市）间的功能分工与地位。由此，粤港澳三地将会从对外拓展与对内扩张两个方面获取经济增长的动力和活力。

三、新合作格局的发展需要制度性的突破

粤港澳在 21 世纪的合作主要表现为在市场力量的引导下、在 WTO 的

框架下，三地实行市场经济的统一的经济规则与规范，通过资源的重新配置而形成大珠三角都市连绵区。而这个都市连绵区的主要经济功能就是为当地制造业的系统提供两个方向的经济循环的指挥与服务。

从都市连绵区或大都市带的概念来看，这是一种沿着特定轴线发展的多核心城市系统，内部的子系统（各都市）之间存在着人口、交通、信息、资金、物资和文化活动的各种"流"的高强度交互作用。粤港澳合作形成的大珠三角都市连绵区是在"一国两制"条件下的都市连绵区，由于制度的不同，三地之间的经济交流与一国一制中的交流有着根本的区别。也就是说，三地的经济交流要在 WTO 的框架下，遵循国际经贸关系的准则来进行。因此，上述各种"流"的高强度交互作用必然会存在因制度不同而带来的交易成本。如何随着三地经济融合的加深而做出降低交易成本的制度性安排，是推进合作不断向纵深发展的关键。

（1）淡化经济意义上的边界，是降低交易成本、消除制度性障碍的主要方面。21 世纪经济全球化与地区经济一体化的发展趋向就在于淡化各国经济意义上的边界，消除各国间的资本、商品、信息、技术与人才流动的制度性障碍，鼓励各类资源在区域间或全球进行自由流动。WTO 就是为达到上述经济自由化的一种全球的制度性安排的组织。事实上，经济全球化的过程，尤其是区域经济一体化的过程，就是通过合作各方让渡自己掌控的对经济的部分国家主权，达成区域间契约式的制度安排，从而换取本国更大的经济发展空间。因此，在经济全球化与地区经济一体化成为世界性潮流的今天，国家在经济管理方面的主权并不是绝对的。经济一体化的程度越深，则各国经济主权的让渡就越大（例如欧洲统一市场）。加入 WTO 的本质就意味着各个参加国的国家经济主权的有限度的让渡。通过这种经济主权的部分让渡而达到各种商品、资本、信息与技术在全球的自由流动。

从粤港澳经济合作的层面来看，三地的经济合作如果要发展成为大珠三角都市连绵区，各类资源的自由流动是其发展的充要条件。因此，淡化经济意义上的边界就成为前提。在这个意义上，三地互相让渡自己对经济管理的部分自治权是合作向纵深发展的基础。也就是说，三方要在让渡付出的代价（成本）与获取的利益（效益）二者之间做出选择。当各方获取的经济利益大于其共同付出的代价之时，各方的让渡就具有了经济的合理性（加入 WTO 也就是这种选择的结果）。在经济合作的更深层次上，应当不排除三地政府某种程度的契约式的合作或成立某种经济内容的特定合作区域，包括三地政府协议的贸易区、加工区或金融区。这是 WTO 的多边协议与规则中所允许的（例如欧洲统一市场、北美自由贸易区等）。另外，还要看这种契约式的安排是否符合三地的根本与长远的经济利益，是否适宜每一方，是否与代价相平衡。那种以为制度差异就必须保持经济上的隔离的观点，是不符合当前经济全球化与经济一体化的发展趋向的，也是对"一国两制"的一种误解。

从合作的主要方式来看，迄今为止的粤港澳经济合作一直处于由市场主导、以企业的微观活动为主体的投资带动的经济一体化状态。这种区域性的经济合作可以称为功能性的经济一体化。目前已经存在的粤港高层协调机构是粤港政府之间的合作机构，也是政府间根据合作的发展决定各方经济自治权如何让渡、做何种让渡的协商机构。这标志着粤港澳经济合作的发展极有可能在三方共同利益的推进下，从过去的功能性合作，产生出功能性与制度性安排（或称契约式安排）相结合的新形式。

（2）目前中国经济市场化的发展与加入WTO，已经为三地的经济合作提供了"制度接近、规则统一"的基础，从长期的发展来看，港澳与内地的经济制度与运行机制的差异最终会趋向缩小，但是这需要较长的时间与过程。粤港澳经济合作的发展决定了广东的经济市场化与经济开放必须先于全国，否则，无法推进大珠三角都市连绵区的发展。为此，广东可以在争取中央政府的支持下，一是快于全国开放的时间表，率先开放本省的服务业市场，降低服务业市场的准入门槛，减少资本进入的交易成本，为吸引香港服务业提供制度性的条件与环境；二是加快在珠三角地区政府退出市场的步伐，彻底清除珠三角地区存在的地区割据、地方各自为政与地方主义局面，为大珠三角都市连绵区的发展提供资源自由流动、要素优化组合的条件。

政府退出市场是当前中国经济市场化进程中，规范市场经济秩序的重要内容，更是中国加入WTO以后，实施统一的市场经济规则的主要内容。政府既不是市场竞争的主体，也不是市场交易的主体。政府的主要角色与定位是为市场经济的有序进行提供制度性的环境与条件，而不是充当市场经济活动的主角。从现状看，市场经济的无序与企业交易成本的过高，往往与政府的定位不当相关联。迄今为止，珠三角的经济整合无法顺利展开，其原因之一也正在于此。只有遵循WTO的规则，让政府退出市场，才能从根本上解决资源在地区之间合理配置的问题。因此，加快珠三角地区市场经济秩序的整顿，是推进包括港澳在内的大珠三角都市连绵区发展的不可或缺的重要前提。

（本文原载于《广东社会科学》2002年第2期）

关于"前店后厂"模式的再思考

近日关于香港与珠三角经济合作的话题在粤港两地不断升温。同时，在涉及这个议题的讨论中，不少人都会注意到，近年来在粤港两地已经流传的一个说法，即粤港之间过去二十年来的"前店后厂"合作模式已经过时，现在必须寻找新的合作模式。

笔者在 2002 年年末赴上海参加了一个关于长三角与珠三角竞争力比较的研讨会，在那次会上，上海的同行令人吃惊地提出了要借鉴珠三角与香港经济合作的模式，形成上海与长三角其他地区间的"前店后厂"格局。无独有偶，2003 年 2 月 19 日的《大公报》登载了国家外经贸部副部长龙永图在广东批评"加工贸易过时论"的内容，肯定了广东加工贸易的模式，并且强调加工贸易仍是中国今后的主流贸易方式。他更称，即使再过 20 年，中国还是应该发展加工贸易。龙部长的话值得深思。事实上，占广东外贸八成以上的加工贸易，有相当部分是以"前店后厂"的方式进行的。

那么，"前店后厂"模式是否真的过时了呢？笔者认为，在粤港两地全力推进大珠三角经济区域合作之际，十分有必要对此问题进行重新探讨，以澄清疑惑。

对一个事物做出判断必须首先认识这个事物。在粤港经济合作已经通行并且持续取得成效的"前店后厂"模式，笔者认为，可以从两个基本的方面去认识与把握。

其一，粤港之间的"前店后厂"是两个地区间的专业化分工与合作的结果，是两个地区最具经济效益部分的结合，因此，这种"前店后厂"必然具有十分巨大的经济效率与效益。从经济学的基本原理分析，地区间的专业化和分工的形成，主要取决于专业化的效率与交易效率的比较。分工和专业化肯定会带来交易的增加，只有在交易的效率高而交易成本低，或是分工造成的效率的提高超过了交易成本的提高之时，专业化和分工才会发展。否则过高的交易成本超过专业化后效率的提高，则分工就不会发生。

本来香港厂商在香港统一生产和销售（"厂店合一"）的过程，是没有交易成本发生的。把厂迁移到广东，厂与店的分家，这种跨境的生产与销售过程，必然带来了跨境的交易与交易成本。而"前店后厂"能在过去的二十年来迅速发展，只能证明了一点，即跨境的地区性分工造成的经济效率提高大大超过了由此带来的交易成本。香港之所以专业化为"店"，是因为香港厂商在处理全球性的生产管理、供应与销售等服务支援业务方面的效率，以及香港的服务基础设施、法律和经营的环境所提供的低交易成本，远远胜过广东的珠三角地区；而广东之所以专业化为"厂"，是因为广东有着香港所不能提供的丰廉的土地以及具有巨大潜力的低成本的劳动力市场。"厂""店"的这种分工合作正是二十多年来大珠三角经济繁荣成长的重要动力。

二十年后的今天，虽然我们不能否认香港的某些服务行业在珠三角的其他地区正逐步成长（例如港口与海运）。但是，从两地的产业结构的对比来看，仍然存在着极大的互补关系（广东的经济结构中，服务业仅占40%的比重，而香港此一比重超过80%）。珠三角仍不能取代香港的"店"的功能，而香港更不存在广东的低廉劳动力的加工制造优势。2002年香港工业总会与香港大学进行的联合调查发现，现今香港本土有10万家贸易公司，其中6万家在珠三角投资建立了制造业企业，雇佣劳工达1 000万人。这一事实证明了，"前店后厂"仍然具有其生命力。经济模式的过时与否并不取决于人们的主观判断，更不取决于其模式的技术水平是高还是低。当一种经济模式在现实中仍存在其经济效益时，它就不会退出市场。虽然多年来粤港两地不断地有创建合作新模式的呼吁，但是迄今为止，能够取代"前店后厂"且具有经济效益的新模式并没有出现。

其二，"前店后厂"是粤港两地参与全球生产网络的一种主要形式。"前店后厂"的实质是粤港两地分工合作的加工（在广东）贸易（在香港）。这种加工贸易通过港商的中介作用，已经构成了跨国公司构筑的全球生产网络的一个部分。当代的全球生产网络是由跨国公司主导的，而跨国公司的全球生产体系的分布又是通过四种基本形式来扩散的。"前店后厂"主要参与的是由跨国的销售商主导的、全球分布最广的一种基本形式，这种形式由于涉及的主要是轻型消费品（服装、纺织等）产业，这种产业的特点是劳动力成本在总成本中的比例最大。因此，把生产放置于发达国家显然是不具经济合理性的。所以，跨国公司主要通过发包和转包形式，在全球进行制造生产（主要在发展中国家进行），例如NIKE、adidas等公司，成本低廉、交易高效正是这类跨国销售公司的主要诉求。而粤港之间"前店"（交易高效）与"后厂"（成本低廉）的结合恰好适应了跨国公司的需要。这就是二十多年来珠三角通过"前店后厂"的发展，成为全球最大的纺织服装、制鞋、钟表、玩具等加工出口基地的重要原因。

有的人把"前店后厂"的低成本与低技术相联系，贬低"前店后厂"，认为"前店后厂"经过二十年的发展已经过时。这种观点恰恰没有看到中国在全球经济中的长期优势——劳动力资源的优势。目前为止，已经完成了工业化和现代化的西方国家涉及的人口仅有数亿人，而每个国家在历史上出现的劳动力资源优势也就仅有十年的周期。中国的工业化和现代化涉及的是十几亿人口，大量劳动人口，尤其是农业劳动人口向工业和其他行业的转移，是一个长期的过程。因此，中国的劳动力资源的优势将是长期性的。而加工贸易正是中国的劳动力资源在全球配置的一种必然表现，中国劳动力资源优势的长期性，将决定加工贸易的长期性，以及加工贸易在粤港间的表现形态——"前店后厂"的长期经济合理性。

本文的结论是："前店后厂"模式并没有过时，虽然粤港的经济合作并不能仅停留在"前店后厂"（要向服务业和其他领域扩充），"前店后厂"也要提升和扩展（例如香港特区行政长官曾荫权先生提出的吸引日本、欧美的中小企业到香港办店、到珠三角办厂的主张）。粤港之间经济合作的前景应该是多元化发展的。从中国已经加入 WTO 的角度去考虑，今后，粤港之间在产业合作的模式方面极有可能是"前店后厂""厂店合一"与"前厂后店"（如果香港与内地的更紧密的经贸安排包含香港对内地出口的零关税）并存的混合模式。由此可见，"前店后厂"并不否定其他发展模式的出现，而新的模式的产生自然也不会是"前店后厂"的终结。如果仅凭人们的主观判断而贬低和漠视"前店后厂"的发展，那么，粤港两地就会丧失参与经济全球化与进入国际市场的机会。

（本文原载于《经济前沿》2003 年第 5 期）

珠江三角洲的区域整合与竞争力

　　长三角与珠三角经济的崛起充分证实了：在经济全球化的推动下，地区（而非国家）的经济发展更日益突出和重要。而地区的竞争优势和创新，以及产业的区域性集聚是地区经济发展的主要因素。因而，对地区竞争力的关注，成为近年来长三角与珠三角地区持续不停地讨论的话题。就地区竞争力分析，长三角与珠三角各有自身的优势。但是，从两个三角洲的都市连绵区的形成以及区域中的产业分工与经济协调的比较来看，目前珠三角实际上存在着不可克服与仍在强化的障碍，从而变成其竞争力的"软肋"。

一、"一国两制"：区域整合的硬约束

　　无论是历史还是现实，珠三角地区都不能离弃港澳。尤其是珠三角经济崛起的近二十年，香港通过产业转移、吸引外资、交通枢纽、金融服务等，发挥了区域性的中心城市的作用。过去二十年的数据显示，广州，这个原有的中心城市，并没有在珠三角区域的兴起与城市群的发展中真正起到带动的作用。已经展现雏形的珠三角的倒 U 形带状城市群，处于其龙头地位的是香港。

　　但是，当区域经济的进一步发展需要经济整合，当上海作为区域经济中心把长三角 15 个城市纳入经济发展规划，也就是说，在区域经济整合成为地区竞争力的重要因素的时候，珠三角经济整合中的"软肋"顿然显现。珠三角区域经济是在"一国两制"条件下的不同地区的经济整合，诚然，"一国两制"是保持香港的国际性地位以及自由港政策的重要基础，由此，珠三角在发展过程中从内部获取了不同制度互助互补的优势，这是"一国两制"的正面效益。然而，"一国两制"作为一种硬约束，它又制约着区域经济整合的深度与广度。这就是"一国两制"在区域整合中所不能避免的交易成本。

（一）"一国两制"规定了港澳经济的独立性，由此决定区域经济整合的有限性

在"一国两制"的框架下，香港与珠三角的关系并不等同于完全的区域中心城市与其腹地的经济关系。香港作为中国的政治区和独立的关税区，具有独立的、不同于内地的经济制度、法律体系、财税政策和货币发行制度，以及独立的经济发展规划和公民权利。香港与内地之间的经济关系必须采用不同的独立经济体之间的关系，即国际经贸关系的准则来处理。因此，香港在制订其发展规划时不能把自己的腹地珠三角考虑其中，而广东在考虑发展规划时也没有权利和义务顾及香港的发展，由此便决定了珠三角中香港与其腹地的区域经济整合只能是有限的。即使是香港与内地达成了更紧密的经贸关系的共识，这种状况也不会根本改变。这就是珠三角中香港经济中心与经济腹地形成的独特特点。今后在相当长的历史时期内，"一国两制"还将在珠三角的区域经济整合中起着制约作用。

区域经济整合的结果是市场的统一或市场价格，尤其是要素价格的趋同。但是在珠三角，由于港澳的经济独立性，市场被分割成两个独立的部分，尤其是不同货币的存在，两个市场很难趋同。例如，虽然香港对珠三角的产业转移历经了 20 年，港商在这个地区雇用了 1 100 万外来劳力，使香港本地的制造业劳工减少了 80 万（据美国有关统计称，美国由此减少的就业也是 80 万人）。这种巨变却没有改变香港与珠三角要素市场巨大价格落差的局面，十年前香港的要素价格（劳力与土地）是内地的十倍，而今天这个比例与落差仍然保持着。

与上述事实同时推进的是，珠三角地区因经济的起飞，与香港已经形成一定的竞争态势，尤其是与香港连接性较差的广州和珠三角西部地区。其产业结构已经与珠三角东部即和香港密切连接的地区有很大的差别，相信这一趋势还将继续。这种状况不能不影响到珠三角的整体经济竞争力。据统计，香港在珠三角的人流 74% 集中于深圳与东莞，8% 在广州，18% 在珠三角其他地方（恩莱特，2002）。

（二）"一国两制"决定了香港城市中心对经济腹地的辐射并不完全遵循经济规律，由此影响区域整合的效率性

作为珠三角中的城市中心，在"一国两制"的框架下，香港与其经济腹地之间的要素流动和资源配置以及区域间的产业分工与协调，是受到一定限制的。区域经济的规律要受到外在因素的影响，从而导致区域分工与经济整合不可能实现最佳效率。

关境与边境的管制是这个地区要素与资源流动的非经济因素。珠三角不可能像长三角那样，实现无缝的交通与流动。对于珠三角来说，区域整合要付出更多的交易成本。相对于流量大增而基础设施不足和管制方法的滞后，这种制度引发的交易成本有上升的趋势。据调查，2000 年以来香港跨境人流的平均等待时间为 2 小时以上，以全年的人流计算，其年等候时间超过 200 万个工作日；而货物的平均等候时间为 4 小时，以每天 25 000 部货运车流量计算，则每天就有 100 000 小时的汽油浪费和污染（恩莱特，2002）。

区域中分工的形成取决于分工效率与交易效率的比较。当交易效率低于分工效率，交易成本较高之时，分工是无法形成的。因此，交易成本的高低直接影响区域中的分工发展。自由的资源与要素流动是有效率的分工的前提，而在这方面，珠三角内部由于"一国两制"的原因，短期内不可能实现各种要素的自由流动，制度引发的交易成本是客观存在的，人们只能通过更有效的制度安排或基础设施去降低这个成本。

二、行政分割与内耗：区域整合中仍在强化的障碍

行政分割、行政区域之间的竞争而非合作是我国过去一直延续至今的一个全局性的现象，这个现象并非珠三角独有的。但是，珠三角区域经济的发展过程中，一些客观与主观的因素强化了行政割据与恶性竞争，凸显了区域整合在这个地区的障碍与难度。

对广东来说，尤其是省政府的领导，对香港的地区经济中心的角色并不十分认可与确定。作为一个经济大省，广东自然希望形成省内自己的经济中心，而处于经济先行起飞且是广东经济重心的珠三角地区，相互角逐龙头地位的竞争也从来没有停止过。这一点与长三角有着根本的不同。长三角本身属于中国这个大关税区中的一个部分，并没有独立的关税区位于其中；而且，上海在长三角中的经济中心地位是无人能置疑且是客观存在的。长三角至今为止没有出现大量浪费资源与时间于内耗的角逐龙头之争，而珠三角因以下因素使得原有的行政分割局面更加恶化。

1. 广州过去二十年经济中心地位的相对下降激化了珠三角的龙头之争

珠三角城市群的出现是改革开放以来的产物。历史上深圳、珠海与东莞、顺德等地均不是城市，仅是改革开放以来，才开始了城市化的过程。而在这个过程中，各个城市的崛起与发展伴随着广州这个原有的城市中心地位的相对下降，造成了珠三角地区的重新洗牌。其原因就在于珠三角城

市群的产生，主要的拉动力不是广州，而是港澳。因此，目前为止在广东的珠三角内部，并没有形成城市与城市之间的强有力的经济联系，更没有在其中形成一个由各个城市包围并配合着其活动的城市中心（经济极点）。也就是说，中心城市通过价格高低、生产率高下与生活标准的不同对其他城市形成压强，从而吸引资源流入并成为极点这个现象并没有出现。相反，随着各个城市的兴起，广州过去的经济中心地位是相对下降的。虽然广东政府近年来强调了要建设广州与深圳两个经济中心，但是，基本的走势目前仍然没有根本改变（近年深圳综合开发研究院做过一个研究，发现深圳基本上没有形成对珠三角的辐射力）。我们仅从广东的支柱产业前三名的城市排位中，就可以看到其他城市的崛起与广州的相对下降。2001年，深圳的工业总产值首次超过了广州，成为全省第一大工业城市。

广东省三大支柱产业的地区排位表

产业排序	产业	第一位	第二位	第三位
1	电子通信业	深圳	惠州	东莞
2	家用电器业	佛山	广州	深圳
3	纺织业	广州	佛山	江门

资料来源：《广东统计年鉴2001》。

整个地区中的龙头地位的争夺，激化了各个城市之间的竞争。由于争得了大项目就争得了排位的上升的事实，各个城市纷纷投入了大量的资源建设各种基础设施、开展大型项目，扩大城市版图更成为相互仿效的做法。

广东省政府在促进珠三角地区中心城市的形成方面，近年来已经开始形成了比较具体的战略，但是，并没能有效地制止各个城市之间无序的争夺与内耗，洗牌仍在继续。

2. 珠三角各个城市崛起的原因与动力不同，客观上形成了竞争大于整合的局面

目前，珠三角地区存在着形态各异的经济发展模式。我们仅从东西部的不同发展轨迹就可以看到其差异。从外向型经济的形态比较，以跨国公司主导的全球生产网络的两个系统和四种基本形态在珠三角都可以看到。其中由跨国公司销售商主导的轻型消费品的转包生产网络（港商投资为主）和以跨国公司生产商为主导的电子通信产业的零部件转包生产网络（台商投资为主），主要分布于珠三角的东部地区。而由跨国公司母公司与

外国分支机构和合资机构组成的全球生产网络，例如汽车（以日资为主）则主要分布于广州和珠三角的西部地区。东部地区是以出口为主的电子通信产业，而西部地区则主要是内销的家用电器产业。

珠三角东西部的差异除了区位因素以外，主要是由东西部的历史与经济基础差异决定的。过去的东部地区是没有工业基础的农业地区，是广东省的大粮仓。而西部，尤其是佛山与江门，一直以来就是广东的工业重镇（自清代起，南海九江就逐步成为中国的纺织业基地），因而有着深厚的工业技术和文化的沉淀。因此，改革开放后，东部由于没有商品经济发展的历史基础和技术基础，只能选择了以外资带动经济发展的模式。而西部虽然从开放初期就一直没有放弃引进外资的努力，可是在发展模式上则以本地区为主进行建设。东部的产业由没有地区植根性的外资企业（尤其是东莞）构成的，而西部则是带有深厚地区植根性的产业（尤其是佛山）。这就是广东的支柱产业中，电子通信产业集中于东部的三个市，而传统的纺织业集中于广州与西部的两个市的原因所在。

正因为各个城市发展的动力与原因各不相同，各地产业之间没有形成经济关联。因此，各城市对自己的产业发展的基础设施、技术平台与信息平台的需求十分强烈，这就导致了各地重复建设的出现以及各自为政的发展。由于各个城市各自为政，这个地区的状况必然是以竞争为主，协调则十分困难。

3. 地方政府主导的工业化与城市化的成功，强化了地方政府的竞逐心态

中国目前的行政区划管理体制、行政区经济与经济区经济相互矛盾的局面，以及地方行政领导的考核机制，都是地方行政割据的形成基础。珠三角城市群的形成，以及二十年来工业化、城市化的进展，具有强烈的地方政府主导的色彩。后发国家与地区的工业化往往是一种自上而下，由社会精英推动的工业化，在珠三角由地方政府主导的工业化就是这个规律的反映。二十年来，这个工业化的过程取得了极大的成功。因此，在这个地区各个城市不断取得成功的同时，也就不断地强化了地方政府的地方利益与政府主导的观念，造成了珠三角行政性的割据局面。地方政府主导经济的积极性直接导致了各个城市间的竞逐现象，这种状况比长三角要严重得多。今天在这块面积大大小于长三角的土地上，各种国家级、省级、市级乃至县级、镇级的科学园区，数不胜数，相互竞逐与竞争，造成极大的内耗与浪费。

三、竞争态势呼唤新的区域整合机制

过去二十年的发展历史显示，珠三角地区是一个竞争大于合作，竞逐大于协调的地区。不可否认，这是珠三角经济发展过程中一个客观存在的阶段。当今天的发展已经进入了区域整合的竞争，再不是地区内部的个别城市之间的竞争之时，加强区域的整合，是珠三角在今后发展中保持竞争地位的关键。

如前所述，珠三角是一个存在两个政治特区（港澳）、两个经济特区（深圳与珠海）和数个一般行政区的地域，如此复杂的状况导致了区域整合的困难，其关键在于整合机制的选择。目前，对此问题存在着两种不同的观点，一种观点强调政府间的协调与强力整合，诉诸政府的不作为而导致整合的失误；另一种观点则认为政府的行政行为是区域整合的主要障碍，呼吁政府退出市场，让市场来主导区域的整合。笔者认为，在珠三角如此复杂的行政区划管理的状况下，任何单一的整合机制都不可能解决如此复杂的局面。因此，整合机制的选择必然是多元与多样化的。在处理"一国两制"下的区域整合时，可能政府的主导比市场的调节更为有效；而在处理珠三角的内部整合时，市场主导则更会凸显其配置资源、促进分工的效率性。笔者的上述看法仅是十分粗浅的判断，还不能形成完整的观点。只有在实践中不断摸索和试错，才能正确求解。

（本文原载于《南方经济》2003 年第 9 期）

香港与内地： CEPA 效益的思考

《内地与香港关于建立更紧密经贸关系的安排》（简称 CEPA）的签署，是近日粤港两地最为热门的话题。而 CEPA 的效益，包括 CEPA 能否为多年来萎靡不振的香港经济注入强心剂，CEPA 效益如何在两地间分割，哪一方的得益最大等，则成为热门中的热门。由于 CEPA 的实施细则至今仍未公布，因此做出效益的量化测算显然是不可能的。所有的议论本身也是猜测。在此，笔者也冒昧地加入这场猜测，谈谈自己的粗浅看法。

首先，笔者认为，一个双边的经贸协议与安排，其效益看来可以分为两个层面，一是直接效益，二是间接效益。直接效益指的是由于协议的实行，双方因经济交往的交易成本降低以及市场扩大而获取的效益；间接效益则指在这个过程中，双方经济结构与经济质量的变化与提升，也可以称为效益溢出。这个方面就不仅仅限于双方经济往来影响的分析，还会涉及双方之外的其他经济体对协议方采取的应对策略的影响。由于 CEPA 所涉及的经济自由化主要是内地对香港的开放，而香港又因经济体积小对内地的经济影响有限，加上不少议论多认为 CEPA 是内地给香港的一个大礼，因此，本文在兼顾内地的同时，重点分析香港的 CEPA 效益。

一、香港的 CEPA 直接效益分析

CEPA 包括三个方面的内容，最主要的是货物贸易的零关税与服务贸易的自由化。它是通过融合内地与香港的经济联系，来达到促进两地经济发展的目的。有观点认为，内地与香港的经济融合就是 CEPA 的效益。笔者认为，这种看法是混淆了方法与效益两种不同的事物。效益是通过方法而得到的收益。因此，严格按照效益的这个观点，从直接效益分析，对香港的 CEPA 效益可以做出以下判断：

1. 香港从 CEPA 中得到的最大收益来源于服务贸易，而不是货物贸易，且服务贸易收益是即期的、能够马上显示效应的收益

根据国际贸易的理论与实践，以及目前为止所建立的贸易模型的分析，证明了在双边经济往来实现自由化以后，各自获取的收益的大小取决

于两地的产业竞争力的差距（因为竞争力低下的一方已经不能通过保护政策阻挡另一方的自由进入）。

从内地与香港的产业竞争力分析，香港最具国际竞争力的产业是服务业，尤其是面向出口的加工贸易的供应链的管理服务，这类服务业属于生产性服务。作为地区的国际性服务枢纽，香港服务业的竞争力达到了世界一流的水平。但是香港的制造业由于本地成本结构的问题，已经大量迁移内地，从而使制造业在本地生产总值中仅占 7% ~ 8%。

相对于香港，内地不管是劳动力密集还是技术密集的制造行业，在国际市场上的竞争力均远在香港之上；而服务业的发展却远远落后于世界的平均发展水平，甚至还低于许多相同发展程度的发展中国家。

由此可见，在服务贸易方面，内地与香港存在着巨大的竞争力差距，两地的互补性很强，这就决定了两地服务贸易的自由化将存在极大的贸易创造效应。内地服务贸易的逆差证明了内地市场的巨大需求，而香港巨额的服务出口显示了极强的竞争力与发展能力。即使是在经济停滞的 2001 年，香港的服务出口也仍有 3.5% 的实质增长。从两地的经贸关系看，2001 年香港服务出口达 3 358 亿港元，其中 1 000 亿港元是对内地的出口，内地已经成为香港服务出口的第一大市场。到目前为止，服务出口占了香港本地生产总值的 27%，虽然香港在近年来经济处于停滞状况，但服务业的竞争力不降反增，证明了香港的竞争优势所在与发展潜力。我们可以内地与香港服务业的 RCA（Revealed Comparative Advantages）指数即国际竞争力指数观察两地的互补性关系。

内地与香港的服务贸易 RCA 指数表

年份	1980	1985	1990	1995	1999	2000	2001
内地		0.59	0.46	0.58	0.61	0.58	0.57
香港	1.95	1.94	2.08	2.83	3.18	3.44	3.53

注：RCA 指数大于 1，表示有国际竞争力；RCA 指数小于 1，表示不具国际竞争力。

从上表中我们可以看出，由于两地的服务贸易竞争力差距很大，一旦经济自由化实施，竞争力越强的一方从自由化中获得的收益也就越大。因此，可以断言，CEPA 带给香港的效益主要是服务贸易，并且在服务贸易方面带给香港的效益要大于内地。两地的经济结构与各自的产业竞争力的现状都证实了这一点。随着 CEPA 的实施，香港服务业的竞争优势将扩大到内地市场，由此带来的将是香港对内地服务贸易的大幅攀升以及服务贸易盈余的扩大。

2. 香港从零关税中所得到的即期效益是有限的，最可期望的是预期效益

有些议论认为，CEPA 的实施，香港制造业最为受益。对于此种观点，笔者不敢苟同。前文已述及香港的最大受益产业是服务业，在此不再赘言。如果我们客观地观察此问题就会发现，在论述 CEPA 对香港制造业的作用时，人们所谈及的效益不外以下三个方面：一是由于零关税的实施而带来的关税节约；二是在零关税刺激下，内迁制造业的回流；三是发达国家跨国公司制造工序的投入。在这三个效益方面，我们不能不客观地承认一个现实，即只有第一个方面的效益是即期的效益，且由于香港制造业在香港经济份额中的微小比重，这个效益是十分有限的。同时，关税节约的具体数量还有待于原产地原则的确定，如果原则制定的增值比重较高，则关税的节约更为有限。而人们寄予最大希望的是后两个效益，但是，这两个方面能否真正实现效益，目前也仅是一种预期。

对于已经进入内地的香港制造业能否回流，有多大比重回流，这是无法测算的。跨国公司的投入，更是没有看到回应。笔者认为，在内地与香港制造业的比较优势分析的基础上，制造业的回流即使有，其数量也并不乐观。由于香港目前的经济结构尤其是成本结构，本土的制造业与内地制造业最有可能实现的分工形态将是一种高档次、小批量与大批量生产之间的分工。而香港有可能通过产品零关税进入内地市场，为品牌的培育提供市场条件，从而突破过去香港因本土市场的狭小导致制造业无法发育本土品牌的局限性。同时，如果跨国公司能够通过利用 CEPA 的便利，把高附加值的工序放在香港，对香港经济结构的提升将是十分有利的。由此可见，对香港产品零关税的实施，给了香港高附加值的制造业的发展空间。人们对此期望值最高的是，零关税的实施使香港真正能够达到政府提出的发展创意工业和香港品牌的促进作用。如果这个效益能够实现，则香港与内地的经济合作就能够最终突破多年来固守"前店后厂"的格局，出现"前店后厂""厂店合一"与"前厂后店"（零关税的作用）并存的崭新局面。

但是，人们对零关税的这个最大预期，并不是 CEPA 一实施就自然而然地出现的。要实现 CEPA 的这个效益，必须要有香港政府与厂商的努力。尤其是香港目前最大的瓶颈是缺乏发展高附加值工业的战略性资源——智能资本。因此，如果不积极解决这个问题。CEPA 的这个效益也就永远是预期效益。

二、CEPA 的设计意图与间接效益

由上所述，从 CEPA 对香港的直接效益来看，它并不是一剂医治香港经济衰退的应急药方。它对香港经济的作用是长期的，它的间接效益，尤其是对香港经济结构的提升的促进，有待于直接效益的显现与溢出。CEPA 并不是能使香港经济即刻去掉顽疾，马上进入繁荣的兴奋剂，对 CEPA 抱有任何急功近利的想法都是要不得的。任何双边经贸协定的宗旨都在于降低两地经济交往的成本，扩展双方经济往来的空间，由此达到地区间优势互补、资源重组与提高经济效益的目的。因此笔者认为，那种对 CEPA 有着过多的、超出双边经贸协定要求的各种期望的观点，都是不现实的。否则，人们就难以解释为什么北美自由贸易区的建立、欧洲联盟的发展，都没有一劳永逸地消灭这些地区不时出现的经济困境。

由于香港近年来经济衰退持续，许多人期望 CEPA 能够一举扭转经济颓势的想法是可以理解的。但是，把 CEPA 的设计看作是主要为了解决香港经济衰退的困境，笔者认为，这与 CEPA 客观上可能达到的目的会有一定的差距。在此，我们并不否认 CEPA 对香港经济存在的促进作用，尤其是在促进香港经济的多元发展方面，可能会产生极大的间接效益。问题在于，我们要真正弄清楚和探究的是，CEPA 设计的客观意图是什么。

CEPA 涉及的主要是内地与香港的经济关系，这个关系的核心应当是香港在中国经济发展中的角色与定位，即中国入世之后，香港在中国市场开放中所处的地位。在中国加入 WTO 之前，香港在中国经济中扮演着对外经贸联系的重要中介角色，它既是外国资本进入中国的重要通道，又是中国经济向外扩展的桥梁，是中国经济的投资与贸易枢纽。由于内地开放程度的局限以及缺乏各种对外联系的条件与人才，香港在中国的对外经济领域中几乎占有垄断与半垄断的地位，港商进入内地更享有各种经济优惠。但是，随着内地对外开放步伐的加快与对外经贸人才的成长和基础设施的发展，香港的中介角色逐渐被内地替代。尤其是中国加入 WTO 之后，香港在中国对外经贸领域中的垄断地位被逐步打破，其中介角色受到挑战，港商过去享有的种种优惠也不再持续。香港中介地位的逐步丧失，是导致香港经济进入衰退的重要因素。如何在 WTO 的框架下，重新确认香港在中国经济发展中的地位与角色，就成为内地与香港发展经济关系的核心，也就是 CEPA 设计的主要出发点与客观意图。

CEPA 的框架设计，体现了在中国入世之后，给予香港提前开放内地

市场的优惠，并且通过实施经济自由化的安排，从而确立香港自由进入内地市场的特殊地位。这是在"一国两制"原则下和 WTO 框架内内地与香港之间的一个特殊安排。CEPA 很清晰地向全球，尤其是跨国公司发出了一个十分明确的信号，香港仍然是进入中国市场的重要中介与通道，投资香港、进入香港，成为香港的企业，才能自由地进入内地市场。与此同时，CEPA 还给予了内地企业进入香港投资及贸易的便利（见 CEPA 附件《关于贸易投资便利化》）。很显然，CEPA 的设计意图就在于重新强化香港在中国经济发展中的重要的中介角色与地位。由于 CEPA 把自由进入内地市场的安排给了香港，突出了香港在全球经济中这种独一无二的地位，这种独占性质正是维持香港经济的国际吸引力，维持香港在国际经济中的独特地位，以及香港优势的关键。笔者认为，这就是 CEPA 设计的最终意图，这也是中央政府送给香港的一份大礼的真正含义所在。而提升香港的经济结构，进行经济的转型以及重新振兴香港经济最终也都是围绕着维护香港的竞争优势而进行的。由此可见，CEPA 不是短平快的应急药方，它的主要作用是确立香港的经济定位。

三、内地的 CEPA 效益分析

CEPA 的框架是双向的。从双边的经济贸易协定来看，在双边制定的经济自由化协定实施之后，已经实行贸易自由化的一方所获取的收益，将会大于没有实行贸易自由化的一方。香港是有着百年历史的自由港，一直施行自由贸易的政策。而内地是从过去封闭式的计划经济向开放的市场经济过渡与转换的经济体，虽然这种转换的速度非常快，但是，其贸易体系仍处于向现代体系转换的阶段。由此可知，在 CEPA 的框架中，香港得到的收益会大于内地。

但是，如果我们不仅仅局限于经济数据的计量上，而是在更大的视野范围去考察 CEPA 的效益，我们就会发现，内地尤其是珠三角地区可以从 CEPA 中得到的效益，并不会小于香港，并且内地得到的 CEPA 效益可能会有以下特点，即间接效益大于直接效益，长期效益大于短期效益。

首先，间接效益大于直接效益可以具体化为 CEPA 所创造的制度创新的效益将会大于单纯的贸易效益。CEPA 给予香港的强势产业——服务业进入内地的机会，而服务市场的开放不仅是中国经济全面开放的关键，且对中国市场经济制度的最终建立与完善具有制度推进的意义。市场是组织交易的场所，作为交易工具的市场中介（例如金融、批发零售、会计、广告等）是现代市场经济能够正常运转的齿轮，这些经济齿轮越发达、越高级，现代市场经济的交易效率就越高，经济就越发达。因此，分工越发展，市场交易就越增加，减少交易成本、提高交易效率的市场中介组织就越发达，由此，服务业在经济生活中的比重也就越高。由于中介服务体系是现代市场经济中起关键作用的子系统，因此，服务业发展水平是现代市场经济发达水平的重要判断依据。中国服务业的发展严重滞后，其实质也就是市场经济发达水平的严重滞后。

香港有着世界级的服务产业，它所提供的中介服务的效率高于其他的服务枢纽。这个强势产业进入内地市场，将大大推进内地服务业的发展，尤其是内地发展十分不足的中介服务，从而完善内地的市场经济制度。可以预期，香港服务业的进入，会大大缩短中国市场经济制度建立与完善的进程，推进市场体制向现代体制迈进。

其次，CEPA给内地带来的长期效益将大于短期的贸易效益。无可讳言的是，由于香港是已经实行经济与贸易自由化的一方，因此，我们可以预见，在CEPA实施的短期内，虽然CEPA的贸易创造效应会使两地间的服务贸易大幅上升，同时内地对香港的服务贸易的赤字也将可能大幅上升；但是，随着两地服务贸易的不断发展，内地服务业的竞争力将逐步培育与养成，尤其是内地服务商可以进入香港市场，通过国际竞争强化自己的竞争力。其长期结果应当是服务贸易逐步走向平衡，而且像制造业一样，内地服务业也最终会走上国际市场向世界提供高素质的服务。同时，我们也不能避免在短期内由于香港服务商的进入，一些内地的服务商会受到冲击，甚至可能会出现破产倒闭、员工下岗的现象。但是目前内地的服务业并不是过度发展、过度竞争的局面，而是发展不足、过度保护与行业行政垄断的现状。在这种状况下，服务行业的主要问题在于因服务商过少而竞争不足，提供的服务产品品种少、质量低、价格高。香港服务商的进入，本身就是一种打破行业垄断，引入竞争机制，通过开放市场破坏原有的稳定的利益分配格局，借助外部的竞争压力制约既得利益集团的做法。其结果必然导致垄断利润的消失，服务素质的提升，价格的下降与服务产品的发展，由此促进服务业整体竞争力的形成和强化。

由于香港是一个小型的贸易体，内地对香港开放市场基本上不会对经济整体造成很大的冲击。内地通过向香港开放市场的实践，可以在引进竞争的基础上取得进一步对外开放的经验，为中国在今后建立融入全球竞争的开放型经济体系做好准备。从这一点看，CEPA对内地来说也是一份大礼。

（本文原载于《开放导报》2003年第7期）

CEPA 推动大珠三角区域经济整合的新浪潮

一、CEPA 启动了珠三角与港澳新一轮的经济互动

目前，大珠三角地区（包括港澳）正面临着新的全球产业集聚的重大机遇。20 世纪的最后二十年，大珠三角在广东先行开放的启动下，通过珠三角地区与港澳的经济互动与资源整合，形成了"前店后厂"的跨境产业分工，争取到了轻型消费品（例如服装、制鞋、家电等）全球生产供应网络在本地区集聚的机遇，完成了上述产品从西方国家向中国与墨西哥等国的转移。而对中国的转移实际上是通过在大珠三角的产业集聚实现的。也就是说，大珠三角在 20 世纪后期已经进入了全球性的国际生产供应链。21 世纪，第二次的全球生产转移已经发动，大珠三角地区开始接受了这次转移的第一波，这就是 20 世纪 90 年代后期开始的由中国台湾地区、韩国发动的电子产业向大珠三角地区的集聚。从 2000 年开始，这个过程的推进已经威胁到了世界第二大电子工业国——日本，而且使第一大电子工业国——美国也开始感受到了中国台湾地区与韩国、日本转移生产到中国内地的巨大的竞争压力，在日本企业开始被迫将生产全面转移中国之际，美国紧随其后，也将电子工业的生产供应链向中国集聚。预计在 21 世纪的第一个十年，这个向中国的产业集聚将最终完成，而 2006—2007 年，全球由中国生产的电子产品将占世界生产的 30% 或以上，中国将成为继美国在第二次世界大战后电子生产集中与集聚于一国之后的电子生产的集中与集聚国。与全球电子工业的走向相联系，全球的汽车工业与其他资金密集型行业的供应链生产体系也出现了大规模向中国转移的苗头。过去西方发达国家跨国公司在全球分散的生产加工基地正向中国集中，中国正在成为全球共同的生产制造中心。

与前一次轻型消费品全球生产供应链向大珠三角的集聚不同，本次的产业集聚主要向两个地区即长三角与大珠三角集中。两个三角洲形成的竞争态势决定了哪个地区的区域整合得越好，哪个地区的产业集聚就越成功。大珠三角正面临着来自长三角的巨大的竞争压力。

过去大珠三角靠港澳与珠三角的经济互动，尤其是"前店后厂"的跨境分工体系的配合，成为中国最具竞争力的经济区，形成了轻型消费品的全球生产供应链的重要基地。今天，在长三角的竞争压力下，只有强化珠三角与港澳的全面的经济互动，才能使大珠三角地区继续维持竞争优势。但是，在20世纪90年代中后期以后，大珠三角的变动与长三角相反，并没有进一步发展经济互动而达到区域整合，反是出现了相互竞争而非合作与分工的局面。这种状况的产生无疑使区域中的各方不能达到利益的最大化，而受损最大的是香港。为此，近两年来，香港一直与中央政府协商，争取更紧密的经贸关系的建立，启动与内地更大范围的经济互动。虽然CEPA是面向整个内地的，但是，最直接的面向者是珠三角。因此，我们可以说，CEPA的签订与落实将根本改变20世纪90年代中后期大珠三角群体化竞争的局面，启动珠三角与港澳的第二次经济互动，使大珠三角重新走向合作与分工。

二、珠三角与港澳的新一轮互动将以服务业为主要内容

作为区域性的双边贸易协议，CEPA的内容包含的范围很广，涵盖了货物贸易、服务贸易与贸易投资便利化三个方面的内容。但是，从CEPA中涵盖的内地对香港的单边让利的内容来看，其核心部分是服务贸易部分。又由于服务贸易的自由化，与货物贸易和贸易投资便利化不同，它将涉及市场准入的全过程（准入前与后，包括退出），因此CEPA的核心是内地对香港的服务业打开了大门。所以，与前一轮港澳和珠三角的经济互动不同，新一轮经济互动的主要内容将不是制造业，而是服务业，尤其是生产性服务业。这是两地优势产业的反差及互补决定的，也是彻底消弭大珠三角之间的地区性恶性竞争，重新走向区域合作与分工所必需的。因为，大珠三角在20世纪90年代中后期的竞争性格局形成的主要内容就是围绕着各个城市的基础设施与服务网络展开的。

以广东先行开放启动的珠三角与港澳的第一轮互动，是以制造业的市场开放为其主要特征。它发起于20世纪80年代，完成于90年代。由此三地的经济发展形成了不同的产业优势，而三地产业优势的互补推进了专业化的分工和发展。香港与澳门凭借其服务业的优势专业化为"店"，而珠三角则专业化为"厂"。目前珠三角产业的优势是低成本、生产效率和技术水平相结合的制造业，具有生产成本优势。珠三角是中国最早成为出口导向的制造业发展的地区，是世界市场上大量产品"中国制造"的发源

地,目前其轻型消费品占有世界级的领导地位;而在某些 IT 及电子产品中,珠三角具有生产领先而非技术领先的地位,是重要的世界性生产基地;在家电产品中,珠三角在全国也占有领先地位。

香港的产业优势是世界级的生产性服务业(澳门在这方面基本是香港的产业外延),是交易成本优势。与珠三角的优势是制造业的集聚不同,香港的产业集聚是服务业。香港服务业在 1995 年世界经济论坛对全球各大经济区服务行业的发达程度的评比中名列第二,仅次于美国。香港服务业的发展有两个特征:一是以生产性服务为主,二是以服务珠三角及周边地区为主。其中最有竞争力的是贸易相关服务、运输与后勤服务、商业服务、基建与地产服务、通信传媒与观光旅游服务。上述具有竞争优势的服务业,最大的服务对象就是珠三角。香港发达的市场经济制度、透明公正的商业规则与法制,以及完善的市场中介组织是提供优质、高效、低交易成本服务的基础。可以说,大珠三角的出口导向的制造能力与联系世界市场的开拓服务能力,是珠三角和香港经济互动的结果。

第一次珠三角与港澳的经济互动取得了生产成本与交易成本组合的结果,大珠三角也由此整合而成为全球的轻型消费品的生产出口基地。这个互动决定了倘若缺少一方,另一方也是不能单独存在的。这是一种战略性伙伴的关系,三地之间优势产业的反差是相辅相成的。但是,三地的经济互动在配置外向型生产基地取得成效以后就此止步,没有继续向前发展。大珠三角一直停留在"前店后厂"模式上,这是三地经济互动最有成效的部分,也标志着三地互动的局限。在这种情况下,港澳进入珠三角,"只能说伸入了一只腿,另一只重要的腿没有及时跟进,并没有在珠江三角洲立住脚跟"①。香港制造业在经济中仅占 5%,86% 的比重是服务业,这种经济结构决定了它必须有经济腹地,它与经济腹地的互动不仅是生产基地的配置,更重要的是要使香港的优势及高增值的产业能随时随地进入腹地,为腹地提供服务。香港服务业的很大比重是随着珠三角生产基地的运作而相伴产生的,但由于制度性的限制,它们无法跟随运作,服务不能到位。香港对珠三角的经济落差无法转化为对区域整合的贡献。而珠三角本地因历史与客观原因导致的服务产业发展水平的低下,不仅使珠三角的加工出口生产基地得不到本地服务业的高效服务,而且本地服务业的发展也极大地受制于政府的行业垄断与行政垄断,造成发达的市场中介不能发育,使市场缺乏正常运转的支持系统,从而现代市场经济体制无法真正完

---

① 冯苏宝. CEPA 与珠江三角洲 [J]. 开放导报,2003 (7):9-14.

善。在市场不能充分配置各地资源的情况下，珠三角各个城市只有单独地自行建立自己的城市设施和服务业功能，去满足制造业和城市化发展的巨大需求，取代香港本来可以提供的功能。而这需要时间、资本与大量的资源耗费，这就是在 20 世纪 90 年代中后期大珠三角出现群体化竞争格局的原因。

珠三角作为一个制造业的产业集聚地，生产性服务有巨大的发展空间，加上城市化的发展也引发了对基础设施和公用事业的巨大需求。由于珠三角长期没有发育出完整的生产性服务体系，因此，企业许多的生产性服务，包括高素质的服务，如市场推广、金融、会计、对外贸易、管理及科技等无法得到满足，城市化的商业服务和基础设施的服务水平得不到提高，而这些服务恰是港澳所擅长的（参见上面提及的香港服务产业的优势行业）。本来三地的产业互补性正是珠三角与港澳进一步互动的基础，但是，中国服务市场的不开放不仅造成了这种经济互动一直未能实现，而且导致了 20 世纪 90 年代中后期大珠三角在这些领域中的地区性竞争。每个城市都在自行发展自己的基础设施和服务功能，并不考虑周边城市和整个区域的配合，从而造成了资源极大的浪费。这就表明，一旦全面涉及区域内外贸易、服务等内容时，三地的互动便会受到各种限制，只有在政府间达成正式的制度性安排，才能为这些领域的互动开绿灯。

CEPA 的签订最终解决了这个制度性的问题。它为港澳在珠三角"伸入了最重要的另一只腿"，使港澳能够真正地融入珠三角，为珠三角与港澳的区域整合及大珠三角的真正建立提供了制度性平台。通过这个平台，大珠三角的市场统一、经济一体化才有实现的可能。

CEPA 中的所有内容都是面向全国的。但是，从 CEPA 协商与签订前以及签订后的一系列安排来看，珠三角与港澳是走在最前面的。广东省政府与香港政府建立的高层协调机制马上升级，两地组织了 15 个专题小组进行合作研究，迅速开放珠三角城市的个人游等。这说明珠三角与港澳之间客观存在着经济互动的市场力量，港澳的服务业迫切希望进入珠三角释放其能量，而珠三角对现代服务业存在着巨大的市场。只是在过去的制度性障碍下，这种市场的力量没能充分释放。

三、服务贸易自由化：珠三角与港澳如何互动

在 CEPA 平台上的珠三角与港澳在服务市场方面的互动与合作，其发展前景应该是服务贸易的自由化。如果我们对中国加入 WTO 有关服务贸

易的条文与 CEPA 中的服务贸易的内容加以比较，就会发现，中国服务市场正在逐步开放，在跨境支付、境外消费和自然人流动方面，中国的开放承诺已经和世界接轨，甚至开放度还高于许多国家。但是，中国离贸易自由化差距最大的是商业存在。由于商业存在涉及的是服务企业为进入一个国家或一个地区所进行的投资，它实际上等同于外来投资的进入。在传统的国际法中，对外资进入的控制权被视为一国的主权；在 WTO 框架下，只有纳入自由贸易协议或区域贸易安排中，才会放开商业存在的限制。CEPA 本身就是一种特殊的区域贸易安排协议，因此其条文中关于服务贸易的部分，主要就是开放商业存在。事实上，如果在服务贸易方面把商业存在的有关限制进一步加以取消，实施内地企业的相同待遇（国民待遇），其意义就是服务贸易的自由化。从 CEPA 的设计意图与国家领导人的讲话中，我们可以发现，CEPA 所要实现的是货物与服务贸易的完全自由化，要超越中国加入 WTO 的基本框架，而这也是香港方面所期望达到的。

新一轮珠三角与港澳的经济互动与前一轮的最大不同，是二十年前中国还没有复关，也就是说，当时珠三角与港澳互动的基础是中国政府的有关贸易政策和投资政策，这些政策是十分不规范的。这种互动能够取得极大成功，主要源于共同文化的某些非制度安排，以及珠三角各级政府在制度上的暗中配合与容让。而新一轮的互动却是在中国加入 WTO 之后，以 CEPA 为制度平台实施的。这个互动的推进不再决定于港澳与珠三角之间制度上的变通与临时性安排，而是以一种规范性的符合国际惯例与 WTO 原则的形式去进行。

服务贸易自由化与货物贸易自由化的最大不同是前者必然涉及各自不同的商业运作规则。货物贸易的主要内容是关税与各种非关税措施，它仅涉及不同国家与关税区的外部壁垒。它所要达到的市场准入与国民待遇，和服务贸易所要求的市场准入与国民待遇是不一样的。如果说货物贸易的自由化是为了消除外部的贸易壁垒，那么，服务贸易的自由化则更关注不同国家的国内政策与商业规则，这可以被说成是潜在的贸易壁垒（我们只要注意一下日本的商业规则对外国企业进入所起到的作用，就可充分理解此问题）。在 WTO 的框架下，将关注的焦点从外部壁垒转到各国国内的商业规则的是服务贸易的协议 GATS。WTO 的大多数协议，包括多边投资的框架，都只部分地涉及这个问题。"只有 GATS 采用了'自下而上'进行承诺的方式将市场准入和国民待遇作为具体承诺处理。"其他协议仅适用市场准入后的待遇，而由国内法规和商业规则规定外资进入东道国和准入前阶段的待遇。GATS 则规定了从市场准入前阶段与后阶段都必须遵循国民待遇原则，而非由各国国内法规与商业规则规定市场准入的前阶段待遇。服务贸易在这方面的推进，使得贸易自由化追求的目标和活动更大范围转向"国内竞争与商业规则的协调上来，在某种程度上，这些规则被认为是全球贸易自由化的主要障碍"①。

由此可见，在新一轮以服务业为主要内容的珠三角与港澳的互动中，开放、规范、公正与透明的商业规则，尤其是对所有不同类型资本的企业都实施同一的商业规则，是互动的首要前提。港澳本身就是自由港，而"中国的服务市场在全球属于最封闭的"②，因此，建立与健全新的商业规则与政府法规，是珠三角能够与港澳互动的关键。在 CEPA 签订以后，我们所面对的，不是港澳服务业能否进来的问题，而是港澳服务业进来会不会遇到潜在的壁垒而使互动夭折的问题。在这个意义上，新一轮珠三角与港澳在服务业方面的互动，实质上具有市场体制创新的重要意义。珠三角通过向港澳开放服务业市场，可以维持在内地制度领先的地位。

事实也印证了上述论述。我们从 2002 年关于香港服务公司进入珠三角的障碍的调查中就可以发现，这些障碍中的大部分是与当地的政府法规和商业规则有关的：一般做生意会遇上的困难；政府管制、朝令夕改、不一致的实施 *；对最低资本金的要求 *；付款问题 *；缺乏政府与企业间的关系 *；缺乏对市场的认识；缺乏知识产权的保护 *；价格低，人们不愿购买高品质服务；对很多服务行业设有特殊的限制 * 等。③

珠三角建立健全开放、规范的商业规则应该包括以下 7 个方面：

（1）清除政府对服务行业的行政垄断与行业垄断，对所有资本采取一视同仁的政策法规，提供同等竞争的市场环境与法制条件；

（2）把政府对行业协会、商会等中介组织的控制权还给企业，改变中介组织"二政府"的地位（中介组织是服务业中的重要环节），使市场的中介组织能够迅速建立与完善，为降低交易成本、深化地区分工提供条件；

（3）加大知识产权的保护力度；

（4）彻底改行政审批制为登记注册制，放开企业经营范围过小的限制，与国际接轨；

---

① 戴维·赫尔德，等. 全球大变革：全球化时代的政治、经济与文化［M］. 杨雪冬，等译. 北京：社会科学文献出版社，2001：247.

② 参见美国商会对中国入世进展情况的报告。

③ 凡在后打"*"号者均为有关障碍，参见恩莱特所撰写的报告：《香港与珠江三角洲：经济互动》。

（5）允许国际上通行的企业形式、经营形式进入市场，尤其是服务业中的有限合伙制；

（6）改变市场上拉关系、搞权钱交易与不讲信用的非制度安排，建立一个公正、透明的市场竞争环境；

（7）放开限制与阻碍珠三角企业进入港澳的政府管制，取消有关的规定与条文。

四、服务业互动的分工：香港与广州

由 CEPA 诱发出来的市场力量，将会引导大珠三角的服务资源进行重新配置与整合，形成各个城市间相互配合发展的服务功能。经济互动的最终结果是由市场力量推动的地区间的分工与合作。

在市场的条件下，服务资源流动会自动地向大城市集聚。一般规律显示，城市越大，其吸纳集聚服务资源的能力则越强，而且越具有把持重要的高增值环节和形成服务枢纽的能力。这是因为，服务业与城市的基础设施只有在人口密集的规模下才能产生效益。也就是说，城市的规模越大，服务业与基础设施就越能发挥经济效益。在 CEPA 条件下，珠三角与香港之间服务资源与企业的双向流动，是围绕着生产循环体系进行的，而生产循环体系的服务枢纽——大城市，就是服务资源与企业集聚的地区。

大珠三角今天已经发展起来的生产循环体系是两个系统，其中一个是已经形成并不断扩展的外向型的国际加工基地，香港以其世界级的生产性服务，形成这个生产循环体系的服务系统的起端与终端。目前，"前店后厂"的"两头在外"的加工贸易的外向型循环系统，在中国入世的条件下，随着全球采购、全球生产、全球销售的必然发展趋势，正在纳入全球性的国际加工贸易体系。香港是最具有发展全球营运能力（包括生产指挥、市场拓展与营销、获取信息与融通资金、综合物流等服务功能）的国际性大都市，是珠三角这一国际性加工基地的生产与经营的指挥中心和国际性物流中心。香港在 CEPA 的条件下，通过服务企业直接进入珠三角提供全方位的服务，以及吸纳珠三角的服务资源与企业，不断增强自己的全球营运能力，将会使大珠三角成为最具国际竞争能力的全球性生产供应链。以香港为营运和服务枢纽的大珠三角外向型经济循环体系将成为这个区域竞争力的重要组成因素。

与此同时，大珠三角经济与城市化的发展，以及内地的市场开放，目前已经形成与发展出一个面向本地以及内地市场的生产循环体系，这就是另外一个系统。这个内向型经济循环体系与外向型经济循环体系是互有交叉、相辅相成的。也就是说，外向型体系需要内向型体系提供上游产品或服务，而内向型体系也对外向型体系有同样需求。但是，它们循环的起端与终端是不同的。正因为如此，这个内向型经济循环体系的服务枢纽不可能是香港，而最有形成条件的是珠三角内部的大城市——广州。在 CEPA 的条件下，香港服务资源与企业会被大量吸纳到广州这个大城市，逐步发展出另一个大珠三角的服务枢纽，作为地区性的营运和物流中心。香港服务业在生产管理与运营、开拓市场与分销能力、现代物流与供应链管理以及专业服务等方面的优势，随着服务业大量地进入广州，是推进广州不断提升服务枢纽能力的重要动力。以广州为营运和服务枢纽的大珠三角内向型经济循环体系也是区域竞争力的重要组成因素。

与大珠三角两个不同经济循环体系的服务枢纽——香港与广州相协调的，必然是围绕着这两大城市配套与分工的基础设施和服务。基础设施的建设与完善是围绕着城市的服务功能进行的，它是城市与其腹地之间的商流、资金流、人流和物流的主要出入通道。如果大珠三角的基础设施能够围绕着香港与广州的定位进行，则可以避免在区域内进行重复建设和不必要的分流，真正达到区域整合的目的。从这一方面看，珠三角与香港之间在服务业方面的互动，最终会解决过去长期存在的地区之间的基础设施重复建设和资源浪费的状况。

（本文原载于《开放导报》2004 年第 6 期）

粤港澳区域科技协调发展战略研究

　　区域发展战略是地方政府推进区域社会、经济发展的战略性政策与措施。目前，粤港澳区域经济的整合与一体化正向纵深发展，在三地已具雏形的产业互补和分工体系的基础上，通过 CEPA 的实施，政府间对区域经济的长远发展进行高瞻远瞩的战略布局，在更高层次上集生产、服务、科技与创新为一体的经济整合，把更多的经济资源卷入区域合作之中，是整个区域进一步提升竞争力和创新能力所面临的重大课题。

一、粤港澳区域科技协调发展战略的提出

　　粤港澳区域科技协调发展战略的提出，基于以下的理由：

　　1. 粤港澳经济一体化的产业网络已经全面形成

　　区域科技的发展是最贴近市场、贴近地区的经济和产业，对区域经济与产业产生引导和带动作用。粤港澳三地在多年的合作中，其产业形态已经融为一体，形成区域性的外向型产业，故而大珠三角成为全球生产网络中重要的生产供应链条，是无可争议的世界制造业的加工基地。

　　大珠三角地区中珠三角与港澳厂商，以及通过港澳与台商的结合，意味着珠三角与世界一流的管理、基础设施和世界市场知识（港澳），以及技术密集的生产经验（台湾）的结合。较为先进的港澳台企业的引进，以及由此引发的科技交流和合作，奠定了大珠三角科技协调发展的客观基础。

　　2. 粤港澳区域科技已呈现联动发展之势

　　在产业或企业层面上，粤港澳的科技资源已在进行区域性整合，创新活动开始形成网络化互动关系。以港澳（台）资本为主体的外资工业已经占广东工业总产值的六成，港澳（台）企业成为广东科技活动主战场中的一支重要生力军。不仅在先进技术及设备的引进方面，而且在企业 R&D 方面，港澳（台）企业对推动广东科技发展发挥着巨大的作用。在珠三角与港澳"前店后厂"已成定局，港澳制造业的产业组织和企业形态已经完全转移至珠三角的情况下，港澳事实上已经不能脱离珠三角而独立发展自

己的高新技术产业了。

粤港澳区域科技的联动发展更具体地表现为：

（1）共同的产业网络形成了共同的科技发展需求。

粤港澳区域的科技发展深深植根于大珠三角地区的经济融合与合作之中。大珠三角的轻工制造业经过多年的发展，急需技术提升和产业转型。尤其是以"前店后厂"为投资形态的港澳资本，其主要的生产方式是OEM，为世界品牌进行加工制造。因此，从OEM发展为ODM，最后形成大珠三角（包括香港）的本土品牌，并且产品与技术由模仿创新向自主创新转变，是这个产业转型的迫切需要和发展路径，而设计能力的扩展与技术的创新就是产业突破的关键。目前，如何围绕着这个关键环节进行技术性和创新性的突破，是大珠三角以港澳企业为主的轻工制造业面临的根本问题。

以香港和台湾厂商投资及集聚而形成的港深珠电子产业集聚走廊，与珠三角的技术密集产业共同形成大珠三角的高新科技产业带。过去的五年中，大珠三角已经成为电子产品重要的世界生产基地。虽然大珠三角的企业的技术开发能力不能与美国、日本、韩国和中国台湾的企业相提并论，但是，与内地其他地区相比，大珠三角在一系列技术密集产品上都处于优势地位。据统计，2002年台湾电子信息硬件产值为478亿美元，其中200亿美元是由台商在大陆生产的。港台厂商参与的大珠三角电子信息硬件产业的发展的根本突破在于核心技术与关键部件的攻关。由于大珠三角的产业生产部分只是全球生产网络的低端链条，大规模的国际市场开发有待于产业链条向上游、中游完善，而核心技术与关键部件就成为这个产业发展的决定性的突破口。目前，大珠三角的这个产业带正在全力推动此突破。

（2）区域科技资源与优势形成互补性发展。

面对产业提升与技术升级的需求，粤港澳的科技资源与发展优势正在形成互补性的发展态势。

广东的科技发展在近年来取得了极大的成就，尤其是在科技产品的产业化、市场化方面，广东已经领先全国，逐步建立了区域性的创新机制与环境。目前，广东无论是在建立以企业为主体的创新体系方面还是在R&D经费的投入、科技人员的聚集、科技的发明与专利的数量等方面，都站在全国的前列。尤其可贵的是，广东在企业家精神、创新链条与环境的创建方面有了较为丰富的积累，其区域创新能力排在全国的第三位。从粤港澳三地的比较来看，广东依靠广阔的内地，可以得到内地独立的科学技术体系和较强的上游创新能力的支撑，无论是在技术的获得与扩散还是技术人才的储备等方面，均占有优势。更为重要的是，广东科技的发展是政府主导型的创新战略，具有组织、配置和重组技术资源的优势。广东在二十多年的开放进程中，借鉴香港市场经济体制的长处，逐步形成了科技创新的市场化与产业化的新机制，以及科技发展的文化氛围，成为中国发展速度最快、最具竞争力的高新技术产品生产出口基地，其出口额占中国高新技术产品出口总量的五成以上。但是，制度性的障碍是广东科技创新能力发展的关键，这主要反映在内地的创新体系还没有完成面向市场经济的战略性重构，企业的技术创新机制不活，以及缺乏科技创新的制度环境与支援服务体系。

香港的创新科技体系在回归后开始建立。香港虽然缺乏科技创新的基础性研究、战略性的人才资源（据香港统计署资料，2002 年香港 8 所大学共有高级研究人员 246 人，初级研究人员 1 076 人，共计 1 322 人）和产业基础，以及政府促进科技创新和提供科技发展的公共用品的经验，并且其历史上形成了重商业运营、轻科技创新的商业文化。但是，香港经济的市场化与国际化的经验，使香港有较强的技术应用能力。同时，香港具有支持科技创新的社会、经济基础设施和资源。这表现为：发达的信息基础设施、竞争性的市场环境、充沛的资金供给和完善的法律体系以及人才流动的环境。尤其是香港的生产性服务的中介体系十分发达，包括信息咨询、财务会计、产品信息、市场策划、经营管理与市场开拓等，这些都是大珠三角共同发展区域科技的重要战略性资源。

澳门虽然经济规模较小且科技发展迟缓，但具有广泛的国际联系。20世纪 90 年代后期，欧盟把对中国开放科技的"尤里卡"计划置于澳门，而且相继在此地建立了"欧洲资讯中心""欧洲文化中心"等机构，2001年澳门又获准进入欧盟的"亚洲投资计划"。欧盟事实上在有意识地将澳门作为与中国联系的纽带。这是澳门参与大珠三角科技发展的潜在的资源。

由此可见，广东具有科技发展的上游研发的相对优势，并开始了科技市场化、产业化的机制创新；香港的优势在于科技的支援服务体系与基础设施，以及科技的市场化运用能力，即科技的下游营运能力。二者都没有科技上中下游完整的产业链，均缺乏科技的中游链条。这就意味着，粤港澳之间在区域科技发展方面既有强烈的结构互补性，也有共同开发和攻关的战略合作性。

3. CEPA 提供了区域科技协调发展的制度性平台

由上可见，粤港澳区域的产业一体化和科技发展的联动态势已经形成。但是，由于缺乏区域科技发展的协调机制与组织架构，区域间科技发展仍然各自为政，重点培育的科技产业雷同，造成资源浪费与项目重复。

在粤港澳区域科技日趋一体化发展的基础上，CEPA 的签订与实施，对粤港澳经济区域的市场一体化，区域间要素的全面流动与优化组合，以及区域经济贸易关系的全面发展有积极的推动作用。更重要的是，它将根本改变粤港澳区域过去的运作方式和发展模式。

在运作方式上，CEPA 用政府间的制度性安排取代了过去的在市场导向下，以企业微观活动为主体，按照比较优势进行市场选择和自由竞争的功能性区域一体化合作方式。以政府介入建立体制接近、规则统一的正式制度去稳定地推动区域经济整合和一体化的发展。这种建制性的一体化合作方式，通过 CEPA 建立的政府间的协调机制与对话通道，可以超越市场，对有关区域长远发展前景和整体竞争力的重大战略性问题，例如经贸关系、产业布局、科技发展以及基础设施建设等，进行有效的协调和整合，使整个区域合作提升到更高层次。

在发展模式上，CEPA 使粤港澳区域的合作领域超出了单纯的加工出口范畴，全面涉及区域内外的贸易、服务业合作、科技协调、环境保护、文化交流、教育促进等各个层面，从而使区域间经济全面融合，更有利于发挥三地的比较优势，形成全面分工合作的整体竞争优势。

由此可见，CEPA 提供了粤港澳区域科技协调发展的制度性平台，使三地间的科技资源能够在统一的平台上充分流动，并且通过政府间的协调机制进行优化组合，形成有竞争优势的区域科技布局和协调发展战略。

二、港澳经济区域科技协调发展战略的框架与内容

1. 区域科技协调发展战略的总体框架

战略目标：在"一国两制"和市场化原则的指导下，根据 CEPA 提供的条件，以广东为主体，联合和利用港澳的科技力量，通过协调三地的科技发展战略，整合三地资源与实现优势互补。促进各方面的创新实体与主体连结成网络化互动的组织系统，在 CEPA 促进的有效市场体制的基础上，实现粤港澳三地科技的大整合和大发展，形成在国际上能够激发科技发展动力和竞争力的大珠三角科技创新体系。争取在十到二十年时间里使这个地区进入全球核心创新地区行列，使粤港澳区域逐步从全球性的制造业加工基地发展成为制造业的加工与知识产权的拥有、先进技术的提供基地。

战略重点：根据大珠三角地区科技发展的特点与条件，战略的重点首

先是围绕着市场驱动的科技创新为主进行创新活动，为大珠三角区域目前形成的全球性制造业提供扩大规模、提高质量、形成品牌、建立自主标准和提供技术支持等服务，并且促进大珠三角区域的新兴科技产业的最终形成与取得国际市场竞争力。

总体布局：充分发挥三地在科技发展与体制差异方面形成的比较优势和互补性，突出区域资源特色，依靠市场机制进行科技整合，优化资源配置。其主攻环节是融合广东的科技上游与香港的科技下游链条，全力发展中游链条，以促进地区科技上中下游产业链的建立与完善，为大珠三角的产业发展与提升服务。

其主要合作模式是实施"地域分工协作"与"产业分工协作"相结合的联动模式。地域分工协作是指三地分别在具有比较优势的领域开展有针对性的合作；而产业分工协作则指三地在相关产业领域中，以资金、技术、产品等为纽带进行厂商之间、科研机构之间以及厂商与科研机构之间的合作。

实施层次包括两个方面：一是在大力引进港澳科技企业的基础上，发展以港澳企业和珠三角本地企业为创新主体的自主技术创新活动；二是多层次、全方位地整合和利用港澳本地的各类科技资源，并借助港澳的便利条件利用国际上的科技资源，引进、消化发达国家的先进技术，尤其重要的是吸引跨国公司在大珠三角创建密集性的研发中心，通过开放性的知识创新体系和科技成果转让的市场体系，促进技术转移。

落实环节：在CEPA的条件下，以粤港澳政府间的协调和市场机制的推进为落实协调发展战略的两个环节。通过政府与企业之间、宏观与微观之间、市场调节与政策引导之间的全方位、多层次的合作与政策协调，形成大珠三角区域科技协调发展战略的宏观组织架构和微观落实框架。

2. 合作领域与关键技术

基于目前大珠三角区域产业升级和结构提升的需要，粤港澳科技合作的领域与关键技术主要有以下五个方面：

（1）传统产业的技术升级研究。

传统的轻工制造业是粤港澳区域最早形成的产业，自主设计和产品品牌是这个产业技术升级的关键。其主要的路径是从OEM向ODM发展，最终建立粤港澳的本土品牌。粤港澳三地应在增强设计能力、共同发展信息化和电子商务的基础上，建立自有品牌和扩展国际市场份额。在这方面，可以发展地域分工协作，即在电子商务和信息运用十分发达的香港进行设计开发和建立电子商务处理中心，提升和强化"店"的功能。在珠三角的

"厂"重点提升生产基地的技术含量，引进新技术，向深加工方面发展。

（2）电子信息产业的核心技术攻关研究。

电子信息产业中的硬件制造业是大珠三角区域的主要产业。目前这个产业提升的关键是向上游产业的延伸，而核心技术与部件，尤其是技术密集部件的发展，是主要的突破路径。粤港澳三地可以建立由研究机构、大学与企业共同组成的攻关队伍或科技开发的战略联盟，就核心技术进行项目的分工与整合，通过地域或产业分工模式，以求在最短时间达到突破。就目前电子信息硬件产业发展的关键部件与上游产业——半导体制造业来说，广东可以集中本地晶片的设计人员与香港科学园的半导体中心合作，开发中、上游的产品，推动粤港澳区域建立半导体产业。

（3）软件产业的开发和商业运用研究。

软件产业是粤港澳三地都在重点发展的产业。广东的软件开发在全国占有一席之地；而香港2002年在互联网与软件提供方面投入的资金达28亿美元，在亚太地区的人均投入排在第二；设在澳门的联合国软件开发中心对澳门的软件开发与应用有积极的促进作用，目前软件业是澳门一个正崭露头角的产业。鉴于粤港澳的市场条件，可以把软件开发的合作重点放在商业软件方面，为区域内的产业与特定行业提供度身订制的软件。

（4）中医药产业的突破研究。

生物技术也是三地共同发展的重点产业，尤其是中医药产业。在此类处于市场孕育期的产业中，三地应以自主创新为基本战略，将合作放在市场开发、制定标准、创新技术储备和持续发展能力方面，以期最终占领市场。目前香港已有七个研究院从事中医药产品的研究开发，香港的厂商也已经在内地建立了中医药的种植基地；而广东有全国最大的中医药企业，也有众多大学与科研机构的研究人员。在这方面，三地可以以国际市场为主攻方向，共同携手进行开发，在国际市场上联手推出中医药品牌。在这方面，内地最大的中医药制造企业——三九集团通过设立香港子公司，成功兼并日本东亚制药，使"999"商标的中药在2003年10月首次进入国际主流医药市场，就是一个很好的案例。

（5）地区环保产业的共同拓展与治理研究。

粤港澳属于同一地理区域，共同拥有同一的大气、水源与环境。由于工业化和城市化的迅猛发展，大型基础设施尤其是交通设施的建设，这个地区的生态环境已经逐步被现代设施侵蚀和破坏。因此，发展环境保护产业是这个地区的共同愿望。三地可有针对性地合作发展各类环境保护用品，以及开发大型的环境保护项目。

三、对策与措施

1. 建立粤港澳区域科技创新协调委员会，构筑区域科技协调发展战略实施的组织架构

科技创新活动与一般经济活动的最大不同，在于政府政策的全力推动与市场机制的完善。而区域科技协调发展战略的实施更离不开各地政府间的政策协调与组织。粤港澳共建大珠三角科技协调发展战略，需要建立三地政府共同的组织架构。为此，建议粤港澳三地利用 CEPA 的协商框架，筹建粤港澳区域科技发展战略协调委员会，作为区域科技协调发展的指导组织机构。这个委员会可以设在粤港澳高层协调机构下面，由高层协调机构直接领导。具体由广东省科技厅、香港工商与科技局和澳门政府科技发展机构牵头组成，各地的教育培训和科研管理机构参与。这个委员会具体负责粤港澳区域推进科技合作与发展的总体规划、政策协调以及区域科技发展环境与机制的提供和完善。

2. 建立粤港澳区域应用科技基金，促进充满活力的粤港澳企业技术创新活动

企业是技术创新的主体，也是 R&D 经费投入和活动的主体。港澳企业相对技术含量和技术层次较高，经济规模较大和实力较强，因而有能力开展 R&D 活动。但是，至今为止，由于体制的障碍，香港政府坚持政府的资助不能越过罗湖桥，而广东政府的科技资金也把三资企业排除在外。这就造成了港澳企业的科技开发无法得到政府的引导与支持，造成企业技术创新缺乏方向和资金资助。

建议在粤港澳区域设立应用科技基金，从广东省科技厅下设的科技开发基金与香港政府科技署下设的创新与科技基金（共 50 亿元港币）和澳门政府下设的澳门基金会（本金 13 亿元澳门币，年基金 1 亿多元澳门币）中，抽出部分共同组成，直接资助粤港澳企业在大珠三角地区（包括珠三角、香港与澳门地区）的联合科技开发活动。香港政府一定要破除政府资助不过罗湖桥的限制，广东也要突破科技扶助不予三资企业的人为规定。

利用 CEPA 中零关税的安排，基金应当鼓励粤港澳企业在珠三角进行中游研究，在香港进行下游的产品开发，把过去分离的"珠三角制造"与"香港制造"，变成"大珠三角制造"的整体优势。

粤港澳区域应用科技基金还应当充分发挥台资企业的资金与技术优势，鼓励粤港澳台企业组成战略性联盟，共同攻克产业发展的核心技术与

关键部件的难关。

3. 设立粤港澳区域应用科技研究院，构筑多元化、社会化的知识创新体系

知识创新是技术创新的前提和基础。知识创新是本区域的一个较为薄弱环节，但也有不少发展的有利条件。粤港澳都有相当数量和在国际上有一定知名度的大学和科研机构。但是，过去广东高校、研究机构与港澳高校、研究机构的联系交流和研究合作薄弱，利用其科技资源也不够，故需要在优势互补的基础上发展多种形式的交流与合作，逐步建立起联系紧密的社会化知识创新体系。

根据目前粤港澳区域中游研发是主攻方向的特点，建议成立粤港澳区域应用科技研究院，由华南理工大学、广东省科学院和香港理工大学、香港应用科技研究院牵头，由粤港澳的大学与科研机构共同参与组成，并且可以通过与台湾工业开发研究院人员的合作，吸取台湾中游研发的经验。鉴于广东在基础科研方面的相对优势，研究院可以广东为主导。

粤港澳区域应用科技研究院的组成在发端阶段可以采用虚拟方式，不设实体。首先可建立各地大学与科研机构的情报通报制度，对各地都有的开发研究项目可联合攻关或分工协作，以推动科技资源的共同开发与共享，防止研究项目的重复与资源浪费。

对于粤港澳共同的重大科研攻关项目，可以组成共同科研队伍，向国家科技部门申报为国家重大项目，争取国家的支持与资助。

4. 设立粤港澳区域生产力促进中心，建设开放而完善的科技成果转让体系

科技成果转让体系是连接科技开发到技术应用的桥梁，也是实现科技与经济真正有机结合的媒介。港澳具有擅长引进和推广技术的传统，也有较强的技术模仿和应用能力。考虑到港澳的实际情况，粤港澳区域科技成果转让不可能是一个封闭的体系，而必须建立一个开放的体系。主要包括四个方面：第一是广东现有的科技成果转让体系与港澳的对接，第二是建设三地资源共享的科技信息网络平台，第三是引进港澳中介机构和发展合作机构，第四是举办各种定期的区域科技成果交易会。

要真正落实上述四个方面的内容，需要有一定的组织架构。建议组建粤港澳区域生产力促进中心，由香港生产力促进中心、广东生产力促进中心和澳门生产力促进中心合组，并争取台湾中国生产力促进中心的合作。由这个机构负责各地科技转让体系的对接，推动建立共同的科技信息网络平台和举办定期的区域科技成果交易会。鉴于香港在科技服务体系方面的

强势，以及广东在市场机制方面仍处于不完善阶段，中心主要由香港方面主导。

粤港澳区域生产力促进中心在起步阶段可以民间论坛形式进行，逐步发展为战略伙伴关系，最后争取成为实体。

5. 建立风险投资的粤港澳板块，完善科技创新的金融市场网络

科技创新的金融市场网络的重心是风险投资市场的形成。粤港澳拥有香港这个成熟的国际金融中心，广东相对丰富的产业化资源和广阔的市场前景，构成了粤港澳科技产业融资的基础和条件。

粤港澳风险投资的发展可以形成板块式的分工：香港重点引进海外风险投资，提供风险投资的中介服务，并提供创业板的上市服务；同时为粤港澳的高科技企业向海外发展提供推广服务。广东则为风险投资提供高科技项目、技术专家、基础研究能力和广阔的需求市场。与此同时，粤港澳应当全力争取台湾的创投企业、风险投资的咨询、评估机构和人员的进入，借以推动本土的项目评估机构的培育和发展。

6. 创立粤港澳区域统一的人才交流中心，促进人才在区域间的合理流动与配置

利用 CEPA 关于贸易投资便利化的有关规定，广东与香港、澳门可共组区域性的人才交流中心，并且通过电脑联网形成三地共享的网络市场。一方面可以使香港对内地的专才、优才和人才引进计划，改变过去因信息不对称而造成的效率低下，方便人才交流。另一方面也有利于广东引进港澳的各类人才，尤其是广东科技发展急需的项目评估、投资咨询、专业技术、风险投资和管理等人才。

粤港澳区域人才交流中心还应承担各种培训职能，以及三地的专业资格互认功能。根据 CEPA 的条文规定，对内地逐步放开的各种专业资格进行认证前的培训和考试，推动三地自然人的流动。

（本文原载于《经济前沿》2004 年第 4 期）

"十二五" 时期扩大深化 CEPA 开放的政策建议

CEPA 自 2003 年签署、2004 年启动以来，已经成了深化内地与香港经贸合作的重要政策平台。顺应两地经济合作的进展，CEPA 内涵的三个主要内容（货物贸易零关税、服务贸易自由化及贸易投资便利化）不断得到充实。并自 2008 年起，中央政府赋予广东落实 CEPA 的先行先试地位，更凸显了 CEPA 在推进大珠三角地区市场一体化中的作用。

2011 年 3 月，国家公布了《中华人民共和国国民经济和社会发展第十二个五年规划纲要》，明确表示中央支持深化内地与香港的经济合作，推进 CEPA 的继续实施。在此基础上，2011 年 8 月，国务院副总理李克强在访港期间，进一步提出：争取在"十二五"末期，通过 CEPA，实现内地对香港服务贸易基本自由化。

大珠三角商务委员会以李克强副总理提出的 CEPA "十二五"末期目标为出发点，在广泛听取香港商界对 CEPA 具体实施意见和建议的基础上，提出以下的"十二五"期间扩大深化 CEPA 开放的政策建议。

一、目前 CEPA 服务贸易开放模式的基本成效

（一）CEPA 服务贸易开放的基本模式和成效

CEPA 的实施已历经七年。作为 WTO 框架下地区性的自由贸易协定，CEPA 必须遵行全球化中的国际多边贸易规则，尤其是服务贸易总协定（GATS）的规则，实施比 WTO 更为自由的市场准入与非歧视的国民待遇，以推进地区的市场开放和区域一体化的发展。

现实中 CEPA 的市场开放和自由化采取了由易到难、循序渐进的方式，具体的是由香港要价、内地出价的贸易协商机制。而内地的出价则采用 WTO 与 GATS 传统的开放机制，即防御性的肯定清单列表。这种模式是在维系出价方现行市场准入体系的基础上，通过自愿承诺方式开放市场。由此，渐进性和防御性成为这种模式的特点。从 2003 年 CEPA 主体档的签署，至今为止，CEPA 补充文本已经完成了 CEPA Ⅰ～CEPA Ⅷ的签订，服

务市场的大门逐步打开。

中国自加入 WTO 起实践开放市场的承诺,尤其是开放服务贸易市场。目前已经开放了 160 多种服务产品中的 100 多种,在发展中国家中开放度排列第一。加上 CEPA 的开放更超越 WTO 的承诺,范围更涵盖了 WTO 所没有涉及的社会服务等领域。因此,CEPA 项下内地服务产品开放的总量实际上已经超过香港对 GATS 的承诺。由此可见,CEPA 在打开内地服务市场的大门(市场开放的广度)方面,发挥了十分重要的作用。

由于香港自由港的特殊地位,CEPA 除了具有比 WTO 更为开放的性质外,还具有单边开放的特点。这就使内地透过 CEPA 向香港释放了极大的经济净福利。据香港特区政府发布的对 CEPA 效益评估的两份报告(2006年、2009 年)显示,CEPA 的实施为香港的就业、投资和市场扩张带来很大的收益。CEPA 项下进入内地服务市场所获取的服务收入,从 2004 年的15 亿港元起步,发展至 2006—2009 年的平均每年接近 670 亿港元的收益,且占香港自内地获取的服务收益总额的比例也一直持续提升。

虽然 CEPA 具单边开放的特点,但并不意味着在此框架下仅有香港的单方得益。事实上,内地通过加入 WTO 与推进地区性的自由贸易协定,或参与全球多边贸易体系,从而追求巨大的贸易利益固然不可否认。但是,在这个过程中,推进中国的市场化和法治化,最终建立完善的市场经济体制,进而参与全球多边规则的制定,具有巨大的制度性效益。从 CEPA 的效益看,引进香港服务业不仅有助于内地服务业的发展,更有助于内地市场体制的完善。由此可见,CEPA 本身具有推动香港与内地双赢的效应。

(二) 目前 CEPA 的实施所面临的矛盾

经历了 2004—2006 年 CEPA 实施的高潮期后,2007 年起,CEPA 项下进入内地市场的服务商数量开始减少,意味着 CEPA 实施面临着如何进一步开放和深化的矛盾。

一是 2007 年中国完成了 WTO 的过渡期,在实施对 WTO 承诺的全部开放的基础上,颁布了完整的产业政策和超越了 WTO 的《外商投资产业指导目录》。这不仅意味着中国开放经济体系的初步建立,也意味着 CEPA 开放对 WTO 提前性效应的结束。与此相适应,香港服务商进入内地市场,实际上并存着 CEPA 和 WTO 的两种路径,具体表现为 CEPA 的 HKSS 认定和外商投资的指导政策方面。

内地的市场开放无疑为港商进入内地提供了多种的选择路径。从港商的行为选择看，他们更倾向于投资促进。事实上，符合国家产业政策中鼓励进入的外资，投资鼓励可能比 CEPA 更具优惠性。广东提供的资料表明，自 2004 年 CEPA 实施以来，至今为止，进入广东的香港服务商总量中，超过 95% 没有采用 CEPA，而是遵循非 CEPA 规则进入。

二是随着 CEPA 开放的深化，"小门不开"的矛盾日益凸显。当 CEPA 开放初期，大量进入的领域集中于传统服务业时，"小门"问题并不突出。而开放日益向高端服务业渗透，且香港服务商要求实质性地进入内地市场之时，"小门"因内地与香港市场体制的差异而产生的障碍，必然日渐突出。

香港政府对 CEPA 实施的两份报告显示：CEPA 项下进入内地的香港服务商主要集中于国际货代、物流运输与分销等传统服务领域，反映了目前 CEPA 的主要功能是为粤港之间的出口加工体系服务，香港的其他优势服务业并没有实质性地进入广东本土市场。例如专业服务业，其中专业资格取得内地认证最早、数量最多的建筑领域（包括城市规划、建筑设计、建筑工程等），至今为止无一人成功在内地注册开业。

总体看，CEPA 的进展已经走到深化开放的阶段。CEPA 目前面临的不是"大门打开"，而是"小门打开"（市场开放的深度）的问题。香港服务商以 CEPA 规则进入广东的数据显示，CEPA 实施的效应远未达预期，仍然具有进一步深化与扩展的空间。为进一步启动 CEPA 功效，提升 CEPA 的效应，重新审视目前 CEPA 的开放模式，创新其实施机制，寻找新的突破点，可能是一个可取的路径。

二、扩大深化 CEPA 开放的基本思路

（一）全球多边贸易体系进展的启示

近十多年来，全球多边贸易体系的新变化和新趋势，对我们创新 CEPA 的实施机制有很大的启示意义。

（1）地区性服务贸易自由化协定更倾向于否定列表。21 世纪以来，WTO 的多哈回合谈判遭遇挫折，直接影响了全球贸易自由化的进展。全球出现了以 PTA（地区性自由贸易协定）替代 WTO 推进贸易自由化的浪潮。与此潮流相适应，2000 年以后，全球 60% 以上的 PTA 放弃了 GATS 的肯定清单方式，转向更为透明、自由化程度更高的否定清单方式。否定列表把市场准入与国民待遇作为一般义务，除非对某种贸易措施做出保留外。因

此，在市场开放的广度和深度上，均超越肯定列表。

CEPA 采用保守的肯定清单方式，虽然有保护内地市场的考虑，因为根据 WTO 的规则，在市场准入方面，六种准入的限制和政府规制是为 GATS 所认可的。但是，肯定列表并没有把市场准入与国民待遇作为参与方的一般义务，从而锁定服务市场自由化的方向。由此，不仅会降低 CE-PA 的实际效应，也会大大增加双方协商的制度成本。

（2）地区性自由贸易协定的市场开放，更扩展至地区的营商环境。近年来全球 PTA 发展的一个重要趋势，是成员方相互协商的开放内容，从 WTO 所涉及的货物贸易、服务贸易等传统领域，扩展到各个成员方的内部营商环境，其中涉及竞争政策、投资措施、智慧财产权保护、资本流动、中小企业、税制等范围。也就是说，PTA 的开放扩张更注重各成员方之间内部的制度对接和市场规则的统一。

由于形成服务贸易障碍和摩擦的原因不是关税和货物贸易的数量限制，而是一国内部的法律制度、经济管制和竞争政策等因素，因此，区域经济合作在服务贸易展开时必然走向制度协调。

当 CEPA 以服务贸易自由化作为主要内容时，就意味着内地与香港之间的区域经济一体化已经进入了制度协调阶段，也包含了 CEPA 作为区域制度协调的主要机制和手段。目前 CEPA 实施出现的"小门"问题，实质上反映了内地与香港市场体制与营商环境的差异。内地目前正处于计划体制向市场体制的转轨期，香港与国际接轨的服务规则与市场体制对内地市场体制的完善，具有一定的借鉴作用。如果 CEPA 的开放涵盖两地营商规则的对接，则必定有利于"小门"的破解。

（3）全球多边贸易体系协商机制的多层次参与趋向。21 世纪头十年的经济全球化发展，使全球多边贸易体系出现了协商机制多层次参与的趋势。随着 PTA 开放的内容更为广泛，已经超越了传统的货物与服务贸易，贸易规则的磋商、制定和实施将不可能停留于世界贸易组织或 PTA 参与方的政府单一平台。越来越多的国际性组织、社会组织及非政府机构参与到各类与贸易有关的规则制定的过程中。多边贸易体系协商开始形成多层次参与的平台。

CEPA 的实施与香港服务商实质性地进入内地服务市场，实现服务贸易的基本自由化，均与服务贸易的具体规则，尤其是内地的服务市场进入的规则相关。香港的准入规则由专业协会制定，内地则由政府专业主管部门制定。两地规则的不统一必然形成进入的障碍。为此，顺应全球多边贸易体系多层次参与平台发展的趋势，CEPA 对贸易规则的协商可否在两地政府基础上，增加有关的社会组织和内地具体实施的地方政府机构参与其中，以达到贸易规则的逐步统一。

（二）粤港先行试行肯定与否定列表的 CEPA 混合模式

鉴于粤港之间长期形成的区域合作关系，且两地已经签署了内容广泛的合作框架协定。广东已经选定了广州等珠三角地区的六个城市作为 CEPA 先行先试的试点，而横琴、南沙和前海更被列入国家"十二五"规划，作为粤港澳合作的先行示范区。由此，香港与广东应当践行中央赋予的 CEPA 先行先试政策，把上述地区作为突破点，在 CEPA 实施模式以及落实机制上，大胆地进行创新实践。

由于目前 CEPA 进入的"小门"问题主要体现在服务贸易四种形态中的"商业存在"方面，也即香港服务商直接进入内地市场，提供在地服务范畴。由此，我们建议，首先在广东试行 CEPA 肯定与否定清单并存的混合模式。

也就是说，在保留 CEPA 对服务贸易开放的肯定列表的同时，对服务贸易中的商业存在进行处理。首先在广东推行否定列表，即把市场准入和国民待遇作为一般义务，提供香港服务商进入广东服务市场条件。

否定列表把商业存在单列"投资促进"处理（前海颁布的《深圳经济特区前海深港现代服务业合作区条例》中，第五章即为"投资促进"，其中列入十条措施），其中的投资规则和原则涉及投资保护和投资自由化，显示否定列表更加重视外来服务商实质进入东道主本土市场的自由化。目前香港服务商的进入障碍，例如"大门打开，小门不开"主要集中于商业存在，且集中于商业存在的市场准入。因此，建议粤港双方针对 CEPA 中的商业存在，专设投资促进一章，以解决实际的市场进入。

推进商业存在中的否定列表，现阶段可以根据不同服务行业对国家经济安全的敏感度，分别试行渐进式的推进。

（三）广东服务市场自主改革的先行先试

在实践中，否定清单方式的有效性取决于服务商进入的当地服务市场规则的自由化和市场化程度，即当地的整体营商环境。如果广东服务市场仍然采用行政审批的进入方式，或政府设置市场准入的行政许可，则否定列表不可能有效。由此，从 CEPA 落实的基础条件和前提看，广东率先试行服务市场自由化的改革，消减服务市场的政府规制是否定列表实施的核心环节。其中包括以下三个方面：

（1）改革服务市场的准入制度，从计划经济式的政府审批走向市场式自由进入，最后走向粤港服务市场准入规则的统一（前海、横琴与南沙的条例与政策中，均有建立与香港接轨的企业注册登记制度，减少和规范行政审批，以及按照香港模式营造营商环境）。

（2）削减服务市场的过分规则，打破服务领域的行业垄断与行政垄断。鼓励各类企业加入服务市场，建立开放、透明、自由及公平竞争的市场机制和商业生态环境。

（3）改变政府以直接规制为主的服务行业管理体制，推进服务行业协会成为市场的直接管理主体。由独立的服务行业协会制定行业服务市场的进入资质、服务标准、服务资格的认定，而非由政府直接制定。目前广东省政府已经出台了社会组织去行政化和去垄断化的措施，汪洋书记指出：凡是社会组织"接得住、管得好"的事，交由社会组织做；并且切断各类协会与行业主管部门的行政关系，政府部门由主管变为主导。这一重大的改革措施，无疑为服务行业的管理体制改革奠定了基础。

三、具体的推进措施

（一）构建粤港先行先试的 CEPA 多层次参与协商机制

CEPA 目前的协商机制是由香港工贸署对应商务部，协商后的落实则由各部委拿出具体实施细则，地方才可执行。从 CEPA V～CEPA Ⅶ的落实状况看，国家赋予了广东先行先试的数十条措施，但每一条的落实均取决于各专业部委能否出台实施细则，一旦实施细则没有出台，则先行先试仅为空谈。

为此，我们提议，为使广东对 CEPA 的先行先试落于实处，提高 CEPA 的实施效果，可以在商务部和香港工贸署的指导和授权下，让广东参与 CEPA 中先行先试部分的协商，并且把具体的实施细则的制定权力真正下放与广东省。一些必要的改革环节，更可以让粤港两地的服务业协会参与。或成立由粤港两地政府、各服务业协会组成的 CEPA 先行先试咨询机制，先咨询后协商。从现实看，一个多层次参与的协商机制，是 CEPA 在粤港先行先试所不可或缺的。

（二）根据不同服务行业特点，推进"商业存在"的否定列表

服务业市场准入的"商业存在"从肯定列表为否定列表，必须根据不

同服务行业对国家经济安全的影响程度以及产业政策，选取不同的突破地点进行试点，逐步推展。尤其是前海、南沙、横琴三个示范区，中央已经赋予其跳出内地现行体制的许可权，更是 CEPA 重要的试验地区。

非敏感性服务行业对最早介入内地市场的分销服务，已经大量进入的货代、物流、运输，以及会展、贸易、旅游等，可以率先在广州、深圳两市（CEPA 先行先试试点市）废除政府审批制，实施市场经济的准入方式，即注册登记制的市场准入。分销服务与货代、物流服务在实施市场经济的准入方式的基础上，可以在 CEPA 中首先试行否定列表；对涉及"珠三角制造"的研发机构、品牌设计、市场调研、广告推广、环保顾问咨询以及管理咨询服务公司的进入（此类服务业属于国家鼓励进入的行业），建议在港商最为集中的东莞与深圳两市（CEPA 先行先试试点市）不再采用目前 CEPA 肯定列表中商业存在的 HKSS 认证，而直接采用否定列表的投资鼓励措施；在专业服务业领域，建议选取目前内地高度行政化管理、而香港专业服务业认证资格最多的城市规划与建设（包括规划师、设计师、建筑师、测量师等）作为突破口，选定南沙 CEPA 先行先试示范区作为试点，取消政府主导的服务机构资质认证，转变为香港的行业协会为主体的专业服务资格认证模式，且凭此认证作为市场准入的执业标准进行注册开业。通过这个领域的先行先试逐步推向所有专业服务业，使之成为粤港服务市场规范统一的准入标准；城规与建设领域的市场准入标准，可由广东省住房和城乡建设厅牵头，征询粤港两地的专业服务协会后共同协商制定。

较为敏感性的金融、法律等服务行业，其主要的试点地区为前海深港现代服务业合作区或广州与香港共同组建的南沙大宗商品交易中心与期货交易所。可以考虑在实施否定列表时，对现行的歧视性和限制性措施进行筛选，根据需要保留和列明适当的限制措施外，实行清晰透明的市场准入和国民待遇。例如已经进入广东的港资法人银行与其他已经进入或尚未进入的金融机构（包括保险、期货经纪、基金等机构），其经营完全可以取消进入的股权（可列明五大国有银行除外）、投资、数量、业务范围、产出与雇佣限制，而保留法律实体或价格（利率水准等）的限制；法律、会计则重点取消法律实体（合伙制、自然人等）、进入资质（例如会计师行的收入、人员要求）、雇佣（例如港资与内资律师与会计师的相互雇佣）等限制。

对于最敏感的电信、社会服务（教育、医疗与娱乐）、创意文化等领域，则可以暂缓否定列表的实施，但必须规范和透明其限制性与歧视性措施，且使其限制与歧视逐步最小化。例如允许在广东省先行先试对香港电线的进入限制和电视台在珠三角的落地限制。此外，香港的职业培训与文凭课程在珠三角地区有极大的需求和发展空间，是提升内地服务素质的重要途径，建议列入投资促进目录之中。

（三）启动投资贸易便利化，加大开放的内容

在 CEPA 的框架下，促进两地的商品检测、知识产权保护和品牌开发等领域的合作，首先从两地的商品检测、服务标准、品牌互认起步，进而推进两地共同建立检测、认证合作中心，通过合作研究，逐步推出珠三角地区消费市场和服务市场统一的检测及认证标准。而不仅仅停留于两地的检测、认证标准的互认。此外，香港认证的品牌可以直接取得"香港制造"或 HKSS 认证，而无须做上述申报。

把港商在珠三角制造的产品内销列入《贸易投资便利化》之中。在统一国内市场与国际市场的基础上，将广东目前实施的鼓励内销以及升级转型政策，例如海关的"集中申报"增值税的"先销后税"以及内销平台、产品开发等，使之长期化和常态化。此外，为转型升级的需要，可适当降低进入珠三角地区的企业的投资注册比例，以缓解其营业的资金流动性需求。

简化两地的人员往来手续，对长期进入珠三角地区的香港居民实行税务优惠。对广东全省居民进入香港实施开放通行，真正落实粤港澳三地的优质生活圈；对进入内地工作的港人在香港的收入，给予个人所得税豁免。并且可以取消港人内地 183 天滞留的限制，并把此列入 CEPA。

（四）粤港率先建立 CEPA 服务贸易争端解决机制

由于内地与香港的服务市场运作的规则不同，在进入内地服务市场之时，香港服务行业协会、专业团体与内地服务行业协会，就服务的相关规则和标准往往会出现不同观点乃至争端。然而，至今为止，CEPA 欠缺服务贸易争端的解决机制。CEPA 将司法审查排除在外，使其运作与实施，只能建立在友好协商和自我约束之上，并没有强有力的约束机制规范其运行。按照 CEPA 主体文件的规定，两地在开展服务贸易发生争端之时，由双方高层代表或指定的官员组成的联合指导委员会进行磋商解决。由此，当现实中存在或出现与 CEPA 相悖的规则（例如地方政府的红头文件），或 CEPA 的执行出现偏差并产生争议之时，虽然有机构（例如粤港联席会议下设有落实 CEPA 服务业合作专责小组）可以随时听取争端申诉，但现

实中并没有强有力的约束机制规范违规行为。这种状况不仅降低了 CEPA 的权威性，更使其落实大打折扣。

为此，建议粤港双方在商务部和香港工贸署的指导下，率先成立以 CEPA 在广东先行先试为内容的服务争端解决协调小组，以推进 CEPA 的真正落实与正确实施。

（本文为香港大珠三角商务委员会报告）

粤港澳经济合作走势的现实思考

粤港澳经济合作已经接近四十个年头。在前三十年中，经济的共同利益使得市场力量冲破了边境的限制，通过资本、商品以及人员的流动，实现了产业在大珠三角（包括港澳）地区的空间分工与重组，粤港澳三地形成了全球生产网络中不可分割的加工贸易链条。然而，自 2000 年之后，该区域合作发展的蓬勃走势却呈现出日渐逆转的势头。本文将会在总结粤港澳经济合作成果的基础上，探讨目前合作的走势、问题，并分析其原因，以提出应对问题的主要思路。

一、粤港澳经济合作成果显著：大珠三角城市群初现雏形

改革开放三十多年来的粤港澳区域经济合作，不仅成就了珠三角地区通过国际制造与全球服务整合为一体的世界级加工贸易基地，更通过港澳的资本和产业、内地的劳动力向珠三角地区的空间流动与高度集聚，推进了整体地区的工业化与城市化进程。包括港澳在内的大珠三角地区"前店后厂"的合作格局，即大珠三角地区的第一次产业整合，不仅昭示着港澳地区重新回归珠三角的经济版图，更通过产业空间一体化推进的工业化，带动了珠三角地区的城市化。大珠三角城市群初见端倪。

（一）经济全球化与大珠三角城市群的产生

大珠三角城市群的逐步崛起，顺应了经济全球化的发展趋势。从 20 世纪末开始，全球的经济活动越来越取决于城市群与城市网络。经济全球化决定了全球化是建立在世界不断增长的城市网络的基础结构之上，并因这些城市特定的设计、价值观和秩序的不同而有所不同。城市间日益增加的商务活动，决定了这些城市的层级，并形成了新的全球经济秩序。今天，城市及其网络体系，而非国家和个别企业，才是全球经济的命令与控制中心。

然而，经济全球化的发展并非均衡，其发展过程往往呈现出在城市地区经济集聚的特点。20 世纪末出现的三个变化，导致了城市主导模式的根

本转变。首先，交通技术、信息与通信技术的飞速发展，使企业的商业活动极大地摆脱了空间的限制；其次，生产的全球化与灵活生产体系的建立，使全球生产体系的网络在世界范围展开，造成了生产的空间分散、指挥控制与服务中心空间集中的两种趋势，全球经济网络的形成推动了产业专业化与多样化的发展；最后，整体经济呈现出从生产型向服务型经济的转化，实体经济的空间分散与经济功能的空间集中，使全球网络更依赖于生产者服务的飞速发展，其在网络中的重要性日益提升。这三个因素推动了企业经济活动在不同空间的展开，尤其是企业内的垂直一体化分工，会根据不同地区的比较优势与资源特点配置于不同地区。当产业分工与集聚超越了单一城市边界，人口、资金、技术、信息等要素在相邻的几个城市间相互流动，从而产生城市群体的产业整合，这种产业整合最终将分散的城市连接成一个整体，即城市群。

由此，世界经济的增长更多地表现为城市群的增长而非整体地区的增长。今后全球竞争的载体是城市而非国家。正如迈克尔·波特指出：城市乃至其内部的特定地区，才是新的优势资源。城市是最为核心资源争夺的场所与节点，并由此打造出独特的经济优势。这就构成了今天全球化推进中，全球各个大城市群经济竞争的主要内容。

大珠三角城市群的出现，就是源于产业集聚带动的各类资源在这个地区进行跨境空间布局与分工的产物，使得原来港澳与珠三角地区彼此分散的城市，形成了空间一体化与功能一体化相结合的城市群。

（二）大珠三角城市群的全球指标

大珠三角城市群作为全球化与全球生产网络中的节点，必然具有经济集聚，也即城市群的经济协调、扩展效应的指标。我们可以通过资本流动、商品与服务流动、收入流量等指标，观察这个区域的经济集聚程度，以及这个集聚向外扩展时，在全球经济中所占的地位。

首先，大珠三角地区是全球最为重要的资本集聚与扩散中心之一。大珠三角地区占中国国土面积 0.6%，人口不到 5%，2012 年却集聚了中国外资直接投资（FDI）存量（包括香港数据）的 50%（珠三角为 2 988 亿美元，香港累积的存量为 13 015 亿美元）。在全球外来直接投资存量 21 万亿美元中，香港与珠三角地区的总和，占全球 FDI 存量的 7.6%；而在直接投资的流量方面，香港作为全球的投资中心，2012 年在全球排位为 FDI 流入量为第三，流出量为第四。如果把珠三角地区的流量相加，则 FDI 流入量为 985 亿美元，占全球比重为 7.3%，排名全球第三；而 FDI 流出量则合计为 882 亿美元，占全球比重为 6.3%，超越内地（840 亿美元），排名也是全球第三（见表1）。

表1 2012 年粤港直接投资流量占全球比重

（单位：亿美元;%）

	直接投资流入量	直接投资流出量
全球	13 510	13 910
粤港合计	985	882
其中：香港	750	839
广东	235	43
粤港占全球比	7.3	6.3

资料来源：《2013 年世界投资报告》《广东外经贸发展报告 2012—2013》。

其次，大珠三角地区是全球第四大对外贸易经济体，是位居全球前列的服务贸易经济体。2012 年大珠三角地区的进出口贸易占中国商品进出口贸易（包括香港、澳门数据）的比重分别为：出口 45.6%，进口 45.9%，是中国最大的货物对外贸易地区（见表2）；而占世界货物贸易比重分别为：出口 5.5%，进口 5.2%。其贸易总量在全球排在德国之后，超过日本，是全球第四大对外贸易经济体（日本出口为 7 985.67 亿美元，进口8 858.45亿美元，排在德国之后）。

表2 2012 年粤港澳进出口贸易占中国商品进出口贸易及世界货物货易比重

（单位：亿美元；%）

	出口			进口		
	总额	占中国比重	占世界比重	总额	占中国比重	占世界比重
广东	5 741.4	28.0※	3.1	4 096.8	22.5※	2.2
香港	4 402.9	17.6	2.4	5 542.2	23.4	3.0
澳门	13.8			101.7		
合计	10 158.1	45.6	5.5	9 740.7	45.9	5.2

注：※此数据并没有把香港、澳门计算入内，仅是占内地的比重。

资料来源：根据世界贸易组织网站、香港政府统计处、澳门统计暨普查局数据计算。

其中，在服务贸易方面，2012 年大珠三角地区服务贸易占中国（包括香港、澳门数据）的比重分别为：服务出口70.9%、服务进口为41.7%；而分别占世界服务出口的4.5%，服务进口的3.3%（见表3）。在全球服务贸易中排名中，超过印度（印度出口为1 476.14亿美元，进口为1 251.44亿美元），排在服务出口的第六位，进口的第七位。也就是说，大珠三角地区也是位居全球前列的服务贸易经济体。

表3　2012年粤港澳服务贸易占中国及世界服务贸易比重

（单位：亿美元；%）

	出口			进口		
	总额	占中国比重	占世界比重	总额	占中国比重	占世界比重
广东	539.24	28.0※	1.2	525.53	18.7※	1.3
香港	973.0	29.2	2.2	728.8	19.9	1.8
澳门	457.5	13.7	1.1	114.7	3.1	0.2
合计	1 969.74	70.9	4.5	1 369.03	41.7	3.3

注：※此数据并没有把香港、澳门计算入内，仅是占内地的比重。

数据来源：根据世界贸易组织网站、香港政府统计处、澳门统计暨普查局数据计算。

最后，大珠三角地区是全球第三大的大都会区。在经济总量方面，广东的GDP总量连续25年位居全国第一，2013年更突破了1万亿美元大关，占全国总量的11%；珠三角地区则占全国总量的9.2%。整体的大珠三角地区（包括香港、澳门）2013年GDP总量达到10 659.5亿美元，在全球2013年GDP国家排名中仅次于排位第15位的韩国（11 700亿美元），其经济总量排在全球的第16位。而在全球的大都会区（城市群）的经济总量中，大珠三角城市群是仅次于大东京都会区和大纽约都会区的位列全球第三的大都会区。

二、以服务业为核心内容的经济整合：推进趋缓

大珠三角城市群的经济整合，自2000年以后，已经完成了以市场导向和企业自发为主，"前店后厂"产业垂直整合的第一阶段。2003—2004年，开始进入了以区域性自由贸易协议CEPA为主导，即政府主动提供制度安排，推进经济主体（企业与经济组织）以服务业为核心内容进行经济整合第二阶段。然而，以服务业为核心内容而推进的这个经济整合，却因种种

225

粤港澳合作篇

主客观原因，历经十年都并未如第一次的经济整合般，顺利地创造出整个城市群进一步深化空间一体化与功能一体化的丰硕成果。

首先，目前粤港澳三地的经济合作指标与 2005 年以前相比，开始呈现明显的退化走势。我们仅从三地的跨境人流（以居住、工作为主的跨境人流）、贸易流量（商品流量）以及跨境企业数量（资本流量与存量）来看，数据显示，2005 年香港与珠三角地区的居民流动到达顶峰，当时香港有 40 万居民居住在珠三角地区，26 万人在内地工作；而 2010 年港人在内地居住与工作的人数已经下降为 17.5 万人。珠三角地区对香港的进出口贸易，自 2000 年以后增幅呈逐年下降走势。2010 年香港在珠三角地区所占贸易总量比重，已经从 20 世纪 90 年代的 70% 下降为 21%；香港厂商在珠三角地区投资经营的户数，也出现较大跌幅。根据香港工业总会的报告，从 20 世纪 90 年代至 2000 年，港商在珠三角地区总计有 5 万多家企业，共雇佣外来劳工 1 000 万人。而 2000 年尤其是 2007 年金融海啸以后，港商企业数量逐步缩减，虽然有香港服务商进入以减缓制造商减少的速度，却无法根本性地阻止港商数量的下降趋势。2012 年底在珠三角地区存活的港商实际数据为 3 万多家，雇佣员工总数更是大为减少，反映了港资企业退出的速度远高于进入速度。近年来随着人民币持续升值，以及珠三角地区整体进入高成本时代，港商回流香港或是退出珠三角地区转入东南亚地区的企业数量不断攀升，致使"前店后厂"格局的总量在逐年缩减。

其次，从 2003 年 CEPA 签订起，粤港澳合作开始从单纯的市场导向，转为市场导向与政府主动提供制度性安排相结合。但是，近年来的发展，并没有出现政府与企业共同合力推进合作深化的局面，反而产生了政府主导唱独角戏的尴尬现象。迄今为止广东省政府推进了多项大型重点项目，例如 2008 年开始的广东 CEPA 先行先试，至今已经进入 CEPA 补充协议十一的商议阶段；2009 年后的粤港合作框架协议；2010 年的三个合作平台，即深圳前海、广州南沙、珠海横琴列入国家"十二五"规划；2012 年制订粤港率先实现服务贸易自由化的规划与行动计划；2013 年开始策划以"粤港澳自由贸易园区"为主体的广东自贸区等。无论广东政府的真实意愿如何，其实践结果往往呈现出政府"一头热"，而民间的市场、企业反应"一头冷"的现象。在缺乏合作主体——香港商界积极回应，以及对合作缺乏经济诉求的情况下尤其如此。虽然这些项目常常成为三地媒体关注的热点，但港澳商界大多对这些项目反应较为冷漠，这已然成为常态。如上种种，实际反映了政府主导的制度安排与重点项目，并没能从根本上找准合作的利益结合点，也未能在制度层面实质性地消除影响合作的障碍，显示服务业整合的难度在提升。

最后，在三地合作日益陷入"大门开了，小门不开"的胶着状态，合作的内容日益集中与停留在内地居民"自由行"的情况下，香港的围城心态与经济民粹逐步兴起，香港与内地的矛盾开始激化。其最终结果是出现了对 20 世纪 90 年代以来粤港澳三地日益开放的边境管制放松措施，以及各类资源跨境流动便利化措施之倒退修订。以自由港著称的香港，已经采用多项行政化措施，收紧了对跨界商品及人员流动的控制，包括商品（奶粉）限量，停止原预定的对珠三角居民开放"一签多行"政策，并对是否取消这一政策进行探讨（目前"一签多行"仅对深圳户籍居民实行）。这种做法显示了两地经济合作或区域一体化逆向发展的态势。

由此可见，2003 年以后，以服务业为核心的粤港澳第二次经济整合，已经不再停留于单纯的产业内部简单生产要素的重组与分工。由于服务业本身的特点与性质，决定了这个整合必然要突破单纯的产业合作局限，向全方位、制度化与纵深化发展。但是，历经十年的粤港澳服务业整合，三方仍然没有摆脱路径依赖的惯性，依然因袭过去"前店后厂"的合作格局，以产业合作的思路去展开新一轮的过程。一方面，多数港商仍然固守加工贸易模式；另一方面，即使是广东政府主导的合作项目，尤其是合作平台，大多也还是以招商引资、优惠政策的传统思路为主。这种状况无法扭转服务业合作难以有效推进的逆转势头。

三、从互补走向替代：利益博弈的产生

区域合作的形成与发展，归根结底源自经济整合产生的巨大市场机遇，当这种市场机遇能够为各方带来利益分享、形成共识与认同时，各地区会在一定程度上摆脱本土利益的局限，与相邻地区构成互补的分工形态，共同组成一体化的城市群来获取自身更大的利益。也就是说，"经济整合的机遇与利益创造—各方的利益认同共识达成—参与整合形成的分工—互补的利益关系—区域一体化的提升"，这就是区域合作的逻辑关系与主要发展路径。这个路径告诉我们，只有在经济整合能够产生利益最大化的诱使下，利益认同的共识或利益一致才是各方积极参与区域一体化的动力。

大珠三角城市群的第一次经济整合，就发生在这样的动力之上。香港经济的成功转型，珠三角地区快速的工业化、城市化的绩效证明了这一点。由 CEPA 拉起的大珠三角地区的第二次经济整合，其起步是由港商主

动提出并发起的。① CEPA 以服务贸易为核心的制度安排，本身内含了创造内地巨大市场需求潜力的机遇，能够使受限于狭小本土市场的港澳服务商以及极力推进服务业发展的珠三角地区的经济主体（企业与经济组织），创造共同获利的潜在机会。

然而，CEPA 实施十年来，香港与珠三角地区的经济合作，却无法在巨大的市场机遇诱使下，形成利益认同的共识。其结果是 2004 年以后的经济合作，往往限于政府方面一头热，真正的合作主体——企业尚无实质性参与其中。其主要原因是 2000 年后，在国内、国际形势错综复杂的变化下，大珠三角地区的利益格局开始改变，导致原有的互补性结构逐步转向替代性结构，各方的利益诉求出现分化，严重威胁着粤港澳合作的未来发展。

粤港澳地区替代性利益结构的产生，有其客观与主观的因素。

首先是区域内各方经济差距在 2000 年以后急剧缩小。一方面，受到 1997 年亚洲金融危机严重冲击的香港，经济增长从高峰向下滑落，1997—2012 年的年均增长仅为 2.21%，成为香港经济的一个历史性转折点。从数据看，香港经济在 15 年间基本完成从高速增长转向低速下行通道的历史转折。全球 GDP 总量在 2000—2010 年的增长接近 95%（绝大部分为新兴经济体带动），而香港则在这一时期实质年均增长率为 2.83%，人均为 1.78%，总量扩张为 32%，仅为全球平均水平的 1/3。从各种数据可以判断，香港在 20 世纪末完成经济转型以后，并没有找到可持续发展的新动力，与日本相似，陷入了"高收入增长陷阱"。

与此同时，2000 年以来，珠三角地区持续不断的产业升级努力，成为这个地区持续保持双位数高速增长的动力源。短短 12 年间，大珠三角地区的实力对比已经从根本上发生改变。2000 年香港经济占整个大珠三角地区的 60%，而 2012 年仅为这个地区总量的 25%，力量对比逆转为珠三角地区的经济总量已经是三个香港的实力。

事实上，2000 年以来，珠三角地区经济成长主要的动力源已经不再与香港相关。"香港因素"在珠三角地区已然弱化。我们仅从与香港最具相关关系的对外贸易数据看，就可以发现这一点（见表4）。香港在珠三角地区的对外贸易比重，从 1990 年的 73.7%，下降为 2010 年的 20.1%。在这一时期珠三角地区外贸总额增长 17.7 倍，而对香港贸易则增长 4.11 倍。

---

① 2001 年中国"入世"前后，以香港总商会为代表的香港工商界，多次向中央政府提出签订区域性自由贸易的协议。

表4　广东进出口中香港所占比重的变化

（单位：亿美元；%）

年份	1990	1995	2000	2005	2010
广东进出口总额	418.98	1 039.72	1 701.06	4 284.20	7846.63
对香港进出口总额	308.82	275.04	367.80	879.10	1 579.73
占比	73.7	26.5	21.6	21.0	20.1

数据来源：《广东统计年鉴》以上各年号。

其次，经济差距缩小的背后，是香港经济功能在大珠三角地区的弱化，它无法提供目前珠三角地区产业升级后的生产性服务需求。虽然2008年以前的珠三角地区仍然是出口导向型经济（这由香港导入），出口的主要方式仍然是加工贸易。但是，2000年以后已经向重化化发展的珠三角制造与出口，其主导的产品是机电产品（占出口总量的60%~70%）与高新技术产品（占出口总量的30%~40%）。这就是香港贸易在珠三角地区年年下降的主要原因。

更为令人关注的是，珠三角地区近年来对香港的生产性服务功能的替代。一方面，随着香港服务商的进入，珠三角地区的"厂店合一"逐步推进；另一方面，则是珠三角地区对基础设施的大量投入，这都导致原有香港承担的部分生产性服务业功能，逐步被珠三角替代。虽然这个替代在很大比例上，本身就是香港服务商在这个地区的运营。

最后，2007年全球金融海啸发生之后，中国经济随之进入了战略性转型阶段，从中国制造开始转向中国市场。可以说，当内销市场成为大珠三角地区的新市场需求和发展动力之时，这不仅成为割断港商与香港经济直接联系的最后环节，也对长期以来依赖国际市场的香港提出历史上从未有过的转换市场挑战。

由此可见，2000年以后，力量对比的变化使得原先的领先者香港，开始面对一个更为强大、充满自信，且有自己独立目标追求的珠三角地区。大珠三角地区逐步从过去的互补性结构走向替代性结构，区内各方的利益诉求已然不相一致，过去的竞合关系开始转变为竞争多于合作。

综上所述，可以说目前粤港澳地区的各方正在进行着一场共赢与共输的博弈。由于利益的分化，CEPA的潜在经济效益十年来并没有得到充分发挥。CEPA所提供的巨大市场机遇并没有创造出共同获取利益的认同。其原因除了香港自身的故步自守、整体经济缺乏新发展动力、陷入发展的陷阱不能自拔之外，还源自内地落后的服务市场体制。珠三角地区与香港的市场体制存在巨大差距，也造成港商在珠三角地区困守于"前店后厂"的路径依赖。当香港服务商进入内地遇到十分高昂的制度摩擦成本之时，CEPA 的制度安排因为并没有涉及内地市场体制的全方位改革，因此缺乏降低成本、提高港商收益的机制。在此种情况下，虽然港商知道进入内地市场有极大机遇，但是"大门开了，小门不开"，只能"望门兴叹"。此外，珠三角地区的经济主体也因为服务市场的体制发展滞后，面对内地巨大的服务市场发展机遇，也难以借助香港先进服务业的优势，促进整体产业结构率先并顺利地转变为服务主导的现代经济体系。

实际上，CEPA 对粤港澳地区的各方均具有潜在利益。对于香港来说，珠三角地区服务市场的开放对香港服务商有巨大的商机与利益；而对于珠三角地区来说，CEPA 内含的制度效益应是这个地区升级转型，防止陷入"中等收入陷阱"的最大机遇。然而，这个共同利益诉求至今尚未能在这个地区形成共识。由此我们说，粤港澳地区目前处于共赢或共输的选择点上。

四、缩小距离凝聚合作共识

缩小地区间的障碍与差异，使潜在利益转化为现实的共同利益，是推进地区合作的主要动力。近期，全球著名学者推出引力模型的更新版——距离模型（CAGE 框架）。这个模型认为，地区经济一体化障碍的边界效应，是由两地之间的外部距离、文化距离、行政距离、地理距离与经济距离构成的（见表5）。如果上述距离（壁垒）被极大消减，则获得的潜在经济效益将会十分巨大。

表5　经济一体化的 CAGE 框架

外部距离	文化距离	行政距离	地理距离	经济距离
双边、诸边或多边因素	·语言差异 ·民族差异 ·链接民族与社会的网络 ·宗教差异 ·国家工作系统的差异 ·价值观、行为规范及性格差异	·没有殖民关系 ·不属于共同的地区贸易协议 ·没有共同的货币 ·法律体系的不同 ·政治敌对	·物理距离 ·没有共同的边界 ·气候的差异（以及疫病传染的环境） ·时差	·消费者收入的差距 ·以下资源与设施的可用性差异：人力资源；金融资源；自然资源；中间投入；基础设施；信贷、分销体系等

CAGE 框架以西方国家的同一种市场体制进行考虑，并没有涉及大珠三角地区两种制度，以及成熟发达的市场体制与转轨过程中十分不完善的市场体制之间的差异与摩擦。然而，我们还是可以看到，在这个框架中的文化、行政以及经济的距离，其中内含了与市场体制相关的制度性因素。

以此去判断港澳与珠三角地区经济深化合作走势，我们可以看到，随着港澳与珠三角地区合作的不断升级，由制造业走向服务业，由单纯的经贸活动向更广泛领域发展，由自发市场行为上升为政府推进与市场相结合，以区域经贸协议（CEPA、粤港澳合作框架协议）共同推动经济关系深化，粤港澳地区的边界效应正逐步缩小。

具体地看，由于粤港澳地区共同对基础设施的投资以及交通便利的推进，地区间的地理距离已经逐步趋向于零；而内地经济高速发展与地区间的经济合作，也使得珠三角地区与港澳之间的经济距离极大地缩小（虽然在金融资源、服务体系以及经济组织的利用上仍然存在制度性的差异）。同时，CEPA 的签订与实施，内地营商环境与制度的逐步改善（包括政府运作），两地之间关系的深化正在由单纯的经济领域走向逐步消减文化、行政等制度性距离的阶段。虽然粤港澳地区存在共同的语言环境，这是建立互信关系、发展服务贸易的优势与基础条件，但是，两地经济关系的深化，如果不能有效缩减文化与市场经济制度的距离，则各方仍难以取得对共同利益的认同，地区内的经济整合也无法实质性地展开。

正因为现实中粤港澳地区的市场经济制度差异、文化距离过大，目前地区间的经济合作出现的障碍主要表现为：

一是服务贸易领域的潜在经济效益远没有实现。经济学者们大量的实证测算证明，减少服务贸易壁垒所带来的经济效益，要远远高于减少同等比例的商品贸易壁垒带来的经济效益。随着时间的推移，服务贸易自由化带来的潜在收益是递增的，而不像货物贸易自由化，其效益为递减。但是，服务市场的开放，或区域的服务产业的整合，虽然具有极大的经济效益，但在现实中由于服务市场开放承诺落地十分困难，因此造成目前国际市场竞争面临的最主要限制措施集中体现在服务业，即使在发达国家也是如此。这是因为这类措施的落地，将涉及成员方内部的制度、营商环境以及文化差异等因素。这就是目前服务业占全球生产总值近 2/3，而服务贸易总额仅为全球贸易总额的 20%，服务贸易密集度仅为货物贸易的 1/8 的原因。

虽然 CEPA 作为两地贸易自由化的机制，在缩减两地差异方面做出了很大的努力；但是，截至目前，从 CEPA 开放的主要措施看，CEPA 对服务市场的开放大部分仅停留于广度（开放的服务商品数量）而缺乏深度（实际的准入水平与国民待遇水平）。以 2009 年世界银行对各国服务贸易自由化程度测算，① 中国仍然处于较不开放的第三等级（第一等级为开放度高，第二等级为较为开放，第三等级为较不开放，第四等级为封闭）。这就是 CEPA 实施十年以来，虽然香港与广东之间的服务贸易总量有极大的扩展，但是目前为止，两地服务贸易的总量不到广东贸易总量的 10%，远远低于全球 20% 的水平的原因。CEPA 事实上并没有极大地消除服务贸易的制度性障碍，减低港澳服务商进入的高昂交易成本。

二是文化、制度的距离远没有拉近。粤港澳地区在过去的经济合作中虽然已经拉近了经济的距离，这个经济效益是可以度量的，但是文化、制度的距离远没有拉近。而这些距离与差异的消减，所带来的潜在经济和社会效益将是巨大的，远远超出现有的经济效益。事实上，CEPA 实施十年，粤港澳地区各方仍然没有把主要注意力放在两地文化、市场经济制度距离效应的消减上，导致最有成效的 CEPA 效应仍然更多地停留于内地旅客的自由行上。港澳经济近年来更逐步走向全面依赖、争取内地送上门的利益安排之路，并由此形成自由行经济，更强化了香港地产经济独大的单一性与澳门博彩一业独大的结构性失衡，从而迅速推高了港澳两地的租金成本，恶化了港澳本土中小企业的营商环境。内地人员的大量进入，放大了香港与内地商品价差的制度套利效应，放大了澳门博彩制度套利效应，其结果是，港澳两地分别成为内地的"大卖场"和"大赌场"，且不同程度地激化了港澳与内地的文化、制度冲突。香港的围城心态与经济民粹主义的抬头，反过来又影响了两地的商品、人员流动（例如香港的限购与两地矛盾的出现）。这个势头如果得不到根本扭转，大珠三角都会区则必然会面临双输局面。

为此，本文不揣冒昧，就未来粤港澳经济合作提出以下粗浅建议：一是经济合作必须寻求各方的共同利益，并使之最大化。目前粤港澳合作中，各方利益的共同点是什么，值得思考。二是经济合作必须充分反映各方的经济诉求以及市场的导向，而非由单方的政府行为来推进。诸如合作平台、服务贸易自由化等，均不能仅由一方的政府决定与判断。三是在目前利益出现分化的现状下，经济合作必须关注利益的协调，力求使合作达到共同利益的最大化。四是在经济合作中必须注重不同的制度、文化的差

---

① 此次测算以服务资本进入作为衡量标准。STEPHEN S. GOLUB. Openness to foreign direct lnvestment in services: an international comparative analysis ［J］. The world economy, 2009, 32（8）: p. 1258.

距，并且通过各种努力不断地缩小差距。

参考文献：

［1］香港特区政府统计处．第57号专题报告书［R］．香港：香港特区政府统计处，2011.

［2］香港工业总会．珠三角制造——香港工业的挑战与机遇［R］．香港：香港工业总会，2007.

［3］智经研究中心．十二五期间广东经济结构转型与香港的机遇［R］．香港：智经研究中心，2011.

［4］潘卡吉·盖马沃特．下一波世界趋势［M］．王虎，译．北京：中信出版社，2012.

（本文原载于《港澳研究》2014年第2期）

大珠三角（粤港澳）区域经济
合作水平评估与效应分析

大珠三角经济区（包括珠三角与港澳地区）发源于 20 世纪 80 年代初期，成长于 80 年代至今。到目前为止，这个经济区已经是全球跨境经济区中人口、经济总量很大的经济区之一。

然而，衡量一个跨境经济区是否可以跻身世界级水准，重要的指标不在于规模与总量，把跨境经济区中所有地方的总量相加是一个极其简单的事情。作为一个世界级跨境经济区的主要标准，应当是区域中各地之间相互流动形成的合作互补关系，即区域产业整合产生的空间一体化与功能一体化水准。

一、区域经济合作水准评估的主要变量

在经济学界，一般评估跨境经济活动的交流，尤其是双边跨境经济流量的测算，普遍运用的是"引力模型"。这个模型源自物理学的万有引力定律，即两个物体之间的引力力量来自物体的规模与物理距离。前者为物体之间的吸引力，而后者则为排斥力。将此运用于跨境经济流量的分析上，则可以得出跨境经济交往活动规模与他们的经济总量（GDP）成正比，与两地之间的距离成反比。在随后经济学者的一系列实证研究中，更把人口、制度因素添加进去，人口构成经济总量中的一个部分，对跨境流动具正向作用；而是否同属一个优惠贸易协定或者区域经济一体化组织、政府治理品质、合约实施保障等，即制度品质因素。制度性因素与跨境经济交往活动的关系，取决于制度的品质，制度的优劣对双边经济流量有着突出的影响。同时，制度品质相似的地区间更容易构建起信任基础，从而有利于双边贸易的进行。

引力模型主要运用于分析跨境双边的贸易流量。随着经济全球化、区域经济一体化的推进，以及跨境经济区的崛起，跨境的经济交往除了商品、服务外，更有资本、资讯以及人员。尤其是人员流动，是区域流动最为主要的流量。因此，不少学者把引力模型扩展至外国直接投资、跨境融

资、主权借贷、专利引用、人员迁徙模式等所有的经济领域。于是，引力模型所包含的因素便涉及文化、价值观、法律以及政治等。

美国学者潘卡吉·盖马沃特对于美（国）加（加拿大）两国贸易与经济活动交往的实证分析，引出了下述十分有趣的结论：根据他的计算，两地之间的地理距离每增加1%，则两地贸易量会下降1%，因此，距离敏感度为-1；使用共同语言的两个地区的贸易量要比语言不通的地区平均高出42%；如果两个地区同为一个地区贸易协定成员（例如美、加同属北美自由贸易区），则比没有地区贸易协定的地区，其贸易量会高出47%；共同货币会增加两地114%的贸易；而人均GDP的差异会促进跨境的贸易流量。

与此同时，共同语言会使双边直接投资增长43%，相同的文化与行政管理会使相互直接投资增长118%，共同的法律则促进两地直接投资增长94%。也就是说，资本的流动受文化和行政方面的影响，比贸易还要大。

上述分析引出了跨境经济合作的主要影响变数：地理距离、语言、地区性自由贸易协定、共同货币与文化及行政管理。

由于全球中的跨境经济区大多为地理接壤的地区，因此欧洲学者在分析欧洲的十个跨境经济区时，采用了GDP、语言、跨境人员流动量，以及劳动市场与住宅市场价格等指标。虽然欧洲是经济一体化最高的地区，尤其是边境管制的消除，使资源流动的自由化水准大大提升；但是，对于十个跨境经济区空间一体化水准差异进行研究，学者仍然指出，欧洲内部不同国家对劳动力流动的不同政策以及不同的边境管制，是跨境经济区空间一体化发展的主要障碍。

与对美加的考察不同，对欧洲高度经济一体化（欧盟的消除边境管制、迁徙自由、统一货币等政策）的跨境经济区的考察指标中，劳动市场、住宅市场一体化是其最为重要的指标。也就是说，空间一体化与功能一体化的最高水准，就是市场一体化。当所有的要素和资源均可以在各国、各地区以及各个城市之间自由流动之时，"要素价格均等"规律就会发生，国家、地区、城市之间的市场就会融为一体。因此，经济一体化，或称地区经济合作的最高水准就是市场一体化，其衡量的主要标准为要素价格均等化。

综上所述，虽然引力模型是研究地区跨境经济流动的定量模型，但是，这个模型仅回答了什么因素构成了国家、地区、城市之间的跨境流动，而没有回答其动力是什么，障碍在哪里，以及哪些因素可以促进跨境流量的增加与减少。也就是说，引力模型回答了跨境经济流量相互流动的密度与规模，而不能最终回答与判断跨境经济流量空间一体化的水准与发展程度。而衡量国家间、地区间经济合作的水准与程度的，仍然是市场一体化的指标，即要素价格均等化的程度。

二、大珠三角经济区合作水准的基本评估

尽管目前有很多衡量区域经济一体化或经济合作水准的方法，但是，在现有的大珠三角经济区的实证研究中，至今缺乏对三地的企业活动空间布局（例如母公司所在地与子公司所在地的分布、数量等）、人员的空间流动状况（不同层次的人员）的具体资料。因此，本文仅能在现有粤港澳三地可以得到的统计资料上，做出最简单与最为直观的评估：分别统计三地跨境的流动量与活动量，跨境人员、商品与直接投资的流动量，以此来衡量这个经济区的经济合作水准。

（一）目前经济合作水准的数据研判

首先，区域最为首要的流动要素是人口，人是最具经济效益与投资效益的流动因素，因为企业之间在不同地方的商务活动联系，企业内部在不同地方的经济联系，主要是由人的流动实现的。因而人口流动是经济合作第一，也是经济效益最高的部分。

大珠三角地区的人口总量在 2012 年分别为：珠三角地区 5 690 万人；香港地区 717.8 万人；澳门为 55.7 万人，总计为 6 463.5 万人。[①] 这个地区中的跨境人口流动 2012 年超过 15 402 万人次，其密度为大珠三角区域人口的 2.38 倍。由此可见，港澳与珠三角地区之间，已经成为人口相互流动的密集地（见表 1）。而珠三角地区各城市之间的人口流动频率与密度会更高。这就是珠三角地区所有联结港澳的陆地口岸成为全球最为繁忙口岸的原因之一。

---

① 根据 2012 年末珠三角各市公布的常住人口，香港、澳门政府公布的人口数字相加总和。

表 1　2012 年珠三角地区与香港、澳门之间的人流水准

（单位：千人次）

珠三角地区进入香港	34 911※	占珠三角人口 61%	占访港人数 72%
珠三角地区进入澳门	16 902※	占珠三角人口 30%	占访澳人数 60%
香港进入珠三角地区	77 467＊	占香港人口 1079%	
澳门进入珠三角地区	24 740＊	占澳门人口 4442%	

注：※珠三角地区进入香港与澳门采用的是内地从双方陆地口岸进入数，而非从港澳机场、港口进入数。因为陆地口岸进入一定要利用珠三角的各种设施，与珠三角地区相关联。

＊同理，港澳进入珠三角地区也是以陆地口岸为主，并没有把本地机场、港口进入算入。因为港澳人口从本地机场、港口进入内地，大部分并非进入珠三角地区。

资料来源：香港政府统计处；澳门统计暨普查局。

在我们以统计资料概括大珠三角地区的跨境人员流动时，我们应当清楚地认识到，由于三地之间人员的关境管制与限制性的劳工政策（香港的劳工限制比澳门更为严厉），目前只有港澳人员向内地的流动是自由的，因此香港、澳门居民进入珠三角地区的密度是珠三角地区进入港澳地区的数倍。这表明其流动的相对单向性质。因此，除少部分香港、澳门居民工作或居住在珠三角地区（2010 年香港在广东居住或工作人口为 17.5 万①），以及居住在澳门周边城市、工作在澳门的内地劳工（澳门有 12 万外地劳工，其中 1/3 在澳门周边城市居住）外，大部分的人流为商务或旅游性质，与欧洲的跨境都会区状态相较，欧洲居民可以任意选择自己的居住地、工作地不一样（欧洲跨境都会区的人口流动往往以居住地与工作地之间的流动为主）。由此，这类人流很难像欧洲跨境都会区，因居住与工作地点的不同，导致彼此之间劳动市场与住宅市场的价格拉近，以及市场的一体化。

然而，由于大珠三角地区企业之间与企业内部长期在这个地区中活动的原因，劳动市场的价格从企业中层开始拉近，逐步扩散至所有企业员工层次。这表明大珠三角区域的劳动市场价格差异正在逐步趋减，而住宅市场的价格，则在临近香港的深圳周边也开始趋同。此外，即便珠三角居民是为购物或旅游进入港澳地区，港澳的商品价格与珠三角地区的价格差异，也逐渐会出现价差减少的趋势。更何况珠三角居民进入澳门旅游，已

---

① 香港特区政府统计处. 第 57 号专题报告书［R］. 香港：香港特区政府统计处，2011.

经成为澳门服务出口的最大目标市场和目的地。

其次，大珠三角地区本身在地理上相互接壤，不存在地理距离。加上内地的市场开放政策，以及 2003 年中央政府分别与香港、澳门签署的 CEPA，即区域性自由贸易协定，使得三地之间具有极高的贸易联系与密度，并且互为最大的交易伙伴（见表 2）。2012 年在香港的货物贸易进出口中内地占了绝对比重，达到 50.3% 的水准，其中与珠三角地区最为相关的转口贸易占 54.3%。而香港在珠三角地区的进出口则为 23.2%，是珠三角地区的第一大贸易对手，其中出口占 38.3%，充分显示了香港作为珠三角地区的国际贸易中心的作用。在服务贸易方面，香港的服务进出口中，珠三角地区的服务贸易占香港服务贸易总体的 30.2%，其中从珠三角地区进口占总进口的 54%，对珠三角地区的服务出口占总出口的 19.3%。香港在珠三角地区的服务贸易进出口中更占据 52.2% 的比重，其中从香港进口占总进口的 46.4%，对香港出口则为总出口的 57.6%。上述数据显示，香港作为一个国际贸易中心，在贸易关系上，其对珠三角地区的依赖程度要高于珠三角地区对它的依赖程度。

表 2　2012 年珠三角地区与港澳贸易所占比例

（单位：%）

货物贸易		服务贸易	
内地在香港进出口占比※	50.3	珠三角地区在香港进出口占比	30.2
进口	47.1	进口	54.0
出口	44.2	出口	19.3
转口	54.3		
内地在澳门进出口占比※	29.2		
进口	30.7		
出口	15.8		
香港在珠三角地区进出口占比*	23.2	香港在珠三角地区进出口占比	52.2
进口占比	1.9	进口	46.4
出口占比	38.3	出口	57.6

注：※因为港澳没有单独列出广东数据，仅有内地数据。

＊此处把广东贸易数据列做珠三角数据，原因是珠三角地区进口占广东总体的 96%，出口占 95%。下列的外资数据也以广东数据列做珠三角地区数据，原因与外贸相同。

资料来源：香港政府统计处；澳门统计暨普查局；《广东外经贸发展报告（2012—2013）》。

从根本上看，香港对珠三角地区贸易关系的依赖，源自香港厂商对珠三角地区的直接投资，即港商在珠三角地区投资设厂、建立商业服务网络，从而引致贸易行为与贸易关系的发生。归根结底，香港与珠三角地区的经济合作关系，根源于香港对珠三角地区的投资带动。也就是说，香港对珠三角地区贸易关系的主体，即珠三角地区对香港出口的贸易商与出口商，大部分就是香港企业（见表3）。在这个方面，与其说香港对珠三角地区依赖，不如说珠三角地区对香港依赖。

表3　珠三角地区外资与港资出口主要指标

（单位：亿美元；%）

年度	2005	2010
外资出口总额	1 546.27	2 818.52
港资出口总额	607.66	1 126.75
港资占外资出口比重	25.57	24.86
港资占外资对香港出口比重	64.95	73.75

资料来源：《广东统计年鉴2006》《广东统计年鉴2011》。

由此可见，大珠三角地区的企业之间或企业内部的相互关系，在很大程度上是由企业在各个城市的投资而构成的跨境与空间的经济联系，而这类经济关系的外在化为城市间跨境的贸易、投资关系。

过去的三十多年，香港一直是珠三角地区最大的外来投资者，是这个地区工业化与城市化的资本提供者，内地成为香港最大的直接投资目的地。1979—2012年，香港对广东直接投资的专案数超过16万个，实际投资金额为1 847亿美元（见表4），占香港对内地投资总额的约为四成。截至2008年底，共计4万家港资企业（法人，注册企业9万家存活4万家），与上万家"三来一补"的加工贸易企业活跃在珠三角地区，这些企业形成香港在大珠三角地区商务网络的活动主体。

表4　香港 1979—2012 年对广东及珠三角地区直接投资金额与比重

（单位：个；万美元；%）

	项目个数		合同投资金额		实际投资金额	
	个数	比重	金额	比重	金额	比重
总计	167 732	100.00	46 396 459	100.00	29 880 142	100.00
香港	121 259	72.29	30 864 974	66.57	18 469 067	61.81
其他国家及地区	46 473	27.71	15 531 485	33.43	11 411 075	38.19

资料来源：广东省对外贸易经济合作厅。

2000 年以后，随着珠三角产业升级与经济实力的不断提升，广东，尤其是珠三角地区，成了中国对外直接投资的第一大省份。由此，珠三角地区的企业，开始逐步增大对香港直接投资的金额。2012 年广东对外直接投资 833 个专案，新增中方投资总额约为 43 亿美元，而港澳地区就占了 611 个项目，新增中方投资金额比重为 61.4%，成为广东第一大对外直接投资目的地（见表5）。直接投资从香港向珠三角地区的单向流动转变为双向流动。

表5　2012 年广东对外投资地区分布及相关数据

（单位：个；万美元；%）

地区	新设企业数	新增中方投资额	占比
总计	833	433 774	100
港澳	611	266 180	61.4
东盟	47	75 421	17.4
其他亚洲国家	30	5 773	1.3
北美洲	69	26 649	6.1
欧洲	30	20 577	4.7
大洋洲	13	11 737	2.7
非洲	21	8 313	1.9
拉丁美洲	12	19 124	4.4

资料来源：《广东外经贸发展报告（2012—2013）》。

三地人员、资本、商品、服务相互流动规模的不断扩张，决定了港澳地区与广东的跨境资金流动持续扩大。2012 年广东与港澳地区的跨境资金收支达到 5 550.5 亿美元，比 2008 年增长 90.4%。这些资金的跨境流动在实体上源于货物贸易、服务贸易与相互投资；而在金融因素上，也包含了三地金融机构推出的跨境金融产品组合，这类金融产品为实体经济跨境套利提供了便利。

（二）对经济合作水准的基本结论

跨境经济区中的经济合作，归根结底体现的是微观层面的企业流动引致的产业空间布局重组，而这个空间重组的过程，则植根于地区市场需求的变化、各城市的经济差异与地区性的发展政策，由此造成商品、资本、人员与资讯等经济流量在不同地方的流动，从而形成互补的经济关系与功能。

从引力模型的角度看，目前大珠三角经济区跨境的资源与要素流动形成的经济合作，其最为直接的动力是地理距离（港澳在地理上属于珠三角地区的组成部分）、地区间经济差异（包括资源、市场、劳动人口等）的两大因素，尤其是人均收入水准的差异。而更为深刻的因素是共同的语言与文化传统，以及制度性因素。

共同的语言与文化传统是港澳企业三十多年长期驻守珠三角地区，把这个地区当作是企业根源之地、港澳企业家的家园之地，是即使经济危机、金融海啸与政策调整（例如中央政府的加工贸易政策收紧、广东省政府的"腾笼换鸟"政策），也始终无法使其从这个地区彻底搬离的原因。它表现的是港澳企业对家乡与文化的认同与归属感，在经济与经营上，同质的文化与传统更容易建立起商务活动的彼此信任感，从而推动商务活动的交流与发展。由此，我们可以把这个因素看作非正式的制度性因素。

制度性因素是推动跨境经济合作最重要的推手。从港澳厂商 20 世纪 80 年代初期首次进入珠三角地区开始，截至目前，无论是从直接投资的存量还是流量来看，港澳投资依然稳占珠三角地区外来投资的头把交椅（总量的 60%~70%），港澳企业总量仍然是珠三角地区最多的外来企业。其根本的原因就在于广东改革开放的"先行一步"，以及 2003 年签署的 CE-PA 和 2008 年广东在 CEPA 实施的"先行先试"。正因如此，大珠三角地区才开始了由港澳企业主导的城市间跨境流动与经济合作，奠定大珠三角都会区发轫、发展的主要微观经济基础。2000 年以后，中央政府实施的内地居民"自由行"与内地企业"自由行"政策，鼓励内地企业利用香港为基地的"走出去"等一系列措施，松动了珠三角地区向港澳流动的环境，使得大珠三角都会区的流动方向有了根本的改变。不断壮大的珠三角企业、开始富裕的珠三角居民流向港澳地区的总量持续扩张。由此，这个地区流动已经不再是单向，而是多向或相互交叉的。这就是多中心的大珠三角都会区形成的微观经济基础。

建立于"一国两制"基础上的大珠三角经济区跨境流动，与欧洲、北美的跨境经济区的根本区别是其跨境的边界效应。虽然内地与港澳地区签署了地区性的自由贸易协定 CEPA，但是 CEPA 仅在货物与服务贸易方面，消除了部分的经济边界。边界效应的存在决定了三地的公民身份认同、货币、市场、法律与经济管理制度等差异，由此也决定了三地各自的经济利益差异，对各自经济利益追求的激励必然大于对整个大珠三角都会区整体利益的获取。因而，各城市只有在本土利益最大化的激励下，才会认同共同利益，这种本土化情结即使在消除了边界效应的欧洲跨境都会区也不会自然消失。经济的本土化情结与经济的一体化追求共同存在，形成多中心跨境经济区（包括欧洲跨境都会区）的宏观经济基础。

从上边的经济合作资料看，虽然大珠三角地区的跨境流动存在边界效应，但是其相互流动的总量与规模，在全球跨境的多中心都会区中位居前列。这就充分说明了，这种经济合作或流动形成的共同利益，与各城市的自身利益相互重叠，这样经济流动才能突破边界限制，达到空间一体化与功能一体化的资源配置。

三、互补结构下大珠三角经济区的经济效应

大珠三角经济区历经三十多年的发展历程，其起步与形成源自三方逐步形成的经济互补结构，以及由此体现的共同利益诉求。其中，这个共同利益诉求所产生的规模巨大的跨境空间流动，为合作中的各方带来巨大的经济利益。

目前，大珠三角经济区基本上以香港作为区内与全球经济连接的主要中介，而以广州作为区内与国内经济连接的节点，集聚国内市场、经济及产业管理等服务。从过去港澳与珠三角地区之间产业互补结构的"前店后厂"合作，发展为今天香港与广州两极拉动的功能性空间互补状态，均为这个区域带来巨大的经济效应。

（一）国际资本引道效应：全球价值链嵌入效应

大珠三角经济区的形成与经济全球化和全球价值链的发展相联系。可以说，这个区域本身就是全球价值链或生产体系的一个组成部分。

全球价值链通常由跨国公司的国际资本主导组成，外国直接投资与一

国对全球价值链的参与联系紧密。外国直接投资是发展中国家，包括最不发达国家，参与全球价值链的重要途径。从大珠三角经济区参与全球价值链的发展过程看，香港在此发挥了十分重要的作用。

香港不仅是这个大都会区中唯一的全球城市，更是全球具举足轻重地位的国际资本投资中心。在全球每年的 FDI 流量中，香港一直名列全球第三、第四位；更累积了高达 1.4 万亿美元的 FDI 存量，在全球 FDI 存量中也名列前茅。从 1979 年起，香港制造业大规模地向珠三角地区的投资与搬迁，造成了这个地区"店"与"厂"不同空间的资本、产业与要素的高度集聚，从而造就了全球生产体系与网络中的"珠三角制造"。至今为止，香港对珠三角的直接投资已经累积为 1 847 亿美元，约占珠三角地区外来实际直接投资 2 988 亿美元的 62%；约占香港对内地投资总额的四成。① 正是香港的投资，作为港澳与珠三角地区的经济合作的黏合剂，逐步地把香港与整个珠三角地区纳入了全球价值链体系。

由此，我们可以从贸易扩张、经济成长和就业扩长三个方面观察大珠三角地区通过经济合作纳入全球价值链的主要效应，并最后分析香港在珠三角地区与内地的经济收益。

1. 贸易扩张效应

香港与珠三角地区因港商投资与制造业迁移，组成互补式的"前店后厂"全球生产体系，在珠三角地区构建了规模庞大的全球加工基地，由此推进了两地对外贸易过去三十多年间的飞速发展。香港对外商品贸易总额从 1981 年的 2 605 亿港元，增长至 2012 年的 73 465 亿港元，增长 28 倍，年均增长达 11.37%；其中出口在 1971—2011 年增长 194 倍，年均增长 14.08%。而增长最快的是与内地，尤其是与珠三角地区加工贸易最为密切相关的转口，1971—1991 年就增长了 157 倍，年均增长 28.75%（见表6）。

表6　1971、1991、2011 三年香港出口结构变化

（单位：百万港元；%）

年份	港产品出口	变化率	转口	变化率	总出口	变化率
1971	13 750		3 414		17 164	
1991	231 045	1 680	534 841	15 666	765 886	4 462
2011	65 700	−71.6	3 271 600	612	3 337 200	436

资料来源：香港政府统计处。

---

① 2013 年 9 月，广东省对外贸易经济合作厅外资处为笔者走访提供数据。

港商投资进入带动的对外贸易创造效应,在珠三角地区更为显著。从1978年广东全年仅有15.9亿美元的进出口总额起步,至2012年整个广东,尤其是珠三角地区的对外贸易总额增长至9 837亿美元,接近万亿美元大关,增长了619倍,年均增长20.81%①,不仅创造了全球生产体系中"珠三角制造"的奇迹,其进出口总量更是连续26年占据全国第一贸易大省的地位。

由于"珠三角制造"的主体部分是港澳厂商牵头构建的出口导向型加工贸易体系,而加工贸易本身具有贸易顺差的特征,因此,广东作为加工贸易大省,一直是中国获取贸易顺差的主要来源地(见表7)。

表7 2008—2012年广东贸易差额占全国比重

(单位:亿美元;%)

年份	贸易差额	占全国比重
2008	1 263.60	42.38
2009	1 068.18	54.59
2010	1 214.86	66.93
2011	1 504.08	97.10
2012	1 644.57	71.16

资料来源:中国海关统计。

2004年CEPA实施之后,港澳与珠三角地区的贸易创造效应向服务贸易领域扩展。从香港方面看,1997年亚洲金融风暴之后,香港整体经济成长开始钝化,尤其是服务业。2000—2008年,香港服务贸易的年均增长率仅为3.8%;CEPA实施的十年间,服务贸易的年均增长率达到8.9%。就珠三角地区看,其服务贸易从2003年的121.79亿美元,十年增长为1 064.76亿美元,总量扩张了7.74倍,年均增长率为24.20%,远远超过货物贸易的年均增长速度。其中与香港之间的服务贸易,则从2003年的60.59亿美元,增长为665.01亿美元,增长了9.98倍,年均增长率为25.87%。② 2013年两地服务贸易总额更达到778亿美元。

① 根据广东人民出版社2013年出版,由广东省对外贸易经济合作厅主编《广东外经贸发展报告(2012—2013)》资料计算。

② 根据广东人民出版社2013年出版,由广东省对外贸易经济合作厅主编《广东外经贸发展报告(2012—2013)》以及香港政府统计处网站资料计算。

2. 经济成长效应

随着大珠三角地区整体的贸易扩张效应的产生，贸易增长带来了地区经济的高速成长。

香港在制造业大规模进入珠三角地区并完成整体性的产业转移的期间，创造了十分惊人的高速发展。1982—1996 年的 15 年间，香港 GDP 年均增长率达到 13%，其经济增长排在全球前列。

作为港澳制造业的迁移与集聚地区，珠三角地区的成长速度更可以称为“世界奇迹”。1978 年广东省全年 GDP 为 203 亿元人民币总量，2013 年增长至 63 068 亿元，总体增长 311 倍，年均增长率为 18%，并且连续 25 年成为中国第一大经济省份。

珠三角地区经济高速发展的主要拉动力就是出口，即作为全球生产基地出口总量，尤其是净出口的大幅增长。以珠三角地区的资料看，2007 年前，也就是全球金融海啸前的三十年间，每年约 10% 的 GDP 增长是净出口拉动的。这个数字我们可以从金融海啸后珠三角地区与广东的 GDP 增长率中得到印证。

表 8 是笔者对广东 2005 年 GDP 增长因素进行的分析。由表 8 可见，广东 2005 年经济增长率为 15%，也就是说，广东 GDP 与 2004 年相比，存在 2 836.66 亿人民币的增量。其中净出口增长率为 86%，增量达 223.57 亿美元，以当年汇率换算成人民币后，占 GDP 增量的 63%。因此，15% 的增长率中，有 63% 属于净出口增量，也即净出口拉动 GDP 增长为 9.45%。

表 8　广东 2005 年 GDP 增长因素分析

	2004 年	2005 年	增长率
GDP 总量（亿元）	18 864.62	21 701.28	15%
GDP 增量（亿元）		2 836.66	
净出口量（亿美金）	259.83	483.40	86%
净出口增量（亿美金）		223.57	
净出口增量占 GDP 增量比例（%）			63%
净出口拉动 GDP 增长比例（%）			9.45%

资料来源：根据广东省统计资讯网数据计算。

以此方法计算，在广东出口导向达到顶峰的 2007 年，净出口拉动 GDP 增长达到 70%，即 GDP 近 10% 的增长靠净出口。

3. 就业扩大效应

资本集聚带来产业集聚，而产业集聚必然伴随着人口的密集。港澳资本进入，尤其是制造业整体性迁入珠三角地区，拉起了该地区巨大的劳力需求，在产业转移接近完成的 20 世纪 90 年代后期的最高峰时期，港澳厂商在珠三角地区雇佣劳力几乎达到 1 000 万人，是香港制造业最高峰时期雇佣劳工数据的 30 多倍。这就使珠三角地区三十多年来一直是全国吸引外来劳动力最多、集聚密度最高的地区。即使在"前店后厂"已经终结的今天，4 万家港资法人企业，仍然是这个地区劳动力市场的主要吸引者。

香港在把制造业转移到珠三角地区之后，不仅没有出现大规模的失业，而且失业率一直保持为全球较低水准。其主要原因是，为珠三角制造服务的生产性服务业，尤其是贸易相关产业得到快速发展。从数据来看，香港的贸易相关产业、运输业多年来一直维系着香港第一大就业产业的地位。

2003 年以后，内地实施居民港澳自由行政策，2004 年更推动 CEPA 的实施。这不仅为港澳服务商打开了内地市场的大门，更通过自由行政策，把港澳的消费性服务也涉入其中，推动了旅游相关产业的就业大幅上升。截至 2008 年底，"自由行"为香港创造了 43 200 个职位。以 2012 年数据看①，香港和珠三角地区与制造、消费直接相关的贸易、批发零售（81.4 万人），运输、仓储、邮政快递（16.7 万人），住宿饮食（27.4 万人）等服务行业，约占香港全部就业人口（266.5 万人）的 50%。

自由行政策拉动澳门本地就业的动力尤甚香港。自 2003 年以来澳门就业市场一直处于十分紧缺状态，不得不大量引进外来劳动力。目前的澳门就业人口中，12 万为外来人口，占澳门 30 万就业人口比例的 1/3 以上。

与此同时，由于港澳服务商进入内地市场，分别为三地的就业市场带来增量。根据 2010 年香港政府就 CEPA 对香港经济的影响所做的第二份评估报告，因 CEPA 而进入内地的香港服务商，在内地雇佣的员工总数在 2009 年底达到 4 万多人，而香港服务商因 CEPA 扩大在香港的雇佣人数则为 4 400 多人（不包括自由行部分）。

资本集聚也必然带来资本收益。虽然大珠三角地区已经进入了城市相互间资本多向流动的阶段，但是从资本存量看，这仍然没有根本性地改变香港是这个都会区的资本运营中心的地位和目前资本运动的基本方向。因此，香港必然也是地区的收入流量集聚与获取资本收益最多的地区。

---

① 香港特别行政区政府统计处. 香港统计年刊（2013 年版）[EB/OL]. (2016 - 06 - 20). http：//www. statistics. gov. hk/pub/B101000320143AM13B0100. pdf.

一般来说，资本收益可以从地区的国际收支表中得到测量。可是国际收支表往往只能反映地区资本收益的总量，不能具体测算其来源地。因此，通过香港的对外收入流量状况，可以观察到具体的收入流量地区来源。从2012年的资料看，香港整体的对外收入流量净值为正数，即香港是吸收收入流量的地区。但是，如果具体到收入流量的来源地，我们会发现，香港对所有的欧美国家，其净流量为负数，也即西方国家是香港收入流量的吸收国；仅有内地对香港收入流量为正数。2012年香港的收入流量净值约为435亿港元，其中内地的净值就达到1 820亿港元（见表9），占当年香港GDP的9%，内地是香港收入流量的最大吸收来源地彰显无遗。如果按照珠三角地区吸收的香港直接投资为内地四到五成的比重计算，则香港来源于珠三角地区的收入流量可达900亿港元。

表9　2012年香港对外收入流量净值

（单位：百万港元）

	流入	流出	净值
总体	1 069 181	1 025 697	43 484
其中：内地	461 846	279 754	182 092

资料来源：香港政府统计处。

（二）产业整合推动的结构转换效应

大珠三角地区过去的三十多年已经完成了以制造业为核心的第一次产业整合大浪潮，以服务业为主要载体的第二次产业整合则正在进行。

第一次产业整合的浪潮是由港澳制造业向珠三角地区转移，以"前店后厂"为合作模式的产业整合。20世纪由港澳制造业向珠三角地区大规模的产业转移，为香港经济的结构转换提供了提升的动力。这个时期是香港经济转型最为迅速的阶段。香港把制造业转到珠三角地区，且在这个地区复制了数十倍于"香港制造"的"珠三角制造"，由此带动了对国际航运、贸易、金融、广告及会计服务的巨大需求，使香港逐步发展成为集聚先进生产性服务业（APS）的全球城市，生产性服务业取代了制造业成为香港经济增长的主要引擎。服务业的集聚使香港成为国际贸易、国际航运物流、国际金融与国际旅游四大中心，并崛起为服务业竞争力仅次于美国的高度发达的服务经济体。

与此同时，香港制造业的进入，开启了广东尤其是珠三角地区的工业化进程。短短的三十多年间，工业化的推进使得广东尤其是珠三角地区的第一产业比重从 1978 年的 27%，直线下降为 2010 年的 2.1%；而第二产业在 2005 年占比达到 50.6%，第三产业则在 2005 年以后开始加速发展，2010 年上升至 48.6%（见表 10），2012 年则为 51.6%。

表 10　珠三角地区 1990—2010 年经济结构变化

年份	1990	1995	2000	2005	2010
第一、第二、第三产业的比例	15.3:43.9:40.9	8.5:48.7:42.8	5.4:47.6:42.8	3.2:50.6:46.3	2.1:49.3:48.6

　　资料来源：广东省统计资讯。

　　珠三角地区的经济结构转换与港澳之间的产业整合高度相关。2000 年以前，珠三角地区的工业化由"前店后厂"的"厂"作为引擎，导致了经济体系中第一产业的下降与第二产业的上升；在制造业进入珠三角地区的同时，港澳服务商也开始了跟随进入，拉起珠三角地区现代服务业的发展。

　　2004 年以后，由于 CEPA 的签署实施，开启了大珠三角地区的第二次产业整合。内地服务市场的开放，极大地扩张了香港服务的市场空间和经济腹地，促使港澳服务商加快了进入珠三角地区的步伐，并由此逐步形成港澳与珠三角地区新的产业整合与互补关系。此时恰值珠三角地区从工业化开始进入后工业化及服务经济化的阶段，服务业开始逐步替代工业，成为珠三角地区经济发展的主要动力源。

（三）区域相互渗透的市场扩张效应

　　港澳制造业突破关境限制进入珠三角地区，在更大规模与范围上复制第二代的"香港制造"，即"珠三角制造"，并且以低成本极大地开拓了国际市场；而通过"珠三角制造"，珠三角地区以港澳为中介，进入了需求潜力巨大的国际市场。这种市场扩张效应是大珠三角地区的第一次产业整合中，由港澳与珠三角地区协同扩展的结果。也就是说，第一次产业整合，大珠三角地区的市场扩张效应体现在国际市场的扩大上。

　　第二次产业整合的市场扩张效应，主要体现在国内市场的扩大上。2003 年 CEPA 的签署，2005 年中央政府给予广东实施 CEPA 的"先行先试"措施，为港澳服务商提供了巨大的内地服务市场。2003 年内地公民"自由行"政策实施以后，更把内地与珠三角地区的消费性市场需求导入港澳地区，极大地扩张了港澳地区的内部市场需求。也就是说，CEPA 的逐步开放，不仅涉及港澳地区主要服务业的自由进入，以及服务要素与资源流动引发的空间重组，而且把医疗、教育、养老等社会服务领域均涵盖其中。而内地居民"自由行"则数倍地扩张了过去仅涉及港澳地区本地消费需求的市场。尤其是把中国规模最大的区域性内销市场——广东部分地纳入其中。①

由此，2003 年"自由行"以后的市场扩张效应，首先表现在珠三角地区居民消费行为与结构的变化方面。由于大珠三角地区近年城市轻轨的突飞猛进发展，"自由行"则开放了珠三角地区居民进入港澳地区的限制。目前，珠三角地区的中产阶层消费出现了两极化现象，即高端消费，尤其涉及国际品牌的消费（目前这个消费业已发展到食品与保健用品等）在港澳，中端及日常消费在广州。这使过去相对隔离的港澳与珠三角地区的消费市场，开始有机地统合为一体。

其次，CEPA 与内地居民"自由行"为港澳地区带来极大的收益。从2005 年以来香港的服务贸易顺差看，旅游服务是近年发展最快的服务业，也是香港获取贸易顺差的主要来源。2012 年仅来自旅游服务、运输服务的顺差，就占香港本地生产总值的 11%。

澳门从内地居民"自由行"中获取的市场扩张与收益表现更甚。2011年澳门的服务出口中，96% 来自非本地居民在澳门的消费（包括博彩、住宿、购物等），即旅游服务出口。从此资料计算，2012 年澳门服务贸易顺差占本地 GDP 的比重高达 78.4%；以 2011 年 96% 来自非本地居民在澳门的消费的数据计算，则有 75% 的 GDP 来自博彩旅游。根据统计，进入澳门的旅游人口六成以上为内地特别是及珠三角地区居民，我们则可以以此初步推断，"自由行"创造了澳门当年 GDP 的 45%。

（四）经济集聚的协同与扩展效应

三地产业集聚引致的协同扩展主要体现在资本总量、贸易总量以及经济总量在全球中所占地位。

在资本总量上，大珠三角地区占中国国土面积的 0.6%，人口不到5%，2012 年却集聚了中国外资直接投资存量（包括香港数据）的 50%

---

① 从规模看，广东省远超过北京、上海、江苏、浙江等经济发达省份，不仅是全国第一的消费大省，也是全国第一的流通大省和名副其实的全国商贸中心。社会消费品零售总额连续 31 年排全国首位，占全国国内消费品市场 11% 以上的比重。资料来源：广东省人民政府发展研究中心；汪一洋.广东发展蓝皮书 2013 [M].广州：广东经济出版社，2013.

（珠三角为2 988亿美元，香港累积的存量13 015亿美元）。在全球外来直接投资存量21万美元中，香港与珠三角地区的总和，占全球FDI存量的7.6%。而在直接投资的流量方面，香港作为全球的投资中心，2012年在全球排位FDI流入量为第三，流出量为第四。如果把珠三角地区的流量相加，则FDI流入量为985亿美元，占全球比重为7.3%，排名全球第三；而FDI流出量则合计为882亿美元，占全球比重为6.3%，超越内地（840亿美元），排名也是全球第三（见表11）。由此可见，大珠三角地区是全球最为重要的资本集聚与扩散中心之一。

表11　2012年粤港直接投资流量占全球比重

（单位：亿美元；%）

	直接投资流入量	直接投资流出量
全球	13 510	13 910
香港	750	839
广东	235	43
粤港合计	985	882
粤港占全球比	7.3	6.3

资料来源：《2013年世界投资报告》；《广东外经贸发展报告2012—2013》。

在贸易总量上，2012年大珠三角地区的对外货物贸易占中国商品对外贸易（包括香港、澳门数据）的比重分别为：出口45.6%，进口45.9%，是中国最大的货物对外贸易地区；而占世界货物贸易比重分别为：出口5.5%，进口5.2%。其贸易总量在全球排在德国之后，超过日本，是全球第四大对外贸易经济体（日本出口为7 985.67亿美元，进口8 858.45亿美元，排在德国之后名列全球第四）。

其中服务贸易方面，2012年大珠三角地区服务贸易占中国（包括香港、澳门数据）比重分别为：服务出口59.1%、服务进口为37.5%；而分别占世界服务出口的4.5%，服务进口的3.3%。在全球服务贸易排名中超过印度（印度出口为1 476.14亿美元，进口为1 251.44美元），排在服务出口的第六位，进口的第七位。也就是说，大珠三角地区也是位居全球前列的服务贸易经济体。

在经济总量上，广东的GDP总量连续25年位于全国第一，占全国总量的11%；珠三角地区则占全国总量的9.2%。整体的大珠三角地区（包括香港、澳门）2012年GDP总量达到10 659.5亿美元，在全球2012年

GDP 国家排名中，仅次于排位第 15 位的韩国（11 700 亿美元），其经济总量排在全球的第 16 位。

（五）竞争与制度示范的间接效应

不同经济体之间的经济合作，在直接效应上可以通过计量得出判断与推论。然而，合作产生的效应不仅有直接的方面，也有间接的方面。事实上，间接效应更具有长期性与战略性的意义。

"一国两制"下的大珠三角经济区，实际上是港澳与珠三角地区之间市场开放，引致资本、人员与要素等资源在整个区域中自由流动，优化配置的结果。市场开放、三地企业的相互流动，不仅会在区域市场形成竞争机制，打破区内某些市场（尤其是珠三角地区的服务市场）因封闭、保护或行政权力导致的垄断格局，也极大地激发了市场的活力，扩张了市场的容量，加速了整个区域产业的现代化和国际化进程。这就是经济学所称的"鲶鱼效应"，即竞争效应，这也解释了大珠三角地区一直维系着中国最具市场活力地区的原因。

大珠三角地区也是中国市场化程度最高与市场体制最为发达的地区。其原因在于，港澳与珠三角地区的经济整合中，香港的高度市场化与国际化的经济体制，对区内产生的"蝴蝶效应"，即示范效应。由于港澳与珠三角地区的市场成熟度有较大的落差，港澳厂商，尤其是服务商的进入，不可避免会面临着巨大的制度摩擦。而消弭制度摩擦的关键，就在于珠三角地区不断地复制香港的市场制度，以及规范的国际标准的营商环境。这本身就为珠三角地区的企业以及管理部门提供示范作用，并推动珠三角地区的市场制度不断走向完善。

竞争与制度示范效应在大珠三角地区不仅仅发生在微观的市场领域，更可扩展到三地之间的制度竞争与借鉴。大珠三角经济区与世界其他的跨境经济区最大的不同，就在于这是一个两种制度的经济区。大珠三角地区的区域经济整合过程，也就是两种制度的相互竞争、相互借鉴，发挥各自所长与优势的过程。因此，这两种制度之间的竞争与示范，可以说是大珠三角经济区成为全球最具经济活力区域的基础。

参考文献：

［1］潘卡吉．盖马沃特．下一波世界趋势［M］．王虎，泽．北京：中信出版社，2012.

［2］DECOVILLE A，DURAND F，SOHN C，et al. Spatial integration in

European cross – border metropolitan regions：A comparative approach ［J］.
Liser working paper，2011.

　　［3］澳门统计暨普查局. 澳门 2012 年年鉴［DB/OL］.（2014 – 02 –
11）. http：//www. dsec. gov. mo.

　　［4］广东省对外贸易经济合作厅. 广东外经贸发展报告（2012—
2013）［M］. 广州：广东人民出版社，2013.

　　　　　　　　　　　（本文原载于《澳门理工学报》2014 年第 4 期）

目前粤港澳经济合作的阶段性特点分析

　　粤港澳区域经济的合作发展与持续深化，与三地政府的合作推进密切相关。尤其是 2010 年、2011 年相继签订的《粤港合作框架协议》与《粤澳合作框架协议》，作为具有法律地位的中国次区域性合作协议，指导三地政府组成合力，通过政策与措施的配合，逐步达成共同的合作目标。但是，不可否认的是，区域合作的深层经济原动力是粤港澳三地经济更紧密合作的主要原因。粤港澳区域合作并非三地经济总量的简单相加，而是通过三地之间的经济互动，内在连成一体的最终结果。换言之，目前粤港澳三地合作构成的空间布局与分工，如香港作为全球城市所集中的金融网络与先进服务业，澳门作为世界级博彩旅游城市而汇聚的休闲娱乐服务，以及走在"中国制造"、中国市场前列为港澳服务业提供广阔腹地的"珠三角制造"与市场，均是粤港澳三地深度合作的结晶。

　　从经济学的视角来看，区域经济的深度合作，意味着产业分工与集聚超越了单一地区边界，人口、资金、技术、信息等要素在相邻地区之间相互流动，从而产生区域经济群体的产业整合。这种产业整合最终将分散的地区连成一个整体，各类要素或流量在这个整体中的不同地区间集聚与扩散，形成不同地区间相互配合的经济功能分工与布局。这个过程具有空间一体化与功能一体化的特点，其本质是地区之间经济的深度合作。因此，珠三角地区与港澳之间从"前店后厂"的产业空间配置，到形成今天的资源、要素在地区间流动的网络形态，应当是粤港澳合作走向全方位发展的必然结果。

　　精准把握近年来粤港澳之间各种要素与资源相互流动的特点和走势，是继续推进粤港澳深层次经济合作、规划未来发展方向的基础与前提。为此，本文将依据近年来三地间的人员、商品、服务及资本流动的数据，以及三地政策性要素的变化，做出阶段性的走势分析。

一、人员多向流动成为三地最主要的流动内容

　　城市间首要的要素流动是人口流动，人是最具经济效益与投资效益的

流动要素。企业之间在不同城市的商务活动联系,企业内部在不同城市的经济联系,主要是通过人的流动实现的。人口流动也是大珠三角城市群中最主要、经济效益最高的要素流动。

以 2014 年数据来看,跨境的人口流动超过 16 361 万人次(表 1),其密度为大珠三角城市群人口(珠三角地区约 5 700 万,香港约 727 万,澳门约 61 万)的 2.5 倍。可见,港澳与珠三角地区之间,已经成为人员相互流动的密集地。这也是珠三角地区连接港澳的陆地口岸成为全球最繁忙口岸的原因之一。值得注意的是,大珠三角地区已经从以往港澳人员向内地的单向流动,开始向多向流动转变,且向香港、澳门的人员流动增速远远高于港澳人员向内地的流动增速。

表 1　2014 年珠三角地区、港澳之间的人流水平

从珠三角地区进入香港	4 725 万人次	占珠三角人口的 82.9%
从澳门进入香港	100 万人次	占澳门人口的 163.9%
从珠三角地区进入澳门	1 863 万人次	占珠三角人口的 32.7%
从香港进入澳门	524 万人次	占香港人口的 72.1%
从香港进入珠三角地区	6 972 万人次	占香港人口的 959.0%
从澳门进入珠三角地区	2 177 万人次	占澳门人口的 3 568.9%

注:本表仅作单向的入境人流统计,因出入境是双向的,故边境口岸的人流次数应为本表人次的两倍。由此可见三地口岸的人员流动之多。此外,珠三角地区进入香港与澳门采用的是内地从双方陆地口岸进入数,而非从港澳机场进入数。因为陆地口岸进入一定要利用珠三角的各种设施,与珠三角地区相关联。同理,港澳人员进出珠三角地区也是以陆地口岸为主,并没有把从港澳机场进入算入。

资料来源:《香港统计年刊》(2015 年版);香港特区政府统计处;《澳门统计年鉴 2014》。

粤港澳城市群这种人员多向流动的物质基础,是三地间跨境交通设施的不断完善,极大地缩短了三地之间的物理距离;政策基础则是三地口岸管理的放宽与便利化措施,以及内地的“自由行”政策,促进了人流的多向尤其是向港澳的流动。人员流动的结果与影响主要体现在以下五个方面:

第一,粤港澳之间人员作为经济要素的流动,反映了珠三角地区之间跨境商务、技术与研发、文化与信息交流活动的活跃与发展。物理距离的缩短使得三地的企业、科研机构与大学、文化机构之间的商务、科技与专

业人员因不同地区需求引致的流动加深。以这种流动形成城市群信息网络，是最具经济效益的。目前，在大珠三角地区跨境的一小时交通圈内，大量的专业服务已经无须在地的商业存在，而是以跨境人员进入当地提供在地服务。但目前在全世界范围内对专业化人员跨境的"自然人流动"都缺乏科学统计的工具与方法，因而暂时还无法计量这个庞大人流的经济效益。

第二，双向流动，尤其是"自由行"带动的向港澳地区人流的快速增加，主要是内地居民进入港澳购物、旅游。作为内地消费市场最先成长的主力地区，广东尤其是珠三角地区消费的崛起，不仅促进了港澳购物、休闲旅游行业的发展，更在近年来逐渐使粤港澳这个跨境城市群的商品与消费市场趋于一体化，从而使城市群中消费市场功能的空间分工与互补关系开始显露。仅从目前珠三角地区不少居民"高端消费在港澳，中等消费在广州，一般消费在本地"的消费区域选择偏好，就不难看出港澳已经成为这个城市群中的高端消费市场。这个功能性的分工推进了香港作为全球品牌代理、分销中心的发展，提升了澳门世界级博彩旅游中心的地位。

第三，人员向港澳地区流动不仅标志着内地消费市场的崛起、港澳市场成为珠三角高端消费市场的组成部分，更意味着在珠三角地区跨境电商的推动下，港澳港口、航空与电商深度结合，港澳运输物流的主要内容与方向发生了根本性的变化。即从过去的主要服务于内地加工制造需要，把商品从内地运往国际市场，转变为现在的服务于内地消费市场，把商品从外部的世界市场通过珠三角地区引入内地。这不是一种单纯的商品买卖关系的转变，而是港澳与珠三角地区之间新供应链关系的萌芽。在粤港澳的深度合作下，将会产生全新的商业模式与物流方式。

第四，内地人口向港澳流动的快速上升，不仅给香港、澳门带来了巨大的经济利益，也对港澳两地的经济结构产生了不可忽视的影响。首先，两地作为服务经济体，其服务贸易结构产生了质的变化，尤其是香港。2013 年香港服务出口中，旅游服务占比从 2010 年的 20.9%，快速上升至 37.2%，超越了运输服务（2010 年占比 28.2%，2013 年为 29.8%），成为最大的服务输出部门。其次，旅游顺差成为港澳服务顺差的最大来源，香港 2013 年的旅游顺差值达到 1 373 亿港元，占全部顺差的 60%，澳门的旅游顺差更占全部服务顺差的 93%，而两地旅游顺差的唯一来源是对内地的出口。因此，从 2013 年起，香港地区服务顺差的来源地也就从过去的美国、英国转变为祖国内地。因此，人员流动的加速不仅引发了地区收入流量向港澳流动，更导致港澳两地的经济结构发生了变化。2013 年全球服务贸易总量中，旅游服务的平均占比为 24.8%；而港澳的数据远远超出全球平均水平。香港旅游出口占比为 37.2%，进口占比为 28.2%；澳门旅游出口占比为 96.6%，占服务贸易进出口总额的 82%。由此可见，港澳地区已经成为全球旅游服务最为密集的地区之一，而内地成为两地服务贸易最大顺差来源地的事实，在某种程度上凸显了港澳在粤港澳城市群中的购物、休闲城市的功能定位。

第五，人员流动也在某种程度上显示了珠三角城市之间跨境的就业、居住空间分布。这种状况在澳门与珠海之间尤为明显。在澳门外来劳动人口已经接近总人口的三成，且大多外来劳动力来自内地的情况下，边境 24 小时的通关便利化措施，产生了居住在珠海、就业在澳门的跨境人口流动。这种状况不仅决定了两个城市的空间分工格局，促进了澳门与珠海消费市场一体化的发展，也推动了两地房地产市场的结合与趋同。目前，港澳地区与珠三角地区大城市房地产市场一体化的逐步推进，在深港、珠澳之间尤为明显。

二、跨境货物贸易减缓下的商品流动

粤港澳之间的产业在大珠三角地区的空间布局与分工，形成了三地十分紧密、互为最大贸易伙伴的关系。过去三十多年在全球化浪潮下形成的"前店后厂"产业分工格局，不仅在广东与港澳之间形成数量庞大的商品跨境流动，共同构筑了面向全球商品市场的加工与贸易基地；也使"珠三角制造"的市场面向世界，由香港所主导，澳门参与其中。

2008 年以后，受全球金融海啸冲击及内地消费结构升级等因素的影响，内销市场成为经济转型的重点与方向。由此，粤港澳三地开始了市场转换的努力，由单一的外部市场转向内外市场双线拓展的发展格局，且内销市场的增长大幅度超越了对外部市场的拓展。这种走势影响所及，不仅是三地的商品跨境流动，更是三地产业跨境的空间分工格局的变化。

首先，"珠三角制造"，包括港澳厂商在珠三角地区制造的内销比率大幅度上升。据笔者 2014 年年底在港资企业最为密集的东莞进行的问卷调查发现，已经有 87% 的港资企业从事内销，且大部分企业兼具出口、内销与转厂的多种销售形态；港资企业内销均值达 35%。珠三角制造近年来内外市场一体化的走势，不仅造就了香港主导外部市场、广州主导内销市场的城市分工格局，更造成了三地之间因世界市场萎缩而商品跨境流动规模增长减缓的态势。因此，三地的货物贸易相互比例增长平缓。

其次，香港近年来服务贸易中最大的逆差——制造服务进口的绝对值呈现持续下降的走势。香港进口内地的制造服务从 2011 年的 1 395 亿港元降为 2013 年的 1 160 亿港元，比重由占香港从内地进口的 55.8% 降为49.2%。这个走势不仅反映在绝对值的下降，更表现为制造服务进口的相对值（在香港服务总进口中比重）的大幅缩减（表2）。

表2　制造服务进口占香港服务进口的比重变化

（单位：%）

年度	2003	2010	2011	2012	2013	2014
比重	39.5	27.2	24.1	23.4	19.9	19.8

资料来源：《香港统计年刊》（2015 年版）。

与此同时，香港从内地进口工业中间产品运往东南亚等地加工制造的业务开始抬头。这可以从广东出口的商品中，机电配件数量持续上升得以部分佐证。2014 年由广东经香港地区输往东南亚或其他地方进行转口加工的货品达 8 984 亿港元之巨，为 2009 年的 1.5 倍。这预示着在广东制造持续提升的基础上，粤港澳之间产业分工格局变化的新可能性，即从香港接单、组件进口，进入内地加工再由香港出口的分工，转变为香港接单、从内地进口组件，进入东南亚等地加工再出口的新分工。香港航运中心的作用，开始向内地尤其是广东与东南亚等地之间的组件与加工基地的转运、配送中心转型。

再次，珠三角地区港口设施持续完善与珠三角制造升级转型的加速，对香港的港口服务产生了相当的替代效应，致使香港从实体的货物进出口贸易中心，日益转向全球贸易营运与管理中心。这也是近年粤港澳之间货物贸易相关比例增长呈逐步平缓态势的重要原因。

以 2014 年三地的货物贸易相互占比来看（表3），香港仍然是广东最大的贸易伙伴。其中广东对香港的出口维持着快速增长的势头，反映出广东对香港出口市场具有较大的依赖性。然而，因广东对香港进口近年来增长放缓，以及广东出口市场多元化的扩张，虽然香港一直维持着广东出口三分天下的比例，但是其贸易总量占广东的比例开始呈下降走势。而澳门在博彩业急速坐大、制造业急剧萎缩的情况下，在广东货物贸易中的比例几乎微不足道。当然，尽管如此，广东还是内地与港澳贸易关系最为密切的地区。

粤港澳合作篇

表3　2014年广东与香港、澳门货物贸易相互占比

（单位：%）

香港与广东		澳门与广东	
香港在广东货物贸易占比	21.8	澳门在广东货物贸易占比	0.2
广东对香港出口的占比	35.5	广东对澳门出口的占比	0.3
广东自香港进口的占比	1.4	广东自澳门进口的占比	0.08

资料来源：广东省统计局；香港政府统计处；澳门统计暨普查局。

最后，三地的货物贸易中，广东及内地其他地区从港澳进口的比重十分微小，这种贸易结构集中反映了粤港澳三地的产业分工布局，以及共同组成全球重要出口基地的事实。然而，需要注意的是，这种贸易结构，并不能真实地反映港澳地区流入广东及内地其他地区的商品实际数量。近年来，内地"自由行"带来的大量人流，以跨境购物消费的形式列入服务贸易，掩盖了其实质等同于港澳两地对内地的货物出口的事实。这仅从香港持续增长的进口货物（2010—2014年以年均7%比率增长，超过出口的增长率）中，本地留用比例仅占三成，而澳门近年来进口数倍于出口的增长，2014年进口为出口的九倍以上，就可见一斑。

由此可见，三地货物贸易增长的减缓，并不表明商品跨境流动数量的实质减少，只不过这种商品流动计入了三地的服务贸易之中。也就是说，中国制造向中国市场的转变，以及内地市场巨大需求的崛起，在很大程度上是由服务贸易中的人员流动、跨境消费实现的。在三方货物贸易减缓、服务贸易大增的状况下，港澳如何在内地规模巨大的内需市场中，提升优化香港的国际产品代理、营销与品牌服务中心功能以及澳门的娱乐品牌推广的经济功能，十分值得探讨。此外，香港作为国际贸易中心、生产全球化下引领珠三角制造走向世界的中介，在内地跨境电商物流、海淘推动的全球化零售潮流中，将面对巨大的转型挑战。

三、服务跨境流动大幅增长与城市功能的跨境空间布局

在货物贸易总量增速减缓的同时，三地间服务贸易则呈现大幅度上升的走势。粤港间服务贸易2003—2013年增长了9.98倍，年均增速25.9%，远超同期广东服务贸易总量扩张7.74倍、年均增长24.2%的速度。"十二五"时期，内地与香港已经成为相互最大的服务贸易伙伴。香港在内地服务贸易中占据29%的比重，在广东服务贸易中占比则超越半壁江山，是香

港在广东货物贸易比重的2.5倍。占据2013年澳门服务出口97%比重的旅游业，超过65%的游客来自内地，而仅珠三角地区的游客就占据了内地游客的44%以上。这充分显示了广东与港澳之间最为重要的经贸关系并非商品贸易，而是服务贸易。

（一）粤港澳三地服务跨境流动的加速，凸显了三地之间的经贸关系开始从侧重货物流动转向以服务流动为主的阶段性特征

对比2013年粤港、粤澳之间的服务贸易结合度指数和货物贸易结合度指数，就可以看出其走势端倪（表4）。如果深究近年来推高粤港澳之间服务贸易结合度的主要因素，可以得出的共同判断是内地人员对港澳地区流动的爆炸性增长。这种增长带动了旅游业成为当地服务跨境贸易的最大行业，从而推动了粤港澳三地服务贸易的快速发展。虽然随着珠三角服务业的发展，对港澳的其他服务一直在持续增长，但是，跨境的购物、旅游需求仍是当前内地跨境服务需求中增长最为显著的部分。这种需求增长的速度，使得其他的服务需求增长相形见绌。不难看出，三地之间稳定持续的人员相互流动，尤其是内地人员对港澳地区的流动，是三地服务贸易结合度维系高水平的主要因素之一。

表4 2013年广东与香港、澳门的货物、服务贸易结合度指数

项目	粤港	粤澳
货物贸易结合度	12.5	5.1
服务贸易结合度	29.3	NA*

注：*广东没有专门公布与澳门的服务贸易数据，澳门也没有服务贸易的国家、地区构成统计。

资料来源：根据《广东商务发展报告（2013—2014）》《香港统计年刊（2014年版）》《澳门统计年鉴2014》数据计算。

（二）三地跨境服务流动的主要内容，实际上反映了三地城市的跨境分工发展，以及城市的不同经济功能定位

2014年香港服务贸易顺差的最大来源为旅游业，其顺差来源地是内地；香港服务贸易最大逆差则是进口外发加工的制造服务，即进口广东的制造服务。前者凸显了香港作为内地的旅游、购物目的地的地位；后者则体现了粤港两地制造与服务的不同空间分工，以及香港作为全球生产供应链网络的营运枢纽地位（包括资金融通、销售网络及专业服务）。

从广东对香港的服务流动来看，广东从香港获取服务顺差的最大部分为加工服务的出口（工缴费）和运输服务，最大逆差为旅游、专有技术权利使用费和特许费。顺差不仅凸显了广东一直维系的全球加工制造基地的定位，更显示了珠三角服务业的崛起，尤其是运输服务对香港的替代。需要指出的是，香港的运输服务至今为止一直维系着整体的顺差地位，而仅是对广东部分出现逆差。这反映出香港作为全球的航运中心仍占据优势，但对广东已经不占优势。在广东对香港的服务逆差方面，香港作为广东的境外购物、高端消费市场的地位不言而喻。此外，香港作为广东经济与制造的主要海外"引技""引智"（以专有技术权利使用、许可费为代表）的国际平台的地位也彰显无遗。

近年来，人们在看到澳门通过对内地尤其是广东提供的大量旅游服务，凸显出其珠三角城市群中国际旅游休闲中心地位的同时，往往忽略了澳门金融业对广东及内地其他地区的作用。实际上，2002—2013 年，旅游顺差作为澳门经济的主要支柱，其绝对数额增长了 11 倍；比这个数额增长更为惊人的，则是澳门金融业顺差的增长，其同期增长达到 80 倍。据澳门金融管理局提供的数据，近年来澳门金融的主要服务对象是内地尤其是广东的企业融资。由此，澳门在粤港澳城市群中的金融提供者地位也不容小觑。

（三）粤港澳服务贸易近年来的大幅度上升，其背后的主要原因是粤港澳之间的资本流动，开始从过去的偏重制造业向以服务业为中心过渡

从 2008 年起，广东省吸引的外资中，服务业的增长速度远远超过制造业，近两年更以双位数增长。2013 年广东制造业外资进入增长率为 2.1%，服务业则为 17.6%。2014 年广东制造业外资进入的增长率为 2.6%，服务业则为 13.7%。这个走势的最终结果是珠三角地区的港资制造商数量大幅缩减、港资服务商数量持续上升。以 2014 年年底数据看，港资制造商从 21 世纪初的 5 万多家减少至约 2 万家，仅为 2005 年的 40%；而港资服务商则上升至 2.5 万家，占全部港商比例达到 53%。三地服务资本流动总量的持续加大，是跨境服务流动以及相互间服务商业存在不断扩张的推动力。在这个过程中，香港仍然占据主导地位。

概言之，从深层经济原动力来看，粤港澳之间货物贸易的增长速度减缓，而服务贸易速度加快；跨境的服务贸易结合度指数上升、跨境的服务业投资持续增加的走势，显示了粤港澳之间服务贸易与服务业的合作已经并持续成为粤港澳经济深度合作的主要内容与动力源。

（四）制度推动下服务贸易自由化全面合作起步

制度性因素一直以来都是粤港澳合作的重要推动因素。自粤港澳前期合作的主要模式"前店后厂"逐渐解体以来，服务市场的开放与合作就是粤港澳走向全方位合作的主要内容，而服务市场的开放更依赖于制度作为合作要素。

通过 CEPA 系列补充协议，广东对港澳地区进一步开放服务市场。自2003 年内地分别与香港、澳门首次签署《内地与港澳关于建立更紧密经贸关系的安排》（CEPA），2008 年中央政府赋予广东 CEPA "先行先试"的权力以来，2011—2013 年，内地与港澳分别签署并颁布了 CEPA 补充协议八、补充协议九、补充协议十，其中内含了多项广东先行向港澳服务业开放的具体措施与政策，使广东对香港的先行先试开放达到 79 项，对澳门则达到 68 项。

总体而言，目前在服务领域的 160 多种产品中，广东已经开放的服务产品为 153 种，其开放的广度超过 95.6%，且有 58 个部门完全实现国民待遇，开放深度达到 36%，由此推动了一批港资服务商进入广东市场。

2014 年 12 月，广东更分别与港澳签订了三地基本实现服务贸易自由化的协议，这是内地首次以准入前国民待遇加负面清单方式与香港签订的服务贸易自由化协议，加深了服务市场对港澳的开放深度。

一个国家或一个地区服务业的开放，意味着经济与社会的全方位开放。这是由服务业的特点与范畴决定的。服务业不仅涉及经济层面的产业，如产业上游的产品研发、设计与技术专利，下游的商标、广告、营销网络，以及贯穿产业链条的金融、会计等；更涵盖上层建筑和社会领域的法律、教育、医疗以及环保等。因此，粤港澳之间的服务贸易自由化，将不仅是产业的合作，更包含这个城市群的社会、文化等的深度合作，以及优质生活圈的创造。也只有在这个基础上，粤港澳城市群才能真正成型。因此，服务贸易自由化的实现，将会是粤港澳城市群从雏形走到成型、发展再到成熟的关键。

四、资本流动的绝对单向性与香港的全球城市功能

实际上，粤港澳之间经贸关系的本质是三地之间由投资形成的产业空间关系。从根本上看，大珠三角地区资源与要素在城市间的流动，在很大程度上是由企业在这个地区的投资带动的，并由此构成城市间跨境的空间

经济联系。

随着"前店后厂"的跨境产业分工模式逐渐式微,香港作为全球加工贸易基地提供生产性服务的功能逐步下降,内地尤其是珠三角地区企业则快速增长,居民收入、储蓄与财富亦在逐步积累。上述因素伴随着内地市场的持续开放与体制改革,推动了大量内地企业在香港上市,公司以商业存在进入香港,以及人员、企业、资金、信息等相互流动,促使香港逐步从服务于离岸与跨境生产基地的生产性服务中心,向先进全球化服务业集聚的全球城市发展。

围绕着内地的巨大需求以及跨国企业进入内地速度加快的态势,香港的金融、会计、法律、广告及顾问咨询等,形成了全球化的金融体系及专业服务网络,成为大珠三角地区城市群中最为重要的全球资本运筹与管理中心。香港作为先进全球化服务的重要节点,其作用并非区域性而是全球性的。这也是近年来香港在全球投资中一直名列世界前茅且排名持续向前的重要原因。

在2014年的全球外商直接投资(FDI)流入量和流出量方面,香港跃升到第二位,更成为内地尤其是广东以及澳门外资引进与对外投资的主要来源地和目的地。2014年,中国成为外商直接投资流入的第一大国,其中72%以上的流入量来自排名第二位的香港。中国香港的直接投资流出量排名在美国之后,位列全球第二,排于中国内地之前,其主要的流出地区就是排名第三的中国内地。香港与内地互为最重要投资伙伴的关系可见一斑。

无疑,在粤港澳之间的相互投资中,香港作为全球城市占据绝对地位。香港是广东的最大外来投资者(占广东外来资本存量的61.8%,2014年流量的63.8%),澳门的第二大外来投资者(占澳门外来资本存量的25.2%,2013年流量的26.4%)。而广东、澳门的第一大对外投资地就是香港(占广东2014年对外投资存量的85.4%,澳门2013年对外投资存量的31.8%)。

然而,广东与澳门在香港的资本流出与流入的存量和流量中均占很小比例。以香港对广东的直接投资占其对内地投资的30%比例计算,则进入广东的香港资本,占其资本存量的比重仅为12%;而广东进入香港的投资占香港当年的资本流入流量的比重仅在3.7%。澳门累计从香港进入的资本存量,更是澳门投资于香港资本存量的13倍以上。这种资本流动的非均衡性、单向性凸显了香港不仅在大珠三角城市群中,更在全球经济中的资本中心地位,且这个地位在未来相当长的时间内不可替代。

粤港澳三地以香港作为资本中心的资本流动,使得香港成了地区城市群中最大的收入流量集聚地。香港通过大量向内地和澳门输出资本而获益。以 2013 年香港国际收支中的资本收益看，香港对所有欧美国家的资本收益的流量为负数（收入流出），最大的流出地为美国、英国，即美欧国家通过向香港投资，获取正的收入流量。对内地的资本收益则录得 2 157 亿港元的收入流入，从而使香港整体的资本收益为正。澳门则在 2013 年录得 789 亿澳门元的资本收益流出，高居澳门当年本地生产总值的 19%。由此可见，内地、澳门是香港资本的最大或主要流入地，同时也是收入流量向香港流出的地区。如果按照珠三角地区吸收的香港直接投资为内地三至四成的比重计算，则香港来自珠三角地区的资本年收入流量可达 700 亿～900 亿港元。

　　香港作为粤港澳地区最大的收入流量吸纳地这个事实，不仅彰显了香港在全球资本流动中的世界级地位，更在一定程度上表明，在大珠三角地区中，虽然某些城市例如广州、深圳的 GDP 总量，澳门的人均 GDP 值，即将超越或已经超越香港，但香港仍然是这个地区的首要城市。因为城市群中首要城市的地位取决于两个指标：一是该城市的经济体量；二是该城市在地区收入流量上的集中与吸聚能力。在大珠三角地区，目前仅有香港具备影响地区收入流量流向的作用。香港具有的这种全球资本配置功能及盈利能力，不仅在大珠三角地区，而且在内地相当长的时间内均无法被其他城市所取代。以香港 2012 年直接投资存量与当年资本所得收入流量，分别粗略计算香港在内地的投资收益与内地在香港的投资收益，则香港投资内地的资本收益为 12.8%，内地投资香港的资本收益则仅有 8.1%。这个数据对比充分反映了香港与珠三角地区资本运营能力的差距。

五、结论

　　粤港澳三地人员流动的激增，不仅成就了港澳购物天堂、休闲旅游的发展，而且在近年来逐步使粤港澳这个跨境城市群的商品与消费市场趋于一体化，更使港澳地区成为全球旅游服务最为密集的地区。

　　三地之间因世界市场萎缩呈现出商品跨境流动规模增长减缓的势头，三地的货物贸易相互比例也是增长平缓，香港服务贸易中最大的逆差——制造服务进口绝对值也呈持续下降的走势。随着珠三角企业持续"走出去"，粤港澳之间有可能从香港接单、组件进口，进入内地加工再由香港出口的分工，转变为香港接单、从内地进口组件，进入东南亚等地加工再出口的新产业分工格局。

与货物贸易总量增长减缓趋向同时发生的，是三地间服务贸易呈大幅度上升的走势。三地之间的经贸关系已经出现从侧重货物流动，转向服务流动为主的阶段性特征。其背后的主要原因是粤港澳之间的资本流动，开始从过去的偏重制造业向以服务业为中心过渡。这显示了粤港澳之间服务贸易与服务业的合作，已经开始并持续成为粤港澳经济深度合作的主要内容与动力源。此外，CEPA 框架下服务贸易自由化的制度性因素，也是粤港澳服务业合作的重要推手。

从三地间的资本流动来看，香港是广东和澳门外资引进与对外投资的主要来源地与目的地。资本流动的非均衡性、单向性凸显了香港不仅在大珠三角城市群中，而且在全球经济中的资本中心地位。这个地位在未来相当长的时间内不被其他城市替代。同时，粤港澳三地以香港作为资本中心的资本流动，也使得香港成为地区城市群中最大的收入流量集聚地。

参考文献：

［1］香港特别行政区政府统计处 . 2013 年香港服务贸易统计［EB/OL］（2016－06－20）. http：//www. statistics. gov. hk/pub/B10200112013 AN13B0100. pdf.

［2］中华人民共和国商务部 . 中国服务贸易统计 2014［R］. 北京：中国商务出版社，2014.

［3］封小云，朱民武，李燕飞 . 经济新常态下东莞外资企业的现状与走势研究——基于问卷调查的分析［J］. 当代港澳研究，2015（2）.

［4］香港特别行政区政府统计处 . 香港统计年刊（2015 年版）［EB/OL］（2016－06－25）. http：//www. statistics. gov. hk/pub/B10100032015 AN15B0100. pdf.

［5］澳门特区政府统计暨普查局 . 澳门统计年鉴 2014［EB/OL］.（2016－06－20）. http：//www. dsec. gov. mo/Statistic. aspx？NodeGuid＝d45bf8ce－2b35－45d9－ab3a－ed645e8af4bb.

［6］广东省商务厅 . 广东商务发展报告（2013—2014）［R］. 广州：广东人民出版社，2014.

［7］香港特别行政区政府统计处 . 香港统计年刊（2014 年版）［EB/OL］.（2016－06－20）. http：//www. statistics. gov. hk/pub/B1010003201 4AN14B0100. pdf.

（本文原载于《港澳研究》2016 年第 3 期）

"十三五" 规划期粤港澳合作深化的思考^①

即将到来的"十三五"规划期是粤港澳合作深化，实现区域合作模式跨越的重大时期。在这个时期，粤港澳三地必须如期完成初步建成世界级城市群的历史使命。2008 年广东省政府发布的《珠江三角洲地区改革发展规划纲要（2008—2020 年）》，明确提出"将与港澳紧密合作的相关内容纳入规划"，把珠三角地区与港澳合作第一次提升为国家战略。随后，粤港澳三方分别签署了《粤港合作框架协议》与《粤澳合作框架协议》，这是粤港澳三方首次共同商议、签署的具法律地位的中国次区域性合作协议。作为指导三方合作的重要文件，粤港澳共同在这个协议中提出了三方合作、建立世界级大珠三角城市群的目标。《粤港合作框架协议》中指出："到本世纪 20 年代，基本形成先进制造业与现代服务业融合的现代产业体系、要素便捷流动的现代流通经济圈、生活工作便利的优质生活圈、国家对外开放的重要国际门户，香港国际金融中心地位得到进一步巩固和提升，建成世界级城市群和新经济区域。"

十年时间打造全球具竞争力的世界级城市群，就是粤港澳三方以框架协议方式，共同达成的合作大战略愿景。首先，大战略必须有阶段性战役。为此，在两个框架协议中，规定 2011 年起的第一个五年，即"十二五"时期，粤港澳三地将围绕 2020 年的终期目标，共同合作创造与奠定粤港澳城市群的基础：而第二个五年，即"十三五"时期，是这个城市群的初步建成期。其次，大战略也需要由点的实验与示范来向面推进。因此，"十二五"规划期广东的前海、横琴与南沙三地成为实现这个大战略的三个新合作平台，且被列入国家战略。

"十二五"规划期的终结，意味着粤港澳合作框架协议中的大战略正进入一个阶段转换期，即第一个五年的终结期与第二个五年的起步期。这个时期恰好与"十三五"规划期叠交。也就是说，"十三五"终期的 2020 年，正是珠三角地区与香港、澳门通过全面融合而形成具有全球竞争力的世界级城市群的这个终期目标完成的重大时期。为此，本文围绕着"十三

---

① 本文系 2015 年广东省人民政府港澳事务办公室委托研究课题"'十二五'港澳合作与目前发展阶段分析"的阶段性成果。

五"规划期粤港澳如何深化合作，完成初步建立世界级城市群的目标，展开下述的探讨。

一、以粤港澳经济转型为基础，形成新的互补合作关系

"十三五"时期是中国进入经济新常态的第一个五年规划期。经济新常态不仅标志着中国经济从过去三十多年的高速增长转为常态增长，更标志着中国经济成长动力的根本性转换，即由要素、资本驱动走向创新驱动。中共中央在"十三五"规划的建议中着重指出，"实现'十三五'时期发展目标，破解发展难题，厚植发展优势，必须牢固树立创新、协调、绿色、开放、共用的发展理念"。要通过"激发创新创业活力，推动大众创业、万众创新，释放新需求，创造新供给，推动新技术、新产业、新业态蓬勃发展，加快实现发展动力的转换"。

创新驱动不仅是中国新常态下动力转换的主要内容，也对粤港澳三地的经济转型、形成深化合作的新互补关系具有战略意义。

1. 转型与发展是目前粤港澳三地面临的共同要求

目前，粤港澳合作进程胶着反复，粤港两地民众群体间存在矛盾冲突，最重要的原因是植根于三地自身经济发展面临转型的矛盾与挑战。在整个"十二五"规划期间，三地经济成长均进入一个下降的通道，就佐证了这一事实。数据显示，广东经济已经从21世纪前十年的双位数高速增长，因其拉动力减缓而进入中速成长阶段；而香港十多年来陷入增长低迷通道；澳门在历经十数年急速成长之后，2014年出现了惊人的大逆转，2015年前三季更取得了-21%的增长纪录，成为全球表现最差的经济区。（见表1）

表1 "十二五"期间粤港澳三地的经济增长率

（单位:%）

	2011	2012	2013	2014
广东	10.0	8.2	8.5	7.8
香港	4.8	1.7	2.9	2.3
澳门	29.4	16.9	19.3	8.1

注：香港数据是以2011年环比物价计算，广东、澳门则以当年市价计。

资料来源：《广东统计年鉴》以上各年度；《香港统计年刊》（2015年版）；澳门统计暨普查局"国民收入统计"。

由此可见，经济成长动力的不足与缺失，成为三地经济发展最大的挑战，也预示着三地已经进入了一个经济转型的重大时期。

经济转型的根本在于破解发展困局，寻求新发展的动力，而新动力形成的关键是创新。创新驱动战略应当成为破解三地发展挑战的首要战略。

从发展阶段看，香港早已跨越"中等收入陷阱"，成为发达经济体。而澳门十多年来的经济高速增长，更使其人均收入进入全球高收入地区的行列。由此，港澳两地进一步发展的路向，应当是知识型经济。不言而喻，发展知识型经济最重要的战略性资源就是人才和知识创新。而广东2014年的人均GDP已跨越1万美元，进入中等偏上收入阶段。通过制度改革创新与科技推动的产业创新，是成功使经济跨越"中等收入陷阱"、走上发达经济阶段的关键。

粤港澳三地各自的经济持续发展与寻求新成长的动力，蕴含着对自身经济转型、重建经济竞争优势的巨大需求。基于这种需求上的三地合作，应是三地在旧有经济互补关系解体下，重新构筑新互补关系，凝聚经济合作共识，深化融合进程，开启新合作模式的关键。如果三地能够从各自经济转型的实际需求出发，去构思新合作的内容，则三地合作与深化就具有长期的战略性基础。

事实上，目前粤港澳均面对自身经济生态体系中需要求解的难题：香港生产性服务业的式微，全球化服务业功能提升的局限；澳门产业"一赌独大"的生态系统危机；广东产业升级的困顿与发展陷阱的跨越。上述难题本身就包含了三地形成合作互补，共同争取市场机遇，加速实现经济转型的巨大利益。尤其是在推进地区性的创新驱动战略方面，粤港澳三地的合作应是大有作为。

2. 合作建立城市群的区域创新生态系统

实施创新驱动战略的前提，是区域创新生态系统的建立。区域创新系统是一个区域内有特色的，与地区资源互动关联、推进创新的制度组织网络。这个网络由企业、研究与开发机构、高等院校、地方政府机构和服务机构代表（融资、人才与技术交易、商会及各类中介服务机构）的创新主体，以及创新主体之间的社会交互作用而构成。网络中的人才与金融因素的互动、制度因素和治理安排对各种创新的形成、利用和扩散具重要作用。

相较而言，粤港澳在创建区域创新系统上各具优势和劣势。港澳的知识产权保护与法治环境提供了一个有利于知识创新的制度安排；香港更有排在世界前列的高等院校，以及各类中介服务机构，这些是香港本地知识创新的优势；而澳门则集聚了大型国际化酒店与娱乐设施，是各类文化创意与内容产品展示的平台；"一国两制"下港澳实行与内地不同的制度，具发达的全球技术、信息联系网络，是两地自由引进世界最先进的一流知识、专利、人才、创意产品及研发机构的有利条件。上述种种都构成了港澳在转向知识经济过程中的长处。

但是港澳地区的产业与企业创新主体缺位，政府机构的参与力度不足，则是其劣势。香港 R&D 多年来主要局限于高等院校而无法落地于产业与企业，造成香港生产性服务业功能的发展乏力；两地政府参与力度的局限（一般来说，科技创新初期因企业规模、资金、承担风险的限制，政府作为主体参与其中，是创新成功的关键。新加坡、中国台湾、韩国均为主导型政府的成功案例），使得港澳虽有较高的人均财富，却仅有很低的 R&D 开支（2013 年中国香港 R&D 占 GDP 的比例仅为 0.78%，与中国台湾、新加坡和韩国相比排名较低；中国澳门更低至 0.04%，几乎是全球最低水平）。这就是港澳创新科技、创意产业多年来无法成功突破、孕育新产业的问题所在。

广东是全球制造中心之一，具有强大的产业与企业实力。在广东的研发投资与活动中，企业占 60%~70%，是主要的创新主体。广东科技市场规模巨大，科技创新的客观需求强烈。政府机构的强力参与，以及具较高的 R&D 强度（珠三角地区比例在 2% 以上，而深圳则超过 4%），技术发明专利数量连续五年排在全国首位，均是其科技创新的强势。但是，广东的高等院校、研发机构、科技人才在国内不具备一流竞争力，科技资源开发能力不强、水平不高，且缺乏科技中介服务机构，以及保护知识产权的制度安排和环境，再加上国内制度的原因，往往受到西方发达国家的技术、创意扩散的限制。上述种种是其劣势。

粤港澳三地在打造区域创新生态系统中的不同优劣，本身存在互补的关系。一方的短缺，恰是另一方的优势，这种互补关系正好反映了三地具有共同发展的利益。在各方无法在短时期内逆转各自劣势，建立独立的区域创新生态系统的情况下，通过合作，建立粤港澳城市群功能空间分工的一体化区域创新生态体系，应当是中国经济新常态下三地经济发展的共同需求。在这个一体化的区域创新生态系统中，香港可以适应广东的产业与企业创新发展的巨大需求，发挥自身的全球网络连接、服务中介完备和知识产权保护的环境优势，发展密集性的知识产业，把知识引进与广东的企业相连接，从而推进香港成为地区性的全球一流知识引进、研发和创新中心；而广东则能够从香港引进大量产业与企业所需的知识、技术资源，通过科技模仿—创新路径，建立地区性全球产业创新基地，促进产业与经济的持续转型升级；澳门与粤港的合作则可以着重于发展创意产品，利用广东的人才因素、香港的金融因素，推进本地文化创意与内容产品发展，通过本地大型国际性娱乐平台向全球推广，成为地区性创意平台与中心。

为此，合作推动与建立区域一体化的城市群创新生态系统，应当是粤港澳合作框架协议进入第二个五年阶段，即"十三五"规划期的重中之重或首要战略。

二、以新供应链构筑粤港澳合作新格局，提升区域综合竞争力

粤港澳三地在生产全球化中构筑的"前店后厂"产业合作格局，在进入21世纪，尤其是全球金融海啸后，因美国主导的经济全球化破局、世界产业版图的重组、内地经济形势变化而逐渐式微。如何顺应全球发展的大势，根据三地不同的分工与定位，重构新的产业链、供应链格局，是三地合作深化的重要内容，也是粤港澳合作在产业格局上的一种源创新。

中国经济转型的变化，使得粤港澳地区的产业分工逐步出现了新的变化，新格局的端倪正在崭露。一方面，过去三地之间通过产业分工，形成的产品走向海外，即商品由内向外的生产销售格局，现在逆转为国际商品通过港澳大量进入内地，即商品由外向内的流动：另一方面，珠三角制造生产也从过去的生产在地、销售在外的格局，转变成通过珠三角企业投资，由港澳延伸海外，即内地企业通过港澳走出去，在外建立生产加工基地的新格局。因此，这种资本与要素、商品在粤港澳三地之间的跨境流动，预示着区域内部新的商品供应链、产业链的空间重组进程正在发生。这无疑将成为粤港澳合作框架协议深化的主要内容。

1. 共同打造零售全球化下的粤港澳商品供应链与物流链

在中国经济急速走向消费型社会，中国制造转向中国市场的大转型时期，由跨境电商、跨境物流与海淘等带动的中国消费，已经大量跨向海外，不仅改变着全球的消费方式，推动新商业模式、贸易方式的发展，更形成了当今零售全球化的新浪潮。

零售全球化在粤港澳地区的主要表现，是内地尤其是珠三角地区居民消费的"港澳化"倾向。首先，这种通过人员流动而出现的境外消费潮流，带动了粤港澳之间的服务贸易大幅增长，使得港澳成为全球旅游贸易顺差最大的服务出口地区。粤港澳三地的服务贸易结合度指数极大地超过了货物贸易结合度指数。

深究近年来推高粤港澳之间服务贸易结合度的主要因素，可以得出的共同判断是内地人员对港澳地区流动的爆炸性增长。由这种增长带动了旅游成为港澳服务跨境贸易的最大行业，从而推动了粤港澳三地服务贸易的快速发展。虽然随着珠三角服务的发展，对港澳的其他服务贸易一直在持续增长，但是跨境的购物、旅游需求是当前内地跨境服务需求中增长最为显著的部分，这种需求增长的速度与幅度，使得其他的服务需求增长相形见绌。由此可见，尽管广东与港澳，尤其是与香港之间各类服务的流动都在增长，但是三地之间稳定持续的人员相互流动，尤其是内地人员对港澳地区的流动，是三地服务贸易结合度维系高水平的主要因素之一。（见表2）

表2 2013年粤港澳货物贸易与服务贸易结合度指数

项目	粤港	粤澳
货物贸易结合度	12.5	5.1
服务贸易结合度	29.3	NA*

注：＊广东没有专门公布与澳门的服务贸易数据，澳门也没有服务贸易的国家、地区构成统计。

资料来源：根据《广东商务发展报告（2013—2014）》《香港统计年刊（2014年版）》《澳门统计年鉴2014》中的数据计算。

其次，珠三角居民消费的境外化，或称港澳化，又使香港与澳门对全球商品进口的数量大增。我们仅从香港持续增长的进口货物（2010—2014年以年均7％的比率增长，超过出口的增长率）中，本地留用比例仅占三成，澳门近年来进口数倍于出口的增长，2014年进口为出口的九倍以上，就可见一斑。

在零售全球化浪潮的推动下，香港航运、航空与物流网络的商品流，已经开始从过去的主要向外流动，即进入世界市场，转变为从外即国际市场采购后向内地流动。这个转变不仅凸显了香港国际品牌代理的地位，更推进了香港国际贸易中心的转型；而澳门也开始通过实体与网络结合的形式，向内地提供葡语国家的产品，壮大其葡语国家经贸平台的地位；广东作为中国跨境电子商务的集聚地（2013年广东的电子跨境商务占全国七成），即深圳的全国跨境仓储、物流网络枢纽，广州的跨境电商总部，以及华南商品集散中心地位，开始成为零售全球化的重镇。

粤港澳三地发挥自身优势，通过深化分工组合，构筑一体化、内外市场链接的国际商品供应链与物流链，共同争夺内地内销市场的巨大商机，将会极大地增强其城市群的竞争力。而目前在粤港澳地区兴起的新商业模式与贸易方式，需要海关、贸易政策，尤其是口岸管理的配合与体制创新，否则，粤港澳三方就无法顺利组合成一体化的内外商品供应链。

2. 粤港澳重构全球生产产业链，推动中国企业走出去

2000年之后，尤其是"十二五"期间，粤港澳"前店后厂"的产业链出现了根本性的变化。一方面，珠三角制造的转型升级速度加快，使得以港商为主体的加工贸易大幅缩小，"前店后厂"荣景不再。与此同时，港资制造商的数量呈现持续减缓。2014年年底，在珠三角地区存活的接近4.7万家港商企业中，港资制造商仅为2万家，仅是2005年5万家的40%；而同期港资服务商则上升到了2.5万家，占港商总量之比达到53%。①

表3　2010—2014年广东加工贸易占全省比例

（单位：%）

年份	加工贸易出口	加工贸易进口
2010	60.8	51.4
2011	58.6	51.4
2012	56.6	50.0
2013	50.8	44.6
2014	49.6	46.4

数据来源：中国海关统计。

另一方面，"前店后厂"的衰退在香港则表现为，由这个"店"发往珠三角地区制造加工的数量减缓，这个走势直接体现在香港从广东进口的制造服务，无论在相对数（见表4），还是在绝对数方面，均持续缩减。

表4　香港对内地制造服务进口占香港服务总进口比重变化

（单位：%）

年度	2003	2010	2011	2012	2013	2014
比重	39.5	27.2	24.1	23.4	19.9	19.8

数据来源：依照《香港统计年刊》（2015年版）的服务贸易数据计算。

---

① 广东省工商行政管理部门提供数据。

珠三角制造的产业升级、产品换代的结果，极大地改变了这个地区在全球生产价值链中的地位，使珠三角制造从终端的消费品加工，向更高链条的中间产品、资本品生产，即机电产品、电子零组件生产过渡；同时，产业链条的提升也体现了在珠三角企业转移低端制造链条，通过海外布局、形成国际化生产的进程，广东开始成为内地企业走出去的最大省份，而珠三角地区的企业更是先行者。2014 年广东非金融类对外直接投资已经接近 100 亿美元的流量，其七成的比例进入了香港。可以说，港澳地区作为企业走出去的海外布局跳板，发挥着巨大的作用。

珠三角制造向海外延伸的进程，为香港的贸易中心、金融中心以及航运物流中心，注入了新的内容与活力。事实上，香港是珠三角地区企业海外布局中的重要节点，是企业海外销售、融资以及零组件的物流配送所在地。2014 年由广东经香港输往东南亚或其他地方进行转口加工的货品，达 898 亿港元之巨，为 2009 年的 1.5 倍。

由此，珠三角地区与港澳之间正在形成新的产业链。也就是说，过去由跨国公司主导、港澳企业经营的从外向内"前店后厂"产业格局，开始逐步变化为内地企业主导、港澳企业参与的从内向外的制造总部（珠三角地区）—资本运营、物流枢纽（香港）—海外生产基地的新产业格局。随着内地，尤其是珠三角地区企业加快走出去的步伐，可以预言，这种新产业格局将会在未来五年具有更为成型的发展，因此而持续强化港澳与珠三角地区之间的资本、商品、技术与资讯的流动。

澳门在广东企业走出去的海外布局中，不仅具有长期与葡语国家维持经济联系和经济网络的优势，还在近年来通过大量向广东企业提供融资，使得本土的金融业得以迅速发展，成为澳门服务顺差增长最快的行业。根据 2014 年澳门的服务贸易资料计算，澳门旅游贸易的顺差，与 2002 年相比增长了 11 倍，而金融服务顺差则增长了 80 倍。这个发展势头显示，澳门在粤港澳新产业分工格局的形成中，具有重要的融资通道地位。

3. 充分发挥中国（广东）自贸区与三个国家战略平台作用，建设"一带一路"战略中的粤港澳大湾区

经济新常态下的中国对外开放格局，是"一带一路"的发展战略。中共中央在关于"十三五"规划的建议中指出：要深化内地和港澳、大陆和台湾地区的合作发展，要支持港澳参与国家双向开放、"一带一路"建设。而在国家发改委、外交部和商务部联合发布的《推动共建丝绸之路经济带和 21 世纪海上丝绸之路的愿景与行动》（简称《愿景与行动》）中，更提出了设立粤港澳大湾区，作为新型海上丝绸之路的重要节点，并且力推前海、横

琴、南沙三个国家级战略平台，以作为粤港澳大湾区的重点区域。

粤港澳对海上丝绸之路的建设，不仅有历史的联系，更具共同的合作需求。广州是历史上海上丝绸之路的重要起点，近年来更发展了与东南亚、中东、非洲的经贸关系。广州的食品、快速消费品、珠宝、大宗商品批发市场，在亚洲与非洲占据十分重要的地位。这些批发市场上活跃着数十万的中东与非洲商人，他们已经是现实中海上丝绸之路的参与者；而广州批发市场以及大量外来批发商与亚洲及非洲地区的商品流通关系，很大一部分通过香港链接，凸显了香港在广州与这些地区联系中的"超级联系人"的地位（梁振英语）。港澳凭借着一百多年积淀的对外经济联系和网络，尤其是香港作为东南亚的资金中心，在"一带一路"中的作用不可低估。根据《愿景与行动》，三地要合作发展好粤港澳大湾区，重点推进的区域仍然在珠三角，即粤港澳共建中国（广东）自贸区，以及前海、南沙、横琴三个国家级战略平台。

由此可见，粤港澳大湾区的核心区域，正是大珠三角的城市群。粤港澳之间在城市群中的分工合作，以及形成的空间一体化和功能一体化，是其向广东东西海岸辐射，组成海上丝绸之路的延伸连线、连片节点的关键。

三、以合作新机制推进三地融合，加快粤港澳城市群的建立

"十二五"期间，根据粤港澳合作框架协议，以服务贸易为重点，广东先行先试开放为核心，三地政府持续地推动了 CEPA 的机制创新。2014年年末，粤港澳三地更分别签署了服务贸易自由化协定，以准入前国民待遇及负面清单方式，为未来合作提供了新的机制，或称升级版的 CEPA。根据协定，广东对港澳开放的服务产品达 153 种，涉及世界组织服务贸易160 种产品总数的 95.65%（开放广度）；完全实现国民待遇的部门 58 个，开放深度达 36%。而负面清单限制为 132 项。无论在开放方面还是在限制方面，均在国内占据领先水平。（见表 5）

表 5　"十二五"期间粤港澳对 CEPA 的推进

年份	名称	对港先行先试政策	对澳先行先试政策
2011	CEPA 补充协议八	47	37
2012	CEPA 补充协议九	64	53
2013	CEPA 补充协议十	79	68
2014	CEPA 服务贸易自由化协定	确定"准入前国民待遇＋负面清单"管理模式	

　　升级版的 CEPA，或称新的合作机制，其目的在于加大清除合作制度性障碍的力度，在此基础上通过促进资源要素间的自由流动，三地共同获取合作的市场新机遇。由此重新凝聚利益共享的合作共识，推进粤港澳进一步融合的进程。以新机制启动与落地推进粤港澳深度合作与融合，加快粤港澳城市群的建立，或可采取以下对策：

　　1. 合作制定粤港澳城市群规划与指标体系

　　"十三五"规划的终期即 2020 年，将是粤港澳世界级城市群的目标实现期。为保证这个目标的实现，目前最为紧迫的是三地共同制订跨境城市群的规划。

　　至今为止，三地对粤港澳这个跨境城市群的特征、范围（涉及的城市）、标准、各自的分工定位以及运行规则等，均缺乏共识，更遑论采取何种措施推进城市群的发展，以实现目标。也就是说，对 2020 年这个跨境城市群的达标标准、运转机制、协调组织以及特点，三地目前都缺乏沟通与共识。

　　从全球城市群的形成发展看，无论是大东京、大纽约这样的世界级城市群，还是大洛杉矶都会区、大哥本哈根都会区等地区性城市群，以及欧洲小规模的跨境城市群，其共同特点都是规划先行。事实上，没有城市群的发展规划，缺乏对各城市的分工定位、协调机制，各成员方就不能形成共同发展的利益，也就无法实质性地推进发展，最终使城市群成型。

　　为此，粤港澳三地根据各方利益和市场需求，共同制订城市群的发展规划刻不容缓。规划不仅是确保城市群发展及成型的纲领，更是三方利益协调，形成合作利益最大化的保证。尤其是规划中根据三方的比较优势而确定的分工定位，涉及三方利益不能仅由一方制定。

　　此外，为使跨境城市群的合作进程顺利推进，更需要尽快制定统一的世界级城市群指标体系。首先，这个指标体系要具国际水平和较高认可度。为此，必须在参考、借鉴全球的世界级城市群指标的基础上，制定具有世界级城市群共性的指标体系，例如市场的一体化程度、全球化服务业的判断，以及竞争力衡量标准和全球影响力指标等。其次，粤港澳城市群指标体系的制定也要考虑其跨境、多中心，以及"一国两制"的特点，勾画出与其他世界级城市群相区别的特定指标。例如经济流量与资源流动的自由度、城市群经济功能的专业化程度以及空间分工，经济制度的融合度等。因边界效应与"两制"的存在，必须具粤港澳城市群的特有指标。

　　2. 逐步形成粤港澳要素多向流动的机制

　　"发挥港澳独特优势，提升港澳在国家经济发展和对外开放中的地位和功能"是"十三五"规划期两地在国家发展中的主要定位。在粤港澳合作深化的进程中，这个定位的具体落地、港澳独特优势的发挥，最终要通过大珠三角城市群的分工实现。

事实上，由地区比较优势（或可以称之为独特优势）而引发经济流量的空间流动，是保证城市群各成员方充分发挥本地优势，形成专业化分工和优化整体区域资源配置的关键，也是城市群空间与功能分工最终成型的基础。只有顺应市场需求与扩张要求的多向而非单向流动，才最有利于实现城市群中不同的分工与合作。

囿于制度或行政因素而压抑流向的经济流量流动，是不可能产生分工合作的城市群的。粤港澳三地经济流量的多向流动是各城市实现比较优势，从而城市群最终落地成型的基础。例如在粤港澳这个区域中，内地目前的信贷体系是世界最昂贵、限制最严格的信贷体系之一；而香港则具有全球最便利、成本最低廉的资本融通体系，是全球的资本中心，这正是香港的独特优势之一。为此，放开资金的双向流动，鼓励广东企业进入香港借贷、上市、发债，或金融机构进入香港发行各种基金、证券，不仅可以实现广东企业的低成本融资，也可以强化香港本身的资本和金融中心地位。

逐渐扩大粤港澳经济流量的多向流动，主要是具有要素性质的流量，包括企业、资金、资源以及人员的流动十分重要。为此，在 CEPA 机制中启动贸易投资便利化机制，不仅要针对广东对港澳的市场开放，也要放松广东的资源与要素进入港澳市场。在三地的人员流动方面，鉴于目前限制"一签多行"的情况下，逐步开放以商务、研发、专业交流为目的，具有要素流动性质的内地人员"一签多行"，将会有利于三地间的人才互动，推进城市群的创新合作深化。

3. 以体制改革为动力促进 CEPA 实施落地

CEPA 实施十多年的实践表明，内地的服务行业管理体系及准入要求、方式，是阻碍 CEPA 实质落地的最大内部壁垒。尽管目前两地已经启动升级版的 CEPA，但其最终落地仍然取决于内部隐形壁垒的清除。为此，以体制改革带动新机制，是新阶段与"十三五"时期 CEPA 落地的关键。

目前，广东已经形成了深化改革、扩大开放，促进粤港经济合作的四个不同层次：改革最前列的中国（广东）自贸区为第一层次；第二层次为粤港澳合作的三个国家战略平台与中山翠亨粤澳合作示范区，以及大广海湾开发区等；第三层次为 CEPA 服务业实施重点的珠三角六个城市；最后一个层次为三个层次向外复制、推广改革成果的广东全域。

无论哪一个层次的开放改革，围绕粤港澳合作、CEPA 落地而展开的内部壁垒清除的主要内容与目的都是为广东塑造一个类似港澳自由开放的服务市场、一个符合国际服务业运行规则的市场体制与环境。为此，冲破目前国内服务市场的行业管理体制，即由政府行业管理部门制定进入标准、资质，政府审批方式进入市场，改变为按照市场运行规范，主要由行业协会等中介组织确立进入的标准和进入方式，即由政府直接介入市场转变为政府主要对市场进行监管的新体制。

中国（广东）自贸区作为体制改革创新的最前沿，其步伐应当迈得最快最大。在争取由中央全权授权之下，其改革方案可以完全抛开或挣脱旧体制，设计与创新一个全新的服务市场开放模式，且复制目前世界服务市场中行之有效的准入方式和行为规范，进行试点实验。改革本身就是一个不断试错的过程。因此，中国（广东）自贸区方案应当允许涵盖某些暂时不可复制、推广的试验，而无须如其他地区般，通过逐步修改旧体制，逐步摸索适应服务市场发展的新体制、新路径。在此，争取港澳服务行业协会、服务管理机构、资深专业服务人员参与方案设计，应当是一个可行的选择。这不仅可以使中国（广东）自贸区成为粤港澳合作推进体制改革创新的高地，还有利于利用香港参与美国主导的服务贸易协定（TICA）成员方地位，率先引进 TICA 的相关规则，在自贸区内先行先试，推动广东服务市场的规则与体制站在全球前列。

4. 以规则为核心推进粤港澳市场一体化

市场一体化是区域合作融合的必然结果。粤港澳合作外部、内部壁垒的清除，粤港澳城市群的建立，必然要求整体区域的市场一体化。而市场一体化发展的主要内容是统一规则的建立。通过广东的服务市场制度改革破除现有的政府行业管理体制，打通跨境的经济与资源流动，其结果是市场逐渐走向统一。于是统一市场的规则问题必然成为粤港澳合作持续深化，以及粤港澳城市群推进的重要前提。

以"前店后厂"合作模式为代表的粤港澳第一次经济合作与整合，因其市场是外部的国际市场，仅有加工制造环节在广东。所以这种合作仅涉及产业一体化，国内市场（内需）与港澳代表的国际市场（外需）是割裂的。而粤港澳第二次以内地服务市场开放为主的经济合作与整合，是建立在中国经济社会转型为消费型经济与社会，中国市场日益崛起，且与外部市场逐步对接的基础上的，因而这个合作的进程，实质就是粤港澳之间内外市场整合统一的过程。

按照国际经验，区域服务贸易自由化协定的进展，一般会沿着非歧视——产品与市场主体的国民待遇；相互承认——双方认可各自的资格标准；国际协调——采用共同的标准，建立市场的统一政策和机制这三个层次逐步深化。CEPA 也是按照这个进程持续推进的。而目前粤港澳建立城市群的进展，以及三地市场融合的程度，都存在统一市场规则的共同需求，即区域合作已然进入第三个层次。

以规则为核心推进粤港澳市场一体化，首先是粤港澳两地产品制造、检测标准与商品进入市场规则的统一，即商品市场的一体化；其次是服务市场准入标准与规则的统一，即服务市场的一体化。

目前在粤港澳的商品市场上，CEPA 的推进仅是认可相互的标准、检测及进入方式，三地分别按照各自的规则进入各自的市场。不同的商品准入标准和规则，成为粤港澳市场对接的内部障碍。在珠三角地区从事制造的港澳厂商，因长期服务于国际市场的需求，一直按照港澳标准与规则生产。当珠三角地区转向内需带动后，港澳厂商的市场转换则直面标准、规则的转换，但这个转换因涉及生产线及工艺的调整，并不能在很短时期内完成。因此，标准转换往往成为港澳厂商进入内需市场的障碍。但事实上，广东居民目前普遍认可的，是港澳的国际市场标准与规则，而非内地市场的标准与规则。对内地市场秩序混乱的不信任，带动了"自由行"的跨境消费。这种跨境消费的日益扩大，意味着粤港澳商品市场已经客观存在对规则统一的内在需求和诉求。

而在服务市场上，CEPA 与港澳对服务贸易总协定的承诺内容，都涵盖了相互进入市场的国民待遇。CEPA 更承诺了对港澳的准入前国民待遇。但是各方国民待遇下的服务市场准入标准与规则，存在很大的差异。港澳作为自由港，其服务商的进入自由开放，其进入标准由专业行业协会制定，主要针对专业人员的资格，有了资格认可就可以注册，承担服务活动的主体主要是专业服务人员，尤其是取得资格的自然人。服务市场由专业协会进行直接管理，而政府则负责市场的监管。专业服务人员会随时根据市场需求，组成所需要的服务提供机构，或以自然人身份直接提供服务，这是一种典型的市场进入方式。

而内地的国民待遇，即使是准入前国民待遇下的市场准入标准、方式，目前也主要由政府行业管理机构认定、确定或审批，这种认定主要针对机构。也就是说，专业人员即使取得政府认可的专业资格也不可以注册。注册需要符合政府规定的资质标准，即每个服务商具备的专业人员数量。承担服务活动的主体不是专业服务人员自身，而是由这些人员组成的法人组织。组织必须由政府批准才能进入。而政府的批准，是把组织内的专业人员多少，也即组织的规模大小，作为决定进入市场提供服务数量与内容（一、二、三级资质决定其经营内容）的依据。也就是说，服务企业的发展地位不是靠市场竞争取得，而是靠单位所拥有的专业人员数量即规模，通过政府对不同资质的不同服务范围与经营内容的规定来保证。这种进入体制，使国内服务市场的国民待遇，本身就包含了对中小企业（中小服务商很难取得一级资质）的歧视。这种有违市场体制、压抑服务市场竞争的做法，不仅是内地服务业成长缓慢的原因，也是港澳中小服务商难以进入内地市场的主要壁垒。因此，统一服务市场的进入规则，不仅反映了广东本身发展服务业的客观需求，也是粤港澳三地推进服务资源流动的共同诉求。

有鉴于目前粤港澳服务市场发展水平的现状，统一粤港澳相互流动的市场规则，可以采取两种做法：一是一步到位地把香港的商品制造、检测，以及商品和服务的进入市场标准、规则复制到广东。因为香港的市场体制是高度成熟开放的体制，采用其规则有利于提升广东服务市场的发育与规范，同时也有利于内部壁垒的清除。二是如果复制到广东全域的条件不成熟，则可以把一步到位的做法，先放在中国（广东）自贸区和三个粤港澳合作平台试行。其他地区由粤港澳三方，包括三方政府、商会和服务行业协会，共同制定商品、服务进入广东的市场规范与规则。

四、建立粤港澳城市群协同管理委员会，进行政策协调与障碍化解

从城市群发展的一般规律来看，一个城市群协调管理组织的诞生，是城市群建成的主要标志。粤港澳三地在"十三五"规划终期达成初步建成世界级城市群的目标，必须遵循全球城市群发展的一般规律与共同特征。

1. 城市群发展的进程与一般规律

城市群产生的初期阶段，往往是由市场需求（新技术兴起或是基于各类环境变数的变化、基础设施的改进等）的拉起，出现了城市间互动，尤其是产业空间集聚的共同获利机会。城市之间的经济流动，导致原本相互隔离的城市产生互补关系，且互补关系逐渐深化，最终促进了城市间的产业与功能分工，促使城市网络的逐渐成型与发生。这就是城市空间一体化与功能一体化，即经济一体化发生的最初进程。

市场驱动的一体化，主要由市场主体自发地进行，又称为诱致性的制度变迁。意指市场主体或变迁主体在潜在的市场利益驱动下，对现行制度

做相应的调整或更新。例如三十多年前广东的先行改革开放为港澳厂商带来了市场机遇,为珠三角地区带来工业化机遇,从而启动了这个地区以港澳产业转移、与广东投资贸易合作为主要内容的城市化发展,使港澳地区摆脱了长期与珠三角地区隔离、重新回归为大珠三角地区经济的重要组成部分。

市场驱动型的一体化,是以各个城市自身的利益为基础产生的城市间合作,这种合作源于共同获利与各个城市自身利益的一致性。当城市合作不断推进,城市群日益壮大发展之时,超越单个城市的共同利益必然会产生。此时,城市间的利益协调、基础设施的对接、市场的统一与监督、城市空间发展的规划,以及政府的经济发展政策的相互衔接,就不能由微观的市场主体去承担。强制性的制度变迁,或称之为制度驱动型的一体化,必然会产生。由此,城市群的发展就进入了一个市场、制度双驱动的时期。

制度驱动型的一体化是由城市群中的各个地方政府协商,共同制定合作的规则,由政府强制性推行的。合作规则或称制度代表着城市群利益的最大化。因此,在协商的过程中,为了推进城市群的共同利益,各地方政府必须让渡部分的城市管制权,甚至是局部的经济利益。2003 年内地与港澳签订的 CEPA,2008 年 CEPA 在广东的先行先试,以及 2009 年颁布的《珠江三角洲地区改革发展规划纲要(2008—2020 年)》、2011 年粤港澳三地分别制定的《粤港合作框架协议》与《粤澳合作框架协议》,就是内涵制度驱动的内容。

2. 粤港澳城市群协调管理机构的设计与职能

作为政府参与推动的一体化,必然需要提供实施组织推进合作规则的落实。故而,成熟的城市群一般有其协同与管理机构,展开城市群的空间规划与管理。例如大东京城市群的首都经济圈管理委员会、荷兰 RANDS-TAD 城市群(由阿姆斯特丹等四个城市组成)协调管理委员会等。而在粤港澳地区,为推进粤港澳城市群建立的目标,至今为止,是由粤港、粤澳高层联系机制承担着这个跨境区域的协调与管理职能。

事实上,粤港澳高层联系机制在粤港澳城市群的初创阶段,可以发挥组织协调与管理的职能。因为初创阶段的主要任务在于跨境基础设施的建设、跨境项目的实施。但是现有的粤港澳高层联系机构主要为三地政府的协商机构,缺乏对粤港澳城市群具体的发展规划、地区间资源与要素流动的合作规则调整、市场的统一与监管,以及三地经济政策的协调等职责,尤其是对上述内容的落地缺乏政府的强制性推进措施。因此,面对即将成型发展的粤港澳城市群，仅靠目前的高层联系机制已经难以胜任城市群的客观推进进程及需要，粤港澳三地的合作组织管理模式创新已经提到议事日程。

从国际经验看，一旦城市群的协同管理机构出现，则代表这个城市群的真正建立与进入成熟。面对2020年粤港澳城市群的最终建立这个历史使命，成立专门的粤港澳城市群协商与管理机构，是达到粤港澳城市间的利益最大化，真正实现粤港澳城市群的分工与互补关系的组织基础。建立专门的粤港澳城市群的组织实施机构，由这个机构负责城市群的分工、经济功能布局的空间规划、跨境合作规则的执行、城市间经济利益的协调，以及粤港澳三地经济政策的协同，以防止政策溢出的负面效应。事实上，城市群的协同管理组织的建立，不仅可以代表粤港澳城市群的全局利益，还可以通过强制性执行来确保全局利益。

适应目前全球各区域合作协定管理部门的组织扁平化发展潮流，参照全球城市群的协同管理机构模式，粤港澳城市群的组织机构主要由三地政府组成，并广泛吸引民间的商界代表、行业协会与商会、相关学术机构与智库参与。主要由政府组成可以保证合作规则（例如 CEPA、城市间具体的合作规则等）的强制性实行，以及保证局部利益服从于全局的最大利益；而民间的广泛参与，则可以使城市群的发展随时体现及回应市场的需求，以及各方的经济利益诉求。通过协调机制，在确保各方利益的基础上，寻求合作的最大共同利益。

参考文献：

[1] 广东省商务厅. 广东商务发展报告（2013—2014）[R]. 广州：广东人民出版社，2014.

[2] 广东省统计局，国家统计局广东调查总队. 广东统计年鉴 2015 [R]. 北京：中国统计出版社，2015.

[3] 广东省商务厅. 广东商务发展报告（2014—2015）[R]. 广州：广东人民出版社，2015.

（本文原载于《澳门理工学报》2016 年第 1 期）